Luiz Carlos Mariano da Rosa

Determinismo e Liberdade

A condição humana *entre*

os muros da escola

Politikón Zôon Publicações

Luiz Carlos Mariano da Rosa

Determinismo e Liberdade

A condição humana *entre*

os muros da escola

Politikón Zôon Publicações

2016

Politikón Zôon Publicações
1ª edição
Junho de 2016

Capa: Vick Rô [reprodução fotográfica de escolas da rede estadual de educação de São Paulo]

Copyright ⓒ by Luiz Carlos Mariano da Rosa

Sem autorização expressa do autor e do editor não é permitida a reprodução desta obra, no todo ou em parte e por nenhum meio, excetuando-se a transcrição de pequenos excertos para fins de divulgação e crítica.

Dados Internacionais de Catalogação na Publicação (CIP)
Politikón Zôon Publicações

R7881d
Rosa, Luiz Carlos Mariano da, 1966–
Determinismo e liberdade: a condição humana entre os muros da escola. — São Paulo: Politikón Zôon Publicações, 2016.

Inclui bibliografia
ISBN 978–85–68078–03–7

1. Sociologia da educação. 2. Filosofia da educação. I. Título.

CDD–370.19
–370.1

37

Índice para catálogo sistemático:
1. Sociologia da educação 370.19
2. Filosofia da educação 370.1

Politikón Zôon Publicações
Caixa Postal 436, Centro, São Paulo, CEP: 01031–970, Brasil

Ao *Deus-Homem* Jesus Cristo.
À minha família:
Val (*in memoriam*),
Nísia e Victoria.
Ao meu pai José Mariano da Rosa (*in memoriam*)
E à minha mãe, Maria de Lurdes.

Todo o progresso no conhecimento da necessidade é um progresso na liberdade possível. Enquanto o desconhecimento da necessidade encerra uma forma de reconhecimento da necessidade, e sem dúvida a mais absoluta, a mais total, uma vez que se ignora como tal, o conhecimento da necessidade não implica de maneira nenhuma a necessidade desse reconhecimento. Pelo contrário, faz aparecer a possibilidade de escolha que está inscrita em toda a relação do tipo se temos isto, então teremos aquilo: a liberdade que consiste em escolher aceitar o se ou recusá-lo é desprovida de sentido enquanto se ignorar a relação que o une a um então. O expor à luz do dia as leis que supõem o laissez-faire (quer dizer a aceitação inconsciente das condições de realização dos efeitos previstos) estende o domínio da liberdade. Uma lei ignorada é uma natureza, um destino (é o caso da relação entre o capital cultural herdado e o sucesso escolar); uma lei conhecida aparece como a possibilidade de uma liberdade. [Bourdieu]

SUMÁRIO

Prefácio [13]

Capítulo 1 — O processo formativo–educacional entre a integração durkheimiana e a alienação marxiana [21]
I Parte — Sociedade e indivíduo: a integração durkheimiana e o "individualismo moral" [31]
II Parte — O processo formativo–educacional como *fato social* e a renovação da sociedade [45]
III Parte — O processo formativo–educacional como "aparelho ideológico" e a reprodução da ordem político–social [59]
IV Parte — O processo formativo–educacional entre a alienação marxiana e a transformação do sistema econômico–social [71]

Capítulo 2 — O sistema educacional e a racionalização burocrática entre a tipologia das ações humanas e a teoria da dominação de Weber [81]
I Parte — Uma *sociologia compreensiva* e o *individualismo metodológico*: a tipologia das ações humanas de Weber [89]
II Parte — Poder, legitimidade e autoridade: a teoria

sociológica da dominação de Weber [107]

III Parte — O sistema educacional e os "tipos–ideais" de dominação de Weber [123]

IV Parte — O sistema educacional e a racionalização burocrática em Weber [135]

Capítulo 3 — O sistema escolar entre o espaço social e o *habitus* segundo o estruturalismo construtivista de Bourdieu [155]

I Parte — A perspectiva genética e funcionalista do estruturalismo de Bourdieu [163]

II Parte — O *habitus* como princípio gerador e unificador, disposições estruturadas e senso prático: o processo de *interiorização da exterioridade* e de *exteriorização da interioridade* [173]

III Parte — A estrutura do espaço social como produto das correlações envolvendo as *posições sociais*, as *disposições* (*habitus*) e as *tomadas de posição* dos agentes sociais [185]

IV Parte — A reprodução do capital cultural e da forma de sua distribuição no sistema escolar [199]

Capítulo 4 — Determinismo e liberdade no processo de

construção do conhecimento: da condição humana *entre os muros da escola* [211]

I Parte - Da racionalidade científico–técnica e a lógica da dominação na relação entre o sistema educacional e a formação econômico–social [221]

II Parte - Do determinismo da realidade social e o processo de construção do conhecimento como possibilidade de liberdade concreta [233]

III Parte - Da condição humana e a relação entre objetividade e subjetividade na experiência formativa [243]

IV Parte - Consciência verdadeira e emancipação humana na experiência objetiva do processo formativo–educacional [253]

Capítulo 5 — O sistema educacional e o desafio da fundação de um novo homem entre a organização científico–técnica e a formação econômico–social [275]

I Parte - Do sistema educacional — entre a organização científico–técnica e a formação econômico–social [285]

II Parte - Determinismo *versus* conhecimento: da forma abstrata e geral de objetividade e a lógica dialética [297]

III Parte – Da relação abstrata à relação dialética e a construção do "humanismo concreto" e da "humanidade verdadeira" através do processo formativo–educacional [307]

IV Parte – Imanência e transcendência na dialética da fundação de um novo homem [319]

Aspectos conclusivos (A condição humana *entre os muros da escola*) [349]

Referências bibliográficas [403]

Bibliografia do autor [415]

Websites & social links do autor [435]

PREFÁCIO

Movimento, mudança, transformação e desenvolvimento, eis a correlação que, conforme assinala o trabalho em questão, impõe-se ao processo formativo–educacional, que longe de se caracterizar como um fenômeno que se circunscreve à monotonia sem fim de um ciclo constantemente repetido, converge para as fronteiras que implicam a construção de uma verdadeira história, à medida que consiste em um projeto que não envolve senão o próprio homem que, a despeito do determinismo social, se sobrepõe à condição de sujeito livre imputada pelo pensamento filosófico e o seu elemento humanista espiritualista e emerge como um agente, uma "potência" determinante, segundo a leitura bourdieusiana.

Nesta perspectiva, discutindo o funcionamento do sistema escolar (entre a organização científico–técnica e a formação econômico–social) e o desafio da fundação de um novo homem (que cabe ao processo formativo–educacional corresponder em uma experiência objetiva que pressupõe consciência verdadeira e emancipação humana),

"Determinismo e liberdade: a condição humana *entre os muros da escola*" traz como fundamento a sociologia "positivista–funcionalista" de Durkheim e a *objetivação do social*, o "individualismo metodológico" e a *explicação compreensiva* da sociologia de Weber e a teoria racionalista da ação social, o materialismo histórico e dialético de Marx e o antagonismo entre a essência social–objetiva da humanidade e a existência singular de cada indivíduo, o estruturalismo construtivista de Bourdieu e a articulação envolvendo o subjetivo e o objetivo, além de princípios da filosofia da educação de Adorno e da teoria crítica da sociedade de Marcuse, convergindo para uma construção que, em última instância, impõe ao determinismo o conhecimento.

Se a sociologia "positivista–funcionalista" de Durkheim, que implica o fundamento da *objetivação do social* e tende a se deter nas fronteiras que encerram os equilíbrios estruturais, as uniformidades culturais e as formas de coesão da sociedade política, categoriza a educação como *fato social* que, trazendo os pressupostos que envolvem a coercibilidade, a exterioridade e a generalidade, converge para estabelecer a integração dos sujeitos, conforme expõe o Capítulo 1, a teoria de Marx, baseada no materialismo histórico e dialético, prioriza a instabilidade relativa corporificada pelas contradições do sistema, concebendo o processo de ensino–aprendizagem como uma forma institucional que funciona para instaurar o consenso através da ideologia, resultando em uma formação que emerge como uma criação humana "reificada", que consiste no antagonismo entre a essência social–objetiva da humanidade e a existência singular de cada indivíduo.

Defendendo que a explicação envolvendo um fenômeno social demanda a sua conversão na sequência lógica das ações individuais, Weber instaura o "individualismo metodológico" e uma *sociologia compreensiva*, que consiste em uma teoria racionalista da ação social que traz em sua constituição uma intencionalidade significativa, convergindo para a elaboração de uma tipologia das ações humanas segundo o grau de racionalidade.

Correlacionando poder, legitimidade e autoridade, Weber estabelece uma tipologia envolvendo os modos e as origens da legitimidade através de uma perspectiva que atribui relevância às relações de influência recíproca que abrange os tipos de obediência, as formas de organização e o sistema econômico, conforme assinala o Capítulo 2, que expõe que a burocratização das organizações corresponde ao processo de racionalização para o qual tende a sociedade moderna, que demanda a instauração de um sistema de relações envolvendo funções em lugar de um arcabouço de relações individualizadas. Dessa forma, o que se impõe ao processo formativo—educacional é a legitimação da dominação através do estabelecimento de uma estrutura científico—técnica capaz de funcionar como um sistema de transmissão de práticas, valores e fins que caracterizam o poder em vigor no âmbito da organização capitalista.

Detendo—se na articulação envolvendo o subjetivo e o objetivo, o estruturalismo construtivista de Bourdieu propõe a superação da oposição entre objetivismo e subjetivismo através de uma relação dialética que converge para uma prática que consiste no produto da conjunção que implica as disposições estruturadas (*habitus*) e as estruturas objetivas e circunscreve-se a um campo socialmente predeterminado que, transcendendo os agentes e as suas interações, emerge como campo de forças e campo de lutas em função da sua conservação ou da sua transformação em um processo que depende das correlações que encerram as *posições sociais*, as *disposições* e as *tomadas de posição*. Dessa forma, analisando o sistema escolar, o Capítulo 3 assinala que, se a intermediação das *disposições* impõe-se à relação envolvendo as *posições sociais* e as *tomadas de posição* em um sistema baseado na dominação simbólica que tende à reprodução, a transformação do espaço social consiste em um movimento cujas possibilidades estão inscritas no princípio da estruturação dos *habitus*.

Investigando a racionalidade científico-técnica e a lógica da dominação na relação entre o sistema educacional e a formação econômico-social, o Capítulo 4 traz como fundamento crítico as análises de Marcuse, Adorno e Bourdieu, recorrendo à produção de *Entre os muros da escola*

(2008), do cineasta francês Laurent Cantet, para caracterizar o pluralismo étnico—racial, socioeconômico e histórico—cultural da realidade social e a tensão que se impõe ao processo de construção do conhecimento que, convergindo para a constituição da "natureza" humana, encerra ambivalência e antagonismo, à medida que se não escapa ao determinismo histórico—cultural e econômico—social, a sua atividade não possibilita senão o exercício da liberdade concreta, tendo em vista a dialética que preside a articulação envolvendo objetividade e subjetividade que implica a sua experiência formativa.

Detendo—se nas relações entre a organização científico—técnica e a formação econômico—social, o Capítulo 5, baseado em uma teoria crítica que correlaciona em sua perspectiva as reflexões de Marcuse, Adorno e Bourdieu, investiga o sistema educacional e a sua condição como *locus* de reprodução e *locus* de possibilidades no âmbito de uma organização social que traz como fundamento uma racionalidade produtivista cuja lógica impõe valores e práticas, condutas e comportamentos, necessidades e objetivos, que convergem para um tipo de humanismo e uma espécie de humanidade que resultam dos determinismos histórico—culturais e socioeconômicos, os quais encerram leis que não demandam senão o seu conhecimento e a sua dominação prática por parte do sujeito (agente), cabendo ao processo formativo—educacional o desafio de produzir a sua conscientização e libertação, à medida que perfaz um projeto que implica na fundação de um novo homem e na construção de outra modalidade de existência.

CAPÍTULO 1[1]

O PROCESSO FORMATIVO–EDUCACIONAL ENTRE A INTEGRAÇÃO DURKHEIMIANA E A ALIENAÇÃO MARXIANA

À perspectivação de sociedade como um organismo[2] em processo de adaptação através de uma analogia que, se lhe atribuindo a condição de uma totalidade sistêmica, assinala em sua constituição como tal a existência de órgãos aos quais cabem o exercício de funções que mantêm relação com as necessidades sociais, Durkheim atribui à organização social uma condição que encerra em sua

---

[1] O referido capítulo é constituído por trechos que integram o conteúdo do artigo intitulado *O processo formativo–educacional entre a integração durkheimiana e a alienação marxiana*, publicado em **Cadernos Zygmunt Bauman / UFMA**, ISSN 2236–4099, v. 6, n. 12, p. 51–85, 2016, São Luís – MA, Brasil.

[2] Alcança relevância o contributo do pensamento de Herbert Spencer (1820–1903), cuja perspectiva, evolucionista–positivista, converge para a formulação dos conceitos que envolvem estrutura e função através de uma relação analógica implicando sociedade e organismo, perfazendo uma análise que encerra as sociedades e as "instituições" e o seu desenvolvimento e distingue os aparelhos que abrangem fins como "manutenção", "distribuição" e "regulação".

composição o substrato do social (a sua materialidade), as instituições e as representações coletivas, guardando a sua análise a pretensão de alcançar uma espécie de causalidade de expressão, à medida que se detém nas relações e nas interações que se impõem aos patamares em questão através do estabelecimento da correlação entre as carências e a sua correspondência.

Dessa forma, categorizando como *fato social* o processo formativo–educacional (tal como o direito, a religião, a moda, o sistema financeiro, etc.), o que se impõe à sociologia funcionalista [3] ("positivista–funcionalista" ou "estrutural–funcionalista") de Durkheim, que implica o fundamento da *objetivação do social*, é a noção de "coisa" que, trazendo os pressupostos que envolvem a coercibilidade, a exterioridade e a generalidade, condiciona,

---

[3] Tradição sociológica que traz como fundamento uma concepção da divisão do trabalho que permanece sob a égide da *diferenciação social* em um processo que encerra a especialização evolutiva de função como resultante da industrialização através de uma perspectiva que atribui à função a condição que implica a correspondência envolvendo uma instituição e um organismo social tendo em vista a satisfação de suas necessidades, encerrando uma atividade que converge para possibilitar a sua manutenção como tal.

em síntese, as atitudes, as condutas e os comportamentos dos indivíduos, tendo em vista a identificação de uma natureza *sui generis* na sociedade, que guarda imanência no que tange aos seus membros, mas não se reduz a estes, convergindo para transcender a totalidade dos sujeitos que a integram.

Atribuindo à sociedade humana uma condição que converge para as fronteiras que encerram modos de agir caracterizados pela imposição que traz como origem a exterioridade em um processo que implica a sua consolidação em um conjunto de normas que tende à regulação da ação social, a saber, as instituições, a teoria de Durkheim estabelece a diferenciação envolvendo a consciência coletiva, que emerge como uma instância parcialmente ordenada de crenças e sentimentos comuns aos membros de um grupo que perfaz um sistema que tem vida própria, e a consciência particular dos indivíduos, convergindo para uma relação que assinala que se a predominância da consciência coletiva perfaz um tipo de integração que tem como base a solidariedade mecânica, traço distintivo das comunidades primitivas ("sociedades homogêneas"), a preeminência da consciência individual encerra um tipo de integração que traz como fundamento a solidariedade orgânica e o movimento de transformação que tende a instaurá–la e que envolve a individuação das partes que resulta da divisão social do trabalho, que implica uma forma que efetua a separação das atividades de concepção e execução e a necessidade de especialização das tarefas que advém na modernidade ("sociedades diferenciadas").

Se o "organicismo" [4] durkheimiano e o "economicismo"[5] marxiano trazem como eixo o horizonte que impõe ao complexo social o conceito determinista da sua operacionalidade, a diferenciação emerge do sentido

---

[4] Teoria que converge para a hipótese funcionalista e que guarda correspondência com a noção de organismo, atribuindo à sociedade e aos elementos que a perfazem a condição de um todo indissociável, o que implica a integração das suas partes através de uma relação harmônica entre si, à medida que desempenham um papel fundamental na manutenção do equilíbrio de conjunto.

[5] Tendência que assinala que a formação de uma "base" econômica através do modo de produção converge para a determinação de todos os outros aspectos "superestruturais" da sociedade.

que Durkheim atribui ao movimento de transição que, correspondendo às fronteiras da hierarquizacionalidade preexistente, caracteriza–se pelas relações de cooperação desenvolvidas neste processo, cujos conflitos configuram apenas os efeitos da adaptação da ordem em questão, em face dos pressupostos evolutivos e em nome de uma nova moral[6]. Tal condição representa, segundo Marx, um sintomatismo estrutural, que traz como fundamento a intensificação das contradições envolvendo as forças produtivas e as relações de produção e o nível de desenvolvimento das lutas de classes em um processo que emerge da base material da sociedade e encerra infraestrutura e superestrutura através de um movimento

---

[6] Nessa perspectiva, convém esclarecer que, para explicar a ocorrência de conflitos, contradições e antagonismos na organização social, Durkheim recorre ao conceito de *anomia*, cujo termo assinala a deficiência ou insuficiência do funcionamento dos órgãos constitutivos do organismo social, o que implica a sua imperfeição, à medida que demonstra, em suma, a ausência de regras, normas ou leis capazes de assegurar a uniformidade dos acontecimentos sociais e o convívio harmônico que pressupõe a sua existência como tal. Eis o argumento de Durkheim: "Se a anomia é um mal, é antes de mais nada porque a sociedade sofre desse mal, não podendo dispensar, para viver, a coesão e a regularidade." (Durkheim, 1999, X)

dialético que tende a resultar na construção de determinadas formas de consciência capazes de se impor aos grupos de indivíduos atrelados ao mesmo *status* econômico no seio de relações de produção e incrementar o antagonismo que opõe as necessidades, os interesses e os fins que perfazem as classes que em face da sua posição contrapõem-se continuamente no âmbito do sistema econômico-social em uma conjuntura que demanda uma transformação, uma mudança estrutural que somente o fenômeno revolucionário guarda possibilidade de realizar.

Nessa perspectiva, pois, se do processo formativo-educacional, de acordo com o pensamento durkheimiano, emerge fins que guardam correspondência com a expectativa de uma sociedade concreta, historicamente determinada, cujo arcabouço de valores fundamenta a ação em questão, constituindo, enfim, em nome da integração do indivíduo, o *ser social*, que implica "um sistema de ideias, sentimentos e de hábitos que exprimem em nós, não a nossa individualidade, mas o grupo ou os grupos diferentes de que fazemos parte"[7], o que se impõe à tal arquétipo, segundo a concepção marxista, não é senão a alienação[8], tendo em vista que, transpondo tal circunscrição conceitual, configura uma forma institucional que funciona para instaurar o consenso através da ideologia, tanto quanto pelo exercício da repressão que advém da violência simbólica da relação de dominação que pressupõe, tendo em vista que

> os pensamentos da classe dominante são também, em todas as épocas, os pensamentos dominantes; em outras palavras, a classe que é o poder *material* dominante numa determinada sociedade é também o poder *espiritual* dominante. A classe que dispõe dos

---

[7] Durkheim, 1965, p. 83.

[8] Emergindo do latim *alienare*, *alienus*, que significa "que pertence a um outro" – e outro é *alius*, que, sob determinado aspecto, desvela o sentido que envolve "transferir para outrem o que é seu" –, a alienação representa não menos do que aquilo que impede a *realização de possibilidades*, constituindo–se o bloqueio, a estagnação, a regressão, condições que a perfazem enquanto tal em um contexto no qual a atividade social, os conhecimentos e as técnicas de ação sobre a natureza material se inter–relacionam na construção de possibilidades quase ilimitadas, convergindo o referido fenômeno para as fronteiras que encerram a *perda do possível*, segundo a leitura marxiana, cuja interpretação traz como fundamento dois termos que se opõem radicalmente, a saber, *objetivação* (*Vergegenständlichung*) e *perda do eu* (*Entfremdung*).

meios da produção material dispõe também dos meios da produção intelectual, de tal modo que o pensamento daqueles aos quais são negados os meios de produção intelectual está submetido também à classe dominante. Os pensamentos dominantes nada mais são do que a expressão ideal das relações materiais dominantes; eles são essas relações materiais dominantes consideradas sob forma de ideias, portanto a expressão das relações que fazem de uma classe a classe dominante; em outras palavras, são as ideias de sua dominação.[9]

Nessa perspectiva, suscitando "suspeita" acerca da compreensibilidade e da consciencialidade humana envolvendo a percepção imediata de si, tanto no âmbito individual como no horizonte social, a interpretação do materialismo histórico e dialético se impõe como o diagnóstico de uma verdadeira estruturalidade inconsciente, que implica as esferas econômica, política e social, cujos mecanismos ocultos, circunscrevendo fenômenos que dissimulam tanto quanto revelam, reclamam decifração, haja vista o seu caráter mistificador, que escapa à pretensão objetiva de uma determinada parcela da sociedade e ao reconhecimento efetivo de um certo percentual, convergindo predominantemente para as fronteiras da

---

[9] Marx; Engels, 2002, p. 48, grifos do autor.

inconsciência, tornando-se a revolução a realização do pensamento da relação que, envolvendo *práxis* e *theoria*, atribui à *práxis* o primado. Tendo origem na ciência, a teoria marxiana encerra o paradoxo que implica a correlação envolvendo a dimensão escatológica e o otimismo revolucionário, caracterizando-se como um instrumento de desmistificação, à medida que tende a capacitar o proletariado a conscientizar-se acerca do mecanismo da sua alienação em um processo cuja lógica implica a intensificação do antagonismo que opõe as classes que encerram interesses inconciliáveis em um movimento que converge para a autodestruição da economia.

Se a superestrutura encerra, em última instância, as representações e as interpretações que configuram o conteúdo dos fenômenos de consciência, consistindo na base de ideias que traduz a condição que ocupam na infraestrutura os sujeitos e os grupos de indivíduos que detém uma situação econômica idêntica no âmbito de relações de produção e cujo arcabouço Marx designa sob a acepção de ideologia, torna-se fundamental a questão envolvendo a educação, à medida que o processo formativo é determinado pela correspondência dialética e histórica entre a infraestrutura e a superestrutura em um sistema que traz como fundamento real de todas as formas sociopolíticas a estrutura econômica e que demanda um movimento de superação que seja capaz de concretizar a liberdade e promover a desalienação humana, o que implica a "negação—realização" da filosofia e do conhecimento em nome da constituição da ciência da transformação das relações sociais.

I PARTE

SOCIEDADE E INDIVÍDUO: A INTEGRAÇÃO DURKHEIMIANA E O "INDIVIDUALISMO MORAL"

> Para que o legado de cada geração possa ser conservado e acrescido, será preciso que exista uma entidade moral duradoura, que ligue uma geração à outra: a *sociedade*. Por isso mesmo, o suposto antagonismo, muitas vezes admitido entre indivíduo e sociedade, não corresponde a coisa alguma no terreno dos fatos. Bem longe de estarem em oposição, ou de poderem desenvolver–se em sentido inverso, um do outro – *sociedade* e *indivíduo* são ideias dependentes uma da outra. Desejando melhorar a sociedade, o indivíduo deseja melhorar–se a si próprio. Por sua vez, a ação exercida pela sociedade, especialmente através da educação, não tem por objeto, ou por efeito, comprimir o indivíduo, amesquinhá–lo, desnaturá–lo, mas ao contrário engrandecê–lo e torná–lo criatura verdadeiramente humana.[10]

Constituída por indivíduos que guardam em comum valores e regras, a sociedade escapa à condição de transcendência ou imanência, caracterizando–se por uma especificidade que encerra o sentido de subordinação (que confere preeminência lógica ao grupo) e o sentido de reconhecimento (que torna as relações e os

---

[10] Durkheim, 1965, pp. 46–47, grifos do autor.

comportamentos passíveis de controle) que, concernente à razão e a forma pelas quais desenvolve-se o movimento de incorporação dos indivíduos no conjunto ora designado como sociedade, implicam, respectivamente, a noção de integração e a concepção de regulação, cujos princípios, segundo Durkheim, respondem à questão da origem da ordem social, tanto quanto da condicionalidade da sua existência como tal, contrapondo-se, dessa forma, à proposta da construção artificialista engendrada pelo *contratualismo*[11] que, trazendo como teóricos Hobbes, Locke e Rousseau, tende, em suma, a transformar o vínculo social, independentemente das nuances que os diferenciam, em uma associação voluntária de indivíduos.

> A sociedade não é uma simples soma de indivíduos, mas o sistema formado pela associação deles representa uma realidade específica que tem seus caracteres próprios. Certamente, nada

---

[11] "Em sentido muito amplo o Contratualismo compreende todas aquelas teorias políticas que veem a origem da sociedade e o fundamento do poder político (chamado, quando em quando, *potestas*, *imperium*, Governo, soberania, Estado) num contrato, isto é, num acordo tácito ou expresso entre a maioria dos indivíduos, acordo que assinalaria o fim do estado natural e o início do estado social e político." (Bobbio; Matteucci; Pasquino, 1998, p. 272)

de coletivo pode se produzir se consciências particulares não são dadas; mas essa condição necessária não é suficiente. É preciso também que essas consciências estejam associadas, combinadas, e combinadas de certa maneira; é dessa combinação que resulta a vida social e, por conseguinte, é essa combinação que a explica.[12]

Pressupondo a precedência lógica da sociedade em relação ao indivíduo, cuja própria autopercepção enquanto tal traduz o movimento convergente da evolução histórica da organização social, Durkheim entende a integração, construto que institui a regra (norma e sanção), como a condição *sine qua non* da vida social, fronteira que concentra uma relacionalidade identitária, estruturalizando, a partir dos valores arquetipificados, a existencialidade humana, à medida que guarda correspondência com a interiorização de valores e normas que se impõem como dominantes, convergindo para a produção de um sentimento de identificação no grupo social, o que implica desde o compartilhamento, entres seus membros, de crenças, objetivos e práticas que os perfazem como tais, se lhes atribuindo uma consciência comum, até a dinâmica de

---

[12] Durkheim, 2007, p. 105.

uma interação ativa, aguda, intensa, caracterizando o processo interindividual.

A identificação de uma dimensionalidade intrinsicamente coletiva na existencialidade individual carrega subjacente a noção do dualismo constitutivo da natureza humana que, segundo a visão dicotômica de Durkheim, simultaneamente abriga sensualidade e moralidade, sensorialidade e conceitualidade, egoísmo e solidariedade.

> Há em nós um ser que se representa tudo em função dele próprio, do seu próprio ponto de vista, e que, em tudo o que faz, não tem outro objetivo que não ele mesmo. Mas há igualmente outro que conhece as coisas *sub speciae aeternitas*, como se participasse noutro pensamento que não o nosso, e que, ao mesmo tempo, tende a realizar, nos seus atos, fins que o ultrapassam. A velha fórmula *Homo duplex* verifica–se portanto pelos fatos. Longe de sermos simples, a nossa vida interior tem como que um duplo centro de gravidade. Há, por um lado, a nossa individualidade e, mais especialmente, o nosso corpo que a apoia; por outro, tudo o que em nós exprime algo que não nós próprios.[13]

Se a sensualidade, a sensorialidade e o egoísmo caracterizam o indivíduo, em sua consciência a sociedade

---

[13] Durkheim, 1975, p. 292.

emerge através da moralidade, da conceitualidade e da solidariedade, pressupostos da consciência coletiva que, possuindo uma realidade em si mesma como um conjunto de crenças e sentimentos comuns à maioria dos seus membros, é, pois, o sistema que possibilita a concordância acerca da funcionalidade da organização social, cuja tipologia psíquica apresenta, da mesma forma que os tipos individuais, propriedades, condições de existência, modo de desenvolvimento, enfim, convergindo para traduzir fenômenos coletivos que guardam correspondência com a camada psíquica das representações coletivas e perpassam as formas institucionais da organização social e o seu substrato material (que envolvem aspectos tais como volume e densidade da população, vias de comunicação, edifícios, etc.).

Se as ideologias constituídas e o direito escrito consistem em elementos padronizados que sob a acepção de aspectos formalizados perfazem os patamares das representações coletivas e das formas institucionais, as representações em estado de fermentação e os costumes emergem como elementos que se sobrepõem aos modelos e às fórmulas, caracterizando-se como aspectos não formalizados em um arcabouço que encerra relações de causalidade que implicam um movimento que abrange seja a orientação substrato/instituições/representações, seja a orientação representações/instituições/substrato, em uma conjuntura que converge para a mudança na medida em que as representações coletivas mantenham raízes nas fronteiras de novas necessidades sociais, se lhes guardando correspondência concreta em um processo que tende a resultar no embate entre os agentes de estagnação e de evolução, as forças de permanência e de impermanência.

Nessa perspectiva, a consciência da individualidade, tanto quanto a capacidade de exercer o livre-arbítrio[14], guardam

---

[14] Sobrepondo-se à concepção de um livre-arbítrio de caráter metafísico, Durkheim atribui a condição de um produto histórico da divisão do trabalho social à experiência individual do seu exercício: "Enfim, o que constitui a liberdade é a subordinação das forças exteriores às forças sociais; pois é apenas com essa condição que estas últimas podem se desenvolver livremente. Ora, essa subordinação é muito mais a inversão da ordem natural. Portanto, ela só se pode realizar progressivamente, à medida que o homem se eleva acima das coisas para impor-se a elas, para despojá-las de seu caráter fortuito, absurdo, amoral, isto é, na medida em que ele se torna um ser social. Porque ele não pode escapar da natureza senão criando outro mundo,

relacionalidade com a evolução histórica da organização social que, alcançando uma estruturalidade complexa e diversificada, engendra o desenvolvimento da percepcionalidade humana, reclamada pela especialização de funções, por exemplo, segundo a concepção durkheimiana, que defende a tese de que se a relação entre os indivíduos e a coletividade nas sociedades arcaicas ("sociedades sem escrita" ou pré—capitalistas) traduz—se em uma solidariedade mecânica[15], fundamentada na similitude, pois todos têm sentimentos e valores idênticos, não havendo diferenciação entre os indivíduos, à medida que praticamente não há divisão do trabalho, senão apenas sexual, nas organizações sociais cuja forma caracteriza—se pela divisão do trabalho[16], o que se impõe é a solidariedade

---

do qual a domina, e esse mundo é a sociedade." (Durkheim, 1999, p. 406)

[15] Eis a definição de Durkheim: "O que a caracteriza é que ela é um sistema de segmentos homogêneos e semelhantes entre si." (Durkheim, 1999, p. 164)

[16] Nesta perspectiva, cabe esclarecer que o fenômeno da divisão do trabalho consiste em uma determinada estrutura da organização social, constituindo—se a divisão técnica ou econômica uma manifestação que

orgânica ¹⁷, baseada, pois, na consensualidade que, resultando da diferenciação dos indivíduos, converge para um laço social que traz como prerrogativa a separação das atividades que, compartimentalizadas de forma complementar e parcelar, condicionaliza a interdependência que, afinal, consagra o indivíduo por si, a pessoa, se não mais do que a individualidade o próprio individualismo¹⁸, tendo em vista que

---

se lhe guarda correspondência, o que implica uma diferenciação envolvendo o conceito através da perspectiva sociológica de Durkheim e a interpretação desenvolvida pelos economistas, conforme explica Aron: "Dizer que os homens dividiram o trabalho e atribuíram uma ocupação específica a cada um para aumentar a eficácia do rendimento coletivo é admitir que os indivíduos são diferentes uns dos outros, e conscientes dessa diferença, antes da diferenciação social. Com efeito, a consciência da individualidade não podia existir antes da solidariedade orgânica e da divisão do trabalho." (Aron, 1999, p. 292)

¹⁷ "Durkheim chama de orgânica a solidariedade baseada na diferenciação dos indivíduos, por analogia com os órgãos de um ser vivo, cada um dos quais exerce uma função própria; embora os órgãos não se pareçam uns com os outros, todos são igualmente indispensáveis à vida." (Aron, 1999, p. 288)

¹⁸ Além de se contrapor à concepção que tende a reduzir a realidade ao mundo natural e à experiência humana em relação à natureza, que perfaz o naturalismo, Durkheim rejeita a doutrina que afirma que a elaboração de uma explicação que envolva as totalidades sociais guarda raízes nas fronteiras que encerram, essencialmente, as propriedades, os

longe de ser prejudicada pelos progressos da especialização, a personalidade individual se desenvolve com a divisão do trabalho. De fato, ser uma pessoa é ser uma fonte autônoma de ação. Portanto, o homem só adquire essa qualidade na medida em que há nele algo que lhe é próprio, só dele e que o individualiza, na medida em que ele é mais do que uma simples encarnação do tipo genérico da sua raça e de seu grupo. Dir–se–á que, seja como for, ele é dotado de livre arbítrio e que isso basta para fundar sua personalidade. Mas, seja essa liberdade o que for, objeto de tantas discussões, não é esse atributo metafísico, impessoal, invariável, que pode servir de base única para a personalidade concreta, empírica e variável dos indivíduos. Esta não poderia ser constituída pelo poder totalmente abstrato de escolher entre dois contrários; mas, além disso, é necessário que essa faculdade se exerça sobre fins e móveis próprios do agente. Em outras palavras, é necessário que os próprios materiais da sua consciência tenham um caráter pessoal.[19]

Se o "individualismo utilitarista" (egoísta e amoral) emerge do pensamento dos economistas clássicos e dos utilitaristas que, estabelecendo correspondência entre a sociedade e os intercâmbios econômicos dos indivíduos,

---

objetivos, as crenças e as ações dos indivíduos, a saber, o individualismo metodológico, convergindo a sua teoria tanto para o *individualismo psicossociológico*, que implica a questão referente à coexistência de um *ser biológico* e de um *ser social* na constituição do indivíduo, como para o *individualismo ético*, que implica a condição de sacralidade atribuída à pessoa humana em face do valor absoluto se lhe conferido pelo processo de complexificação da sociedade moderna.

[19] Durkheim, 1999, p. 425–426.

atribui a origem da vida social à organização que se impõe ao comércio e para a qual converge as relações de interesse instauradas em seu âmbito em um processo que supostamente escapa à influência da coletividade, o "individualismo moral" guarda raízes nas fronteiras que encerram a construção de uma personalidade que se sobrepõe à personalidade coletiva através de uma esfera de ação caracterizada como toda própria, a saber, a personalidade individual, que advém de uma sociedade cuja unidade mantém correspondência com a individuação das partes, segundo a teoria durkheimiana, que atribui à divisão do trabalho uma função social, tornando-o um eixo de integração que converge para a distinção envolvendo a solidariedade mecânica e a solidariedade orgânica, a comunidade primitiva e a sociedade moderna, perfazendo a transformação de um sistema de segmentos homogêneos e semelhantes em um conjunto de elementos ou segmentos diferenciados entre si.

À solidariedade mecânica, que caracteriza a comunidade primitiva, o que se impõe é a anulação da individualidade, à medida que guarda correspondência com as semelhanças em um processo que sobrepõe à consciência individual a consciência coletiva, estabelecendo uma coincidência absoluta entre ambas, constituindo-se a solidariedade orgânica uma condição que, baseada na analogia envolvendo o organismo dos animais superiores e os órgãos que o compõem, implica autonomia e interdependência em uma correlação que tende a institucionalizar o "individualismo ético" e o "culto ao indivíduo".

> Ora, não só a divisão do trabalho apresenta a característica pela qual definimos a moralidade, como tende cada vez mais a se tornar a condição essencial da solidariedade social. À medida que avançamos na evolução, os vínculos que prendem o indivíduo à sua família, ao solo natal, às tradições que o passado lhe legou, aos usos coletivos do grupo se distendem. Mais móvel, ele muda mais facilmente de meio, deixa os seus para ir viver em outro lugar uma vida mais autônoma, forma cada vez mais suas próprias ideias e sentimentos. Sem dúvida, nem toda consciência comum desaparece com isso; sempre permanecerá pelo menos esse culto da pessoa, da dignidade individual de que acabamos de falar e que, desde hoje, é o único centro de união de tantos espíritos.[20]

---

[20] Durkheim, 1999, p. 422.

Atribuindo ao fenômeno da moralidade uma essencial condição histórica, a sociologia de Durkheim identifica a existência do fato moral na vida de todos os povos, independente da sua epocalidade, convergindo os sistemas morais dos povos primitivos para as fronteiras que encerram a necessidade de ordenar e regular as relações que compreendem os homens entre si e, principalmente, aquelas que envolvem os deuses, à medida que a religião e o seu arcabouço de valores e práticas, condutas e comportamentos, consistiam no fundamento do processo de formação que, em face da emergência da divisão do trabalho e da solidariedade orgânica, tende a acarretar transformações que conferem à pessoa a condição de sagrada, tornando o indivíduo objeto de culto.

Dessa forma, se a noção de "disciplina"[21] e a noção de "abnegação" constituem os sistemas morais das sociedades

---

[21] "O sentimento de regularidade e o sentimento da autoridade são os dois aspectos de um estado de espírito mais complexo, que podemos denominar espírito de disciplina. O espírito de disciplina, eis a primeira disposição fundamental de todo temperamento moral." (Durkheim, 2008, p. 49)

primitivas, à medida que os princípios de autoridade ou regularidade e de adesão às normas, que se lhes correspondem, consistem em elementos inatos a todo arcabouço moral, o que se impõe às organizações sociais complexas e à moralidade moderna, além dos princípios em questão, é a noção de "autonomia"[22], que guarda correspondência com o *status* atribuído ao indivíduo e a dignidade humana que se lhe advém como condição, o que implica que antes da admissão de uma regra ou norma e a sua consequente sujeição, ao indivíduo cabe exercer a sua capacidade de analisar, julgar e deliberar, submetendo–a à razão e à sua própria moralidade, tendo em vista que, sobrepondo–se às noções e preceitos da moral religiosa e passional dos povos primitivos, converge para assumir um caráter laico e racional.

---

[22] "Porque ensinar a moral não é pregá–la, não é inculcá–la: é explicá–la. Ora, recusar à criança qualquer explicação desse gênero, não tentar fazê–la compreender as razões das regras que ela deve seguir, é condená–la a uma moralidade incompleta e inferior." (Durkheim, 2008, p. 125).

II PARTE

O PROCESSO FORMATIVO–EDUCACIONAL COMO *FATO SOCIAL* E A RENOVAÇÃO DA SOCIEDADE

Defendendo a impossibilidade de existência da moral no âmbito individual, Durkheim identifica as suas raízes nas fronteiras daquilo que se mantém sob a acepção de um ser que permanece irredutível à condição de resultado de um mero somatório de indivíduos, a saber, a sociedade, tendo em vista que

> o homem age moralmente somente quando persegue fins superiores aos fins individuais, quando se faz servidor de um ser superior a ele próprio e a todos os outros indivíduos. Ora, a partir do momento em que abdicamos de recorrer a noções teológicas, só existe um ser acima dos indivíduos, um ser que é empiricamente observável, que é aquele que surge quando os indivíduos se associam, é a sociedade.[23]

Conjunto que encerra as representações, aspirações e crenças comuns, criações ou manifestações coletivas, a consciência coletiva é constituída através de um processo de agregação e interpenetração das consciências individuais,

---

[23] Durkheim, 2008, p. 73.

guardando uma condição de irredutibilidade no que concerne ao resultado de uma simples soma das consciências individuais, embora a existência da consciência coletiva ou comum circunscreva-se às consciências individuais, emergindo mediante os processos de socialização, à medida que representa, em síntese, o arcabouço dos conhecimentos e valores que todos os membros do grupo detêm, formando um sistema que implica a partilha das mesmas crenças, objetivos e práticas e cujas especificidades se impõe ao indivíduo diante de uma conduta ou comportamento que se oponha às suas instituições, tendo em vista a sua capacidade de exercer influência coativa através de uma força extrínseca que mantém sob o seu poder a totalidade dos sujeitos em uma relação que demanda a subordinação e a conformação às regras, normas ou leis que determinam o funcionamento e o equilíbrio do organismo social.

Transcendo à circunscrição do âmbito dos fenômenos orgânicos ou psíquicos, o *fato social*, irredutível a tais realidades, detém vida própria, trazendo uma existência objetiva que escapa à condição de um resultado de uma acumulação de fatos individuais em um processo que determina as atitudes, as condutas e os comportamentos dos indivíduos, caracterizando as suas formas de pensar, sentir e agir, à medida que a sua manifestação como tal implica o exercício do constrangimento que se impõe através de uma pressão que incide sobre os membros da sociedade no sentido de estabelecer a correspondência pressuposta pelo seu *status* em uma relação que abrange a totalidade dos sujeitos que a perfazem, se lhes obrigando à conformação às normas, regras ou leis que possibilitam o seu funcionamento enquanto tal, o seu equilíbrio, a sua estabilidade, em nome dos fins determinados pela sua constituição. Dessa forma, tais pressupostos, a saber, a coercibilidade, a exterioridade e a generalidade, mantém os *fatos sociais* sob a égide de uma condição que guarda tendência à reificação[24], constituindo

---

[24] Eis a explicação de Steven Lukes acerca do referido processo: "Daí, acima de tudo, falar de 'la société' como o 'substrato' de tais fenômenos, o que o levou a reificar, e mesmo a deificar a 'sociedade', a tratá–la como deus ex machina, a atribuir–lhe poderes e qualidades tão

um arcabouço paradigmático que emerge para estruturalizar as relações interindividuais, convergindo a sua compreensão enquanto tal para as fronteiras que encerram a necessidade que implica a identificação de suas causas e dos fins para que serve[25].

> É fato social toda maneira de fazer, fixada ou não, suscetível de exercer sobre o indivíduo uma coerção exterior; ou ainda, toda maneira de fazer que é geral na extensão de uma sociedade dada e ao mesmo tempo, possui uma existência própria, independente de suas manifestações individuais.[26]

---

misteriosos e desnorteantes quanto os atribuídos aos deuses pelas religiões desse mundo." (Lukes, 2005, p. 52)

[25] Cabe sublinhar, nesta perspectiva, que, convergindo para um procedimento que traz como objeto de investigação grupos ou aspectos particulares dos fenômenos sociais que emergem como base para a realização de generalizações oportunas, em última instância, *a sociologia analítica* de Durkheim representa a superação da *sociologia sintética* (ou *sistemática*) que, tendo Auguste Comte como expoente, atribui à sociedade a noção de um *todo* ou um *sistema orgânico*, encerrando como objeto de estudo a totalidade dos fenômenos sociais expostos em seu conjunto, em suas leis. "O que existe, a única coisa dada à observação, são sociedades particulares que nascem, se desenvolvem e morrem independentemente umas das outras." (Durkheim, 2007, p. 20)

[26] Durkheim, 2007, p. 13, grifos do autor.

Contrapondo-se à visão filosófica que defende a noção de que a sociedade é a realização de consciências individuais, a teoria durkheimiana instaura uma leitura interpretativa que a coloca como um universo moral dimensionalizado por uma realidade distinta e superior ao mero somatório dos indivíduos que a integram e, embora admita a carga de egoistificação e utilitarismo que carregam, atribui preeminência ao vetor coletivista que, em função do processo de socialização, impõe os valores do arcabouço paradigmático que o caracteriza, demandando, em nome da solidariedade social, correspondência, tendo em vista a concepção de que a organização social "não é uma simples justaposição de indivíduos que trazem, ao entrar, uma moralidade intrínseca; mas o homem só é um ser moral porque vive em sociedade, pois *a moralidade consiste em ser solidário de um grupo e varia de acordo com essa solidariedade*"[27].

Dessa forma, a possibilidade de resistência à influência das circunstâncias sociais e do poder coercitivo das instituições que guardam condição de exterioridade

---

[27] Durkheim, 1999, p. 421, grifos meus.

concernente aos indivíduos, determinando as suas práticas, condutas e comportamentos através da sua sujeição aos padrões culturais em vigor, converge para sanções formais (penalização institucional ou punição judicial) ou informais (estigmatização social, marginalização simbólica ou real ou criminalização), que perfazem, enfim, a segregação e a exclusão social.

Fator engendrante das consciências dos "indivíduos sociológicos", a coercibilidade é instaurada pelos *fatos sociais*, que convergem, segundo a perspectiva "positivista–funcionalista" da sociologia [28] de Durkheim, para as

---

[28] Atribuindo à sociologia a condição de uma "ciência exata", Durkheim define o seu objeto como *fato social*, que emerge sob a acepção de "coisa", à altura do rigor exigido pela sua teoria, cujo método institui uma ruptura, seja com concepção que privilegia o espírito em relação à matéria, ou a alma em relação ao corpo, atribuindo à imaterialidade (espírito ou alma) a condição de uma natureza autônoma, que se sobrepõe à materialidade em função da sua pureza (o espiritualismo), seja com a concepção filosófica que confere preeminência ao sujeito em detrimento do objeto, na relação de conhecimento em particular, reduzindo a realidade ao sujeito pensante e às suas ideias e representações em um processo que encerra nas fronteiras da impossibilidade a consciência alcançar a objetividade (subjetivismo), convergindo para se sobrepor ao inatismo cartesiano e superar a metodologia introspectiva.

fronteiras que encerram o sentido de "coisas", à medida que guardam independência em relação aos preconceitos subjetivos e às vontades individuais, não sendo suscetíveis de compreensão por uma simples análise mental, demandando um processo que implica observação e experimentação, tendo em vista que

> a coisa se opõe à ideia assim como o que se conhece a partir de fora se opõe ao que se conhece a partir de dentro. É coisa todo objeto do conhecimento que não é naturalmente penetrável à inteligência, tudo aquilo de que não podemos fazer uma noção adequada por um simples procedimento de análise mental, tudo o que o espírito não pode chegar a compreender a menos que saia de si mesmo, por meio de observações e experimentações, passando progressivamente dos caracteres mais exteriores e mais imediatamente acessíveis aos menos visíveis e aos mais profundos.[29]

Sob o poder da coerção social que tais fatos encerram, os indivíduos adotam atitudes, comportamentos e condutas, formas de pensar, sentir e agir, de cujos valores participa independentemente de sua vontade própria e escolha pessoal, tendo em vista a exterioridade que os caracteriza, seja em virtude da sua preexistência em relação às

---

[29] Durkheim, 2007, XVII.

consciências individuais, seja porque a sua existência em si, tanto quanto a sua atuação, encerra um movimento que exclui inclusive a adesão consciente. Além destes pressupostos, que implicam a coercibilidade, exemplificado pelo sistema educacional, e a exterioridade, prefigurada pelas regras sociais, pelos costumes, pelas leis, em suma, os *fatos sociais* têm como característica a generalidade, ilustrada pelos sentimentos, pela moral, etc., à medida que a sua expressão encontra eco se não em todos os indivíduos, na maioria deles, na natureza coletiva, enfim, segundo a perspectiva durkheimiana, cuja preocupação se detém, em última instância, em identificar os "modos pelos quais os fatores sociais e culturais influenciam, e efetivamente constituem, em grande parte, os indivíduos"[30].

Atribuindo relevância à plasticidade que caracteriza a "natureza" humana, que encerra um processo de adaptação e adequação em relação às circunstâncias e ao trabalho que se lhe capacita a exercer funções diversas na organização socioprodutiva em um contexto que implica necessidades

---

[30] Lukes, 2005, p. 27.

que se sobrepõem às motivações e tendências que se circunscrevem ao âmbito de sua interioridade e aos aspectos de sua individualidade, convergindo para as fronteiras que encerram uma demanda que, envolvendo a totalidade do sistema sociopolítico e econômico, traz a especialização como condição *sine qua non* da relação de ensino–aprendizagem, cujo funcionamento não pode deixar de corresponder à concreticidade da vida histórico–cultural e econômico–social de uma organização baseada na divisão do trabalho e na diversidade de atividades que a perfazem.

> Cada profissão constitui um meio *sui generis*, que reclama aptidões particulares e conhecimentos especiais, em que reinam certas ideias, certos usos, certas maneiras de ver as coisas; e, como a criança deve ser preparada, em vista da função a que será chamada, a educação, a partir de certa idade, não pode permanecer mais a mesma para todos.[31]

Contrapondo–se à concepção de uma educação universal cuja ação fosse passível de aplicação independentemente das condições históricas e sociais,

---

[31] Durkheim, 1965, p. 77.

tendo em vista a pressuposição envolvendo uma determinada *natureza humana* que em sua disposição possibilitaria a concretização da perfeição para a qual tende cada indivíduo, Durkheim atribui ao ente humano o caráter de um ser que emerge como resultado de um processo que implica transformações graduais que objetivam a sua maturação e se sobrepõem ao fenômeno da atualização de suas virtualidades em uma relação de ensino—aprendizagem que em detrimento da criação do *novo* se circunscreve à função de impedir a atrofia em virtude da inação, o desvio em face da "direção normal" e uma espécie de "subdesenvolvimento", configurando uma atividade pedagógica baseada em um prévio conhecimento das faculdades e atributos inatos e a imposição de regras exatas para a sua manifestação e exercício, constituindo-se uma perspectiva que, perfazendo um "ideal abstrato", converge, sob a égide da história, para uma "contradição formal".

Nessa perspectiva, sobrepondo-se à perspectiva individualista que, circunscrita ao psicologismo idealista, predomina no sistema educativo até o séc. XIX, o modelo "positivista—funcionalista" ("estrutural—funcionalista") de Durkheim converge para atribuir ao processo formativo—educacional a noção de *fato social* que, sob a acepção de "coisa", emerge como um bem social, consubstancializado pelo conjunto de interdições que abrangem do sistema religioso à ação política, do trabalho científico aos pressupostos econômicos, a situação de ensino—aprendizagem converge para as fronteiras que encerram o caráter de um fenômeno socializador que interseccionaliza duas gerações, a saber, a jovem e a adulta, a primeira, co—partícipe, em nome da integração (normativizante), de uma atualização futuralizante, a segunda, gestora de uma atualização presentificante, cuja dinamicidade não se concebe senão imbricada nos fundamentos das causalidades históricas, com as quais inescapavelmente guarda uma relacionalidade construcionalizante, à medida que a fuga de tais pressupostos redunda no exílio da atividade pedagógica que, circunscrita, então, ao exercício da vontade e do desenvolvimento individual, jamais possibilita a apreensão da contextualidade, das condicionalidades aos condicionantes de uma existencialidade que não é menos do que sociocultural.

> A educação é a ação exercida pelas gerações adultas sobre aquelas não ainda amadurecidas para a vida social. Tem por objetivo suscitar e desenvolver, na criança, certo número de estados físicos, intelectuais e morais, reclamados pela sociedade política no seu conjunto e pelo meio especial a que a criança particularmente se destine.[32]

Guardando raízes na estrutura da sociedade como uma totalidade histórico—cultural e econômico—social específica que, escapando ao reducionismo que se lhe impõe um caráter estático, encerra uma vitalidade que demanda um ininterrupto processo de readaptação e readequação de seus elementos constitutivos, o sistema educacional consiste em um conjunto que envolve modos de pensar e agir característicos de um grupo definido cuja composição implica a consecução de determinado fim, configurando uma maneira usual ou permanente de ser, fazer, comportar—se, individual ou coletivamente, que

---

[32] Durkheim, 1965, p. 41, grifos do autor.

perfaz um arcabouço de fatos que, convergindo para a singularidade de uma coletividade, a particularidade de uma comunidade, sobrepõe-se à condição de um arranjo arbitrário e artificial elaborado sob a influência da correlação de vontades contingentes, tendo em vista que compete ao processo formativo—educacional a função de corresponder a necessidades inelutáveis que escapam à possibilidade de abstração, conforme defende Durkheim, que questiona: "De que serviria imaginar uma educação que levasse à morte a sociedade que a praticasse?"[33].

Nessa perspectiva, caracterizando o sistema educacional como produto da evolução histórico–cultural e econômico–social em um processo que correlaciona em sua formação o arcabouço religioso, a ordem política, o desenvolvimento científico, a estrutura econômica, Durkheim identifica um conjunto de princípios cuja realidade escapa à apreensão do indivíduo e à possibilidade de reconstituição, à medida que guarda condição de irredutibilidade no que tange à criação, destruição ou

---

[33] Durkheim, 1965, p. 36.

transformação baseada em pressupostos subjetivistas, o que implica a perspectiva que estabelece uma "solidariedade" abrangendo a totalidade das instituições que perfazem a sociedade e cuja mudança demanda a alteração estrutural através de um movimento capaz de institucionalizar um novo conjunto de modos de pensar e agir e uma nova maneira usual ou permanente de ser, fazer, comportar–se, individual ou coletivamente em face da consecução de um objetivo definido, correspondente ao estado do organismo social no referido momento.

III PARTE

O PROCESSO FORMATIVO–EDUCACIONAL COMO "APARELHO IDEOLÓGICO" E A REPRODUÇÃO DA ORDEM POLÍTICO–SOCIAL

Das sociedades primitivas, fundamentadas pela "comuna primitiva", que caracteriza os meios de produção, as áreas de caça, os produtos, como "propriedades comuns", ao patriarcalismo, que traz em seu contexto como condições de existência a propriedade de família, as funções de classe (autoridade patriarcal) e o direito hereditário através da filiação paterna; do modo de produção patriarcal ao modo de produção escravista, que tem com pressupostos a propriedade privada, a antagonização entre senhores e escravos, além da separação entre atividade intelectual e trabalho manual; do modo de produção escravista, típico da Antiguidade grega e romana, ao feudalismo, cuja base econômica se circunscreve ao monopólio dos meios de produção exercido pelo senhor feudal; do modo de produção feudal ao capitalismo, síntese da contradição entre o senhor feudal (tese) e o servo (antítese), e que traz como protagonistas o burguês e o proletário.

Eis o percurso sócio–histórico, engendrado pelo complexo antagônico que envolve os grupos de indivíduos cujos interesses, no arcabouço das relações de produção, embora interdependentes, são inconciliáveis, designado, pois, como "luta de classes", segundo a leitura marxiana, que pressupõe que o que efetivamente constitui a sociedade são as forças produtivas, suas bases materiais, na perspectiva de que a infraestrutura econômica (ou modo de produção) guarda correspondência, através de uma relação dialética e histórica, com a superestrutura do complexo social, esta última fundamentada pelos fenômenos de consciência, traduzindo o lugar dos indivíduos e dos grupos no modo de produção[34].

---

[34] Infraestrutura (ou base) e superestrutura consistem em termos metafóricos empregados na teoria marxiana com a finalidade de descrever as relações envolvendo a esfera econômica (que implica as relações de produção e o conjunto dos meios materiais e técnicos que perfazem o processo produtivo) e a instância que encerra o arcabouço das instituições políticas, jurídicas e culturais (que abrangem o governo, a política e a ideologia), cujas articulações, caracterizando os diferentes níveis da realidade social, assinala que a existência de uma sociedade

Se a inter—relação envolvendo a burguesia e o proletariado, ou o capitalista e o operário, o rico e o pobre, em suma, pressupõe, em nome da sua funcionalidade, segundo a construcionalização da interpretação marxista, o fenômeno da divisão econômica da sociedade, a perspectiva durkheimiana se detém na compartimentalização social do trabalho que, em função da tendência à sua progressiva especialização, determina as condicionalidades específicas de sociabilidade[35].

Se a função do processo formativo—educacional, segundo o pensamento durkheimiano, envolve a

---

guarda correspondência com a compatibilidade entre o seu governo (política, leis), as suas ideias e as suas estruturas econômicas, configurando uma condição que, em suma, atribui à mudança da superestrutura o *status* de um resultado inescapável que concerne à transformação da infraestrutura, convergindo para uma funcionalidade baseada em uma relação de *feedback* em uma conjuntura que contém dimensões e propriedades que escapam à dependência da infraestrutura, mantendo—se irredutíveis às suas descrições em um movimento que pressupõe uma autonomia relativa da superestrutura.

[35] Convém salientar que, no tocante às relações envolvendo economia e sociologia, se o pensamento marxiano estabelece uma correspondência harmônica entre ambas, enfatizando a reciprocidade que implica a disposição das suas estruturas, a perspectiva durkheimiana atribui à teoria econômica a condição de uma especulação metafísica que tende a ser superada pelo desenvolvimento da sociologia.

construcionalização de um ser social à altura das necessidades que emergem do espaço público, à medida que a teoria "positiva–funcionalista" tende a se deter nas fronteiras que encerram os equilíbrios estruturais, as uniformidades culturais e as formas de coesão da sociedade política, a perspectiva marxista, impondo-se como um instrumento de investigação da realidade através dos pressupostos da dialética e do materialismo, prioriza a instabilidade relativa corporificada pelas contradições[36] do sistema, cuja dinamicidade circunscreve-se às condicionalidades das relações histórico–culturais e econômico–sociais, sublinhando a produção social da vida como fundamento da existencialidade humana (sociopolítica, econômica, histórica, cultural) que, justificando a correspondência

---

[36] Cabe salientar, nesta perspectiva, que "na posição oposta ao 'continuum' estão Marx, Sorel, John Stuart Mill, Simmel e entre os contemporâneos Dahrendorf e Touraine, que consideram qualquer grupo ou sistema social como constantemente marcados por Conflitos porque em nenhuma sociedade a harmonia ou o equilíbrio foram normais. Antes, são exatamente a desarmonia e o desequilíbrio que constituem a norma e isto é um bem para a sociedade. Através dos Conflitos surgem as mudanças e se realizam os melhoramentos. Conflito é vitalidade." (Bobbio; Matteucci; Pasquino, 1998, p. 226)

entre relação socioprodutiva e modo de produção, engendra do corpo jurídico à forma política, perfazendo um arcabouço que, estruturado por fenômenos tais como religião, filosofia, moral, arte, etc., determina as maneiras de ser, pensar e agir, os comportamentos e as condutas, a consciencialidade, afinal, convergindo para a reprodução da formação histórico—cultural e do sistema econômico—social vigente, conforme esclarece Althusser, que afirma que

> os Aparelhos Ideológicos de Estado funcionam de um modo massivamente prevalente pela *ideologia*, embora funcionando secundariamente pela repressão, mesmo que no limite, mas apenas no limite, esta seja bastante atenuada, dissimulada ou até simbólica. (Não há aparelho puramente ideológico). Assim a escola e as Igrejas "educam" por métodos apropriados de sanções, de exclusões, de seleção, etc., não só os seus oficiantes, mas as suas ovelhas. Assim a Família... Assim o Aparelho IE cultural (a censura, para só mencionar esta), etc.[37]

Consistindo em um conjunto estatal constituído de mecanismos cujo poder envolve o exercício da força através de um processo que, objetivando a superação de resistências ou oposições, implica as áreas moral, psicológica e física, o complexo que encerra o governo, a

---

[37] Althusser, 1970, p. 47, grifo do autor.

administração, o exército (as forças militares), a polícia, o sistema penal, o sistema judiciário, compõe o Estado em seu sentido lato, como uma forma institucional que depende de tais elementos para aplicar a violência legítima da qual é detentor e que, mantendo-se sob o seu monopólio, se lhe cabe impor em um sistema que, segundo a perspectiva de Althusser, converge para uma relação entre a infraestrutura (base econômica) e a superestrutura (base jurídico-política e base ideológica) caracterizada pela reciprocidade.

Nessa perspectiva, pretendendo alcançar a concreticidade da vida humana, ou seja, os homens como realmente são, inter-relacionados a um contexto econômico (organização capitalista), sujeitos à determinação das suas relações de força através do sistema de "luta de classes", Marx, rompendo com a estruturalidade da tradição que repugnava o *devir* concreto, a ação, a *práxis*, o trabalho, em suma, diferentemente da concepção de Durkheim, construcionaliza uma perspectiva que assinala o processo formativo-educacional como veículo que instrumentaliza a reprodução dos valores, práticas e fins do arcabouço ideológico do poder dominante através de uma atividade que engendra, afinal, o continuísmo das condições de existência da sociedade de classes e da alienação que subjaz ao seu funcionamento como tal, tendo em vista que encerrando uma forma institucional cujo funcionamento implica o propósito de produzir o conjunto que envolve tanto o conteúdo científico–técnico como o quadro funcional de especialistas correspondentes às necessidades da ordem em vigor em um contexto que traz como uma de suas forças o "igualitarismo da ideologia capitalista", que através da fórmula da "igualdade de oportunidades" tende à "internalização" da dominação estrutural hierárquica e à legitimação dos seus interesses.

> Baran e Sweezy enfatizaram esse aspecto: "O igualitarismo da ideologia capitalista é uma de suas forças, que não se deve descartar levianamente. Desde a mais tenra infância as pessoas aprendem por todos os meios concebíveis que todos têm *oportunidades iguais* e que as desigualdades com que se deparam não são o resultado de instituições injustas, mas de seus dotes naturais superiores ou inferiores". Portanto, assegurar a manutenção da gritante desigualdade e dos privilégios na educação, por exemplo, é algo que "se deve buscar indiretamente, garantindo amplos recursos para a subsistência da parte do sistema que atende à oligarquia, deixando, ao

mesmo tempo, faminta a parte que atende às classes baixas e aos trabalhadores. Isto garante a desigualdade na educação tão vitalmente necessária para apoiar a desigualdade geral que é o coração e a essência de todo o sistema". Assim é possível sustentar a mitologia da igualdade – pelo menos na forma da proclamada "igualdade de oportunidades" – e perpetuar seu oposto diametral na ordem vigente sob o domínio do capital.[38]

Estabelecendo a mediação entre o indivíduo e o gênero humano, à situação de ensino–aprendizagem cabe o encargo de organizar o conteúdo do saber e do conhecimento da humanidade e instaurar um processo que capacite o ser humano a dominar as competências teóricas e práticas acumuladas no arcabouço histórico–cultural e desenvolver as habilidades necessárias para a sua atuação no sistema produtivo, que implica, em suma, uma determinada relação diante da natureza que traz o trabalho como fundamento em um movimento que, encerrando a noção de que como um ser da natureza o homem não emerge senão como um ser que carece das coisas naturais que se lhe guardam exterioridade, converge para torná–lo objetivo, se lhe atribuindo a condição de resultado do seu próprio

---

[38] Mészáros, 2011, p. 273–274, grifos do autor.

trabalho, tendo em vista a possibilidade que se lhe está atrelada concernente à transformação da natureza, seja em seu aspecto externo, seja em sua própria constituição (humana).

> Precisamente por isso, na elaboração do mundo objetivo [é que] o homem se confirma, em primeiro lugar e efetivamente, como *ser genérico*. Esta produção é a sua vida genérica operativa. Através dela a natureza aparece como *a sua* obra e a sua efetividade (*Wirklichkeit*). O objeto do trabalho é portanto a *objetivação da vida genérica do homem*: quando o homem se duplica não apenas na consciência, intelectual[mente], mas operativa, efetiva[mente], contemplando-se, por isso, a si mesmo num mundo criado por ele.[39]

Baseado no *pôr teleológico* que guarda raízes nas fronteiras do trabalho, a *práxis* educativa encerra um conjunto de ideias que se impõem às esferas teórica, cultural e institucional da sociedade através de liames de interdependência que convergem para uma forma de consciência social cujo conteúdo implica um pensamento justificativo e parcial que, a despeito dessa condição, reivindica a universalidade característica do "pensamento

---

[39] Marx, 2004, p. 85, grifos do autor.

real", que guarda capacidade de estabelecer uma correlação verdadeira com a totalidade da realidade, tendo em vista o papel que a situação de ensino—aprendizagem cumpre na reprodução funcional do trabalho na dinâmica que abrange o processo produtivo e o complexo de suas relações e forças, à medida que a organização capitalista e a divisão do trabalho da sua estrutura econômico—social demanda a veiculação de um conhecimento técnico—científico que perfaz um saber especializado e unilateralizado que se limita a corresponder às necessidades do sistema e às suas finalidades.

> Todo pôr teleológico é uma escolha, conscientemente efetuada pelo sujeito da práxis, entre duas (ou mais) possibilidades e a consequente realização prática, assim determinada, da possibilidade escolhida. A polarização do ato em momentos subjetivos e objetivos já está contida nessa situação fundamental de toda práxis humana. Na medida em que, tanto na questão do pôr de fins quanto na da realização, o sujeito está colocado diante de uma escolha, e escolhe, na própria ação têm de se distinguir precisamente, no que diz respeito ao ser, os momentos da subjetividade e da objetividade - por mais que estejam inseparavelmente ligados.[40]

---

[40] Lukács, 2010, p. 209.

Sobrepondo-se ao "progressismo idealista" que, embora sob a acepção de um "doutrinamento" sublinha as possibilidades que encerra o fenômeno educativo no que concerne ao gênero humano e à liberação que a sua condição demanda, o que cabe ao processo formativo-educacional e à relação de ensino-aprendizagem não é senão a consideração do peso da influência do fator material e do condicionamento socioeconômico no que tange à sua instauração, que implica a necessidade de conferir relevância à capacidade transformadora do homem, escapando, contudo, ao extremismo que supervaloriza a sua ação em detrimento do ambiente externo e dos imprevistos que podem dele emergir, tendo em vista a perspectiva que defende que, longe de a práxis permanecer sujeita às "circunstâncias", o que se impõe é não menos do que, no que se refere à mudança do meio, uma coincidência interativa com a atividade humana, perfazendo uma noção que desvela os limites da dialética, limites estes que não resistem à constatação de que o referido meio não é mais do que uma criação humana.

Nessa perspectiva, estabelecendo correspondência entre indivíduo e gênero humano, a formação que resulta do processo de ensino–aprendizagem implica a internalização de modos de pensar e agir característicos de um grupo de indivíduos que encerra uma situação econômica idêntica no âmbito das relações de produção e que, em face do monopólio dos meios e instrumentos de produção, guarda preeminência, constituindo-se como dominante na estrutura da organização econômico–social, e cuja composição, trazendo como fundamento interesses comuns no que tange aos seus integrantes, converge para a consecução de determinado fim, objetivo que, por sua vez, não atende às necessidades e carências da sociedade como uma totalidade histórico–cultural e econômico–social, tendo em vista que se opõe aos detentores da força de trabalho que, alcançando status de mercadoria, corporificam uma maneira usual ou permanente de ser, fazer, comportar-se, individual ou coletivamente, que instaura o movimento que impõe *estranheza* no que concerne à sua essência humana.

IV PARTE

O PROCESSO FORMATIVO–EDUCACIONAL ENTRE A ALIENAÇÃO MARXIANA E A TRANSFORMAÇÃO DO SISTEMA ECONÔMICO–SOCIAL

Emergindo, no âmbito da filosofia alemã, como um fato ontológico, sob cuja perspectiva se impõe ao homem, que se lhe não pode resistir, tendo que aceitá–la como tal, a atribuição que a leitura de Marx propõe no que concerne à alienação, caracterizando–a como um conceito social, que não guarda correspondência senão com um determinado sistema de relações históricas, converge para a possibilidade da sua superação através da transformação da referida estrutura econômico–social[41]. À alienação que os aspectos negativos da divisão do

---

[41] "A transformação das forças pessoais (relações) em forças materiais causada pela divisão do trabalho não pode ser abolida pelo fato de se extirpar do cérebro essa representação geral, mas sim unicamente se os indivíduos subjugarem de novo essas forças materiais e abolirem a divisão do trabalho. Isso não é possível sem a comunidade. É somente na comunidade [com outros que cada] indivíduo possui os meios de desenvolver suas faculdades em todos os sentidos; é somente na

trabalho encerra o que se impõe não é senão a compensação que emerge, em determinada proporção, através das oportunidades de autorrealização individual que o sistema possibilita, segundo a leitura durkheimiana, que afirma a necessidade acerca do desenvolvimento de associações ocupacionais capazes de instaurar um contexto caracterizado pela solidariedade e em cujo processo o reconhecimento da interdependência dos homens consistisse no fundamento de uma nova moralidade.

Se a teoria durkheimiana estabelece a diferenciação entre a solidariedade mecânica, que caracteriza as sociedades arcaicas e traz como fundamento a "similitude", à medida que todos os indivíduos, fazendo as mesmas coisas, são semelhantes, e a solidariedade orgânica, que se impõe às sociedades complexas e cujo liame social tem como base a separação das atividades, divididas de forma complementar e parcelar, perfazendo, sob a pressuposição que envolve ordem, cooperação, troca, uma leitura

---

comunidade que a liberdade pessoal é possível". (Marx; Engels, 2002, p. 92)

orgânico—evolucionista da sociedade que remete, em última instância, ao reformismo, o pensamento marxiano, contrapondo-se à interpretação em questão, converge para a perspectiva que encerra a "luta de classes" como o motor determinante da história, uma causalidade estrutural, tornando equivalente de "matéria", nesta perspectiva, a infraestrutura econômica (ou modo de produção) que, abrangendo as forças de produção e as relações interindividuais e intergrupais que em função do processo produtivo são realizadas, mantém correspondência, através de uma relação dialética e histórica, com a superestrutura do complexo social, que implicam os fenômenos de consciência (representações, interpretações, etc.) que sinonimizam a base "ideológica", traduzindo o lugar dos indivíduos e dos grupos no modo de produção, configurando que o condicionamento do processo de vida social, política e intelectual em geral guarda raízes nas fronteiras da vida material e do seu modo de produção.

> A produção das ideias, das representações e da consciência está, a princípio, direta e intimamente ligada à atividade material e ao comércio material dos homens; ela é a linguagem da vida real. As representações, o pensamento, o comércio intelectual dos

homens aparecem aqui ainda como a emanação direta de seu comportamento material. O mesmo acontece com a produção intelectual tal como se apresenta na linguagem da política, na das leis, da moral, da religião, da metafísica, etc. de todo um povo. São os homens que produzem suas representações, suas ideias, etc., mas os homens reais, atuantes, tais como são condicionados por um determinado desenvolvimento de suas forças produtivas e das relações que a elas correspondem, inclusive as mais amplas formas que estas podem tomar. A consciência nunca pode ser mais que o ser consciente; e o ser dos homens é o seu processo de vida real.[42]

Consistindo em uma condição necessária para o homem, a corporeidade natural, contudo, não se lhe guarda suficiência, à medida que é na circunscrição da sociedade e pela sua intermediação que se impõe o processo de humanização do ser biológico, convergindo para as fronteiras que encerram uma "essência" que não se caracteriza senão como resultante da vida social e das relações socioprodutivas que os seres humanos reais desenvolvem em sua existência histórico-cultural e econômico-social concreta. Tal fundamento, determinando o pensamento de Marx, assinala que, sobrepondo-se à construção identitária que atribui ao homem a condição que envolve um *ser*

---

[42] Marx; Engels, 2002, pp. 18–19.

acabado, cuja existência emerge como *algo dado*, o que o caracteriza é um processo de autoprodução que, guardando raízes na história, implica um movimento de transformação que converge para torná—lo o *ser da práxis*.

Nessa perspectiva, sobrepondo—se à perspectiva hegeliana, que sublinha que a vida concreta é determinada pela consciência, Marx estabelece uma correspondência envolvendo o que os indivíduos são e as condições materiais de sua produção, convergindo o processo formativo—educacional para as fronteiras que encerram as relações socioprodutivas e o grau de desenvolvimento das forças produtivas, que perfazem o mundo do trabalho e a organização de um sistema econômico—social que, trazendo como fundamento a propriedade privada e a divisão do trabalho, implica o antagonismo entre o individual e o coletivo, o privado e o público, o particular e o geral.

> Portanto, desde o início o papel da educação é de importância vital para romper com a internalização predominante nas escolhas políticas circunscritas à "legitimação constitucional democrática" do Estado capitalista que defende seus próprios interesses. Pois também essa "contra—internalização" (ou contraconsciência) exige a antecipação de uma visão geral, concreta e abrangente, de uma forma radicalmente diferente de

gerir as funções globais de decisão da sociedade, que vai muito além da expropriação, há muito estabelecida, do poder de tomar todas as decisões fundamentais, assim como das suas imposições sem cerimônia aos indivíduos, por meio de políticas como uma forma de alienação por excelência na ordem existente.[43]

Consistindo em um sistema econômico–social cuja força converge para a gestação dos sujeitos que o perfazem como tal, a saber, os trabalhadores e os detentores dos meios de produção, o que cabe à referida organização não é senão uma formação que emerge como uma criação humana "reificada" que, se lhe contrapondo, converge para a emergência de um antagonismo entre a essência social–objetiva da humanidade e a existência singular de cada indivíduo, à medida que engendra, em última instância, um alheamento, uma *estranheza*, em relação aos resultados ou produtos que se impõem à sua própria atividade, perfazendo um estado que encerra a atividade ela inclusive, a natureza, os seres humanos, como também o próprio em face de si mesmo, no que concerne às suas possibilidades humanas, o que implica uma alienação que, nesta

---

[43] Mészarós, 2008, p. 61.

perspectiva, caracteriza-se como autoalienação, que envolve o ser próprio do homem quanto às suas possibilidades e advém por intermédio dele mesmo, por meio da sua atividade, enfim, perfazendo um processo que alcança a sua própria essência e estrutura básica, que se lhe escapam.

Ao processo formativo-educacional caracterizado pela unilateralidade e cujo fim envolva a especialização, o que se impõe é a necessidade de se lhe atribuir um caráter integral, pressuposto na integração envolvendo atividade intelectual e trabalho físico que, perfazendo uma condição que guarda capacidade de se sobrepor à alienação decorrente da ruptura entre ensino e trabalho, converge para as fronteiras que encerram uma formação designada como *omnilateral*, que guarda capacidade de correlacionar os aspectos constitutivos do homem como um todo em sua concreticidade histórico-cultural e econômico-social, se lhe conferindo condições de participar da produção de um conhecimento que, longe de se circunscrever ao viés teórico ou abstrato e ao movimento de reprodução concernente aos valores, às necessidades e aos fins da ordem político-social vigente, implica uma construção real, prática, cuja dinâmica possibilite tanto a transformação de si quanto a mudança do sistema ético–jurídico e econômico–político que, através das relações socioprodutivas, impõe–se ao Estado e à sociedade civil.

Estabelecendo correspondência entre a realidade efetiva da história e a capacidade formativa do trabalho[44], à medida que atribui a esta uma articulação que encerra em seu arcabouço cultura e formação, educação e ética, subjetividade e consciência, a teoria de Marx impõe ao trabalho a condição de um princípio que, imbricado em uma correlação envolvendo o ensino, converge para um processo formativo que, implicando a tríade que abrange a "educação intelectual", a "educação física (corporal)" e a

---

[44] Consistindo em um conceito que encerra em sua noção a condição que implica a mediação de carências e a geração de riqueza, o trabalho (*Arbeit*), segundo o pensamento de Hegel, longe de se circunscrever ao aspecto econômico, emerge como mediador das relações interindividuais em um processo que envolve a sociedade civil e tende à universalidade corporificada pelo momento lógico do Estado, convergindo para caracterizar a sua capacidade formativa através de uma concepção que ressalta o valor social do trabalho e o seu caráter histórico em oposição à perspectiva naturalista e a–histórica que perfaz a construção dos economistas burgueses.

"educação profissional (tecnológica)"[45], tende a possibilitar o desenvolvimento máximo do potencial humano, resultando na construção do "homem total", que escapa à mutilação deflagrada pela divisão do trabalho em um sistema econômico–social no âmbito do qual a realização de uma atividade profissional demanda a especialização de uma formação cuja especificidade impossibilita o exercício de outras aptidões e faculdades passíveis de expansão, conforme explica Aron:

> Nessa linha, o homem total seria aquele que não fosse especializado. Alguns textos de Marx sugerem uma formação politécnica, em que todos os indivíduos fossem preparados para o maior número possível de profissões. Com tal formação, não

---

[45] Eis o conteúdo pedagógico que se impõe à constituição do *homem novo*, segundo um processo formativo–educacional que traz como fundamento a unidade envolvendo trabalho e ensino:

"1. Educação *intelectual*;

2. Educação *corporal*, tal como é produzida pelos exercícios de ginástica e militares;

3. Educação <u>tecnológica</u>, abrangendo os princípios gerais e científicos de todos os processos de produção, e ao mesmo tempo iniciando as crianças e os adolescentes na manipulação dos instrumentos elementares de todos os ramos de indústria." (Marx; Engels, 1978, p. 223, grifos dos autores)

estariam condenados a fazer a mesma coisa, de manhã à noite.[46]

Se, na perspectiva em questão, a dialética, no que tange ao conceito de *homo faber*, se lhe é interior, ao caráter essencialista que carrega, convergindo para as fronteiras que implicam uma transformação que envolve mais o mundo do que a si mesmo, o que se impõe é a noção que encerra o equilíbrio necessário entre a formação e a *abertura*, ou seja, uma correspondência abrangendo o "formar—se" e o "abrir—se ao exterior", à medida que nenhuma operação de mudança que pretenda profundidade se esgota na esfera da interioridade, através de uma emergência que se lhe guarde raízes, tornando—se necessário, então, uma construção antropológica que, superando o essencialismo inoperante, contraproducente, incline—se na direção que assinala um movimento dialético na correlação homem/meio que tenha um sentido de abertura mais desenvolvido e radical, contrapondo—se, inclusive, a qualquer tipo de apriorismo na avaliação ética do ser humano.

---

[46] Aron, 1999, p. 153.

CAPÍTULO 2[47]

O SISTEMA EDUCACIONAL E A RACIONALIZAÇÃO BUROCRÁTICA ENTRE A TIPOLOGIA DAS AÇÕES HUMANAS E A TEORIA DA DOMINAÇÃO DE WEBER

Perfazendo um laço social que traz como prerrogativa a separação das atividades que, compartimentalizadas de forma complementar e parcelar, condicionaliza a interdependência e resulta na solidariedade orgânica das sociedades complexas, se a diferenciação dos indivíduos emerge como fundamental na teoria de Durkheim, guardando correspondência com a necessidade de consenso que a sua leitura sublinha no que concerne ao funcionamento da organização social, o que se impõe à sociologia de Weber é a racionalização das atividades

---

[47] O referido capítulo é constituído por trechos que integram o conteúdo do artigo intitulado *O sistema educacional e a racionalização burocrática entre a tipologia das ações humanas e a teoria da dominação de Weber*, publicado em **Saberes — Revista Interdisciplinar de Filosofia e Educação / UFRN**, ISSN 1984–3879, v. 1, n. 14, pp. 81–107, out. 2016, Natal - RN, Brasil, Brasil.

coletivas, cuja tendência, encerrando um processo que implica eficácia e especialização, converge para sobrepor às relações individualizadas as relações de funções. Tais relações de funções, emergindo através de um sistema de regras impessoais que define responsabilidades e finalidades objetivas determinadas, possibilita o desenvolvimento de um mecanismo baseado no rigor e na previsibilidade envolvendo agentes e poder através de um exercício que pretende o controle absoluto, dos meios aos fins, e a superação das resistências que se mantêm imbricadas neste movimento que, abrangendo as práticas, condutas e comportamentos, traz em si a capacidade de reduzir a autonomia humana que subjaz ao "mecanicismo" da representação dos fenômenos condensados pela estrutura hierárquica de uma forma institucional específica.

Distinguindo razão instrumental e razão valorativa, Weber, assinalando a impossibilidade de que os juízos de valor guardem correspondência com os dados empíricos, defende uma epistemologia das ciências sociais capaz de se sobrepor ao modelo característico das ciências naturais, convergindo para uma teoria que pretende alcançar o conteúdo simbólico nas realizações dos sujeitos através de uma metodologia compreensiva que, assimilando os fenômenos sociais, apreende interpretativamente o sentido, configurando, dessa forma, uma perspectiva que, baseada na definição de "tipo ideal" (capitalismo, democracia, sociedade, burocracia, lei, etc.), contrapõe-se à sociologia "positivista-funcionalista" de Durkheim e à noção de "fatos sociais" que sob a acepção de "coisas" propõe, à medida que tem como objetivo a explicação de séries de fenômenos e a definição de leis por intermédio de um método que tende a recorrer aos dados verificáveis e ordená-los para a elaboração de tipos sociais a fim de submetê-los à comparação.

À inter-relacionalidade envolvendo "ação" e "racionalidade" o que se impõe é a análise que implica os componentes e os tipos da ação social, que emerge no âmbito de um sistema que encerra processos de compreensão intersubjetiva nos quais o papel da "mediação humana" alcança relevância, segundo a teoria sociológica da ação de Weber. Tendo como objeto de investigação a ação humana, que inelutavelmente converge para a construção de um sentido, haja vista a intersecção que se estabelece entre os objetivos e os valores, à medida que promove consequentemente estes últimos enquanto procura alcançar aqueles (os objetivos), a teoria de Weber atribui condição de insuficiência à explicação causal no tocante ao esclarecimento da realidade social através de um processo que, em função da necessidade de completá—la, converge para um estudo das motivações, o que implica a interpretação que visa a apreensão do "conteúdo simbólico" que às suas atividades os agentes sociais impõem.

Nessa perspectiva, a explicação envolvendo um fenômeno social demanda a sua conversão "na sequência lógica das ações individuais", enquanto que conhecê—lo se circunscreve à apreensão do "conteúdo simbólico" que a ação humana carrega, visto que a captação da relação de sentido torna—se o referencial da sociologia, segundo a concepção weberiana que, instaurando o "individualismo metodológico", caracteriza a "explicação compreensiva". Tal paradigma, usado na análise do capitalismo[48], demonstra que, não circunscrevendo-se à sede do lucro e à exploração humana, tal sistema, em contraposição à teoria marxista, representa a organização racional do capital, tendo em vista que Weber identifica a razão instrumental com o capitalismo e o desenvolvimento da técnica e da sociedade

---

[48] Estudo desenvolvido em "A Ética Protestante e o Espírito do Capitalismo", cuja análise, detendo-se na relação envolvendo *ética protestante* e *espírito do capitalismo*, sobrepõe-se à interpretação que estabelece uma conexão de causa e efeito entre ambas e converge para a identificação de um processo que encerra a correspondência e o condicionamento implicando valores tais como o *ascetismo individual*, a *busca do absoluto na atividade mundana* e a *ética do trabalho* que possibilitam a emergência do sistema social ou econômico-social em questão, conforme defende Weber, que afirma: "Repetimos: não é a *doutrina* ética de uma religião, mas a forma de conduta ética a que são atribuídas *recompensas* que importa. Essas recompensas funcionam na forma e na condição dos respectivos bens de salvação. E essa conduta constitui o *ethos* específico de cada pessoa, no sentido sociológico da palavra. Para o puritanismo, tal conduta era um certo modo de vida, metódico, racional que – dentro de determinadas condições – preparou o caminho para o 'espírito' do capitalismo moderno. As recompensas eram atribuídas a quem se 'provava' perante Deus, no sentido de alcançar a salvação – que se encontra em *todas* as seitas puritanas – e 'provar-se' frente aos homens no sentido de manter a posição social dentro das seitas puritanas. Ambos os aspectos foram mutuamente suplementares e funcionaram no mesmo sentido: ajudaram ao nascimento do 'espírito' do capitalismo moderno, seu *ethos* específico: o ethos das *classes médias burguesas* modernas." (Weber, 1982d, p. 368–369, grifos do autor)

industrial através de uma leitura que estabelece a distinção entre a ação racional valorativa (*Wertrational*), cuja realização tem como fundamento determinados valores, autojustificando-se, e a ação racional instrumental (*Zweckrational*), que implica fins ou objetivos específicos em um processo que encerra, através do cálculo, a adequação abrangendo meios e fins, convergindo para que, dessa forma, estes últimos justifiquem os meios mais apropriados e eficazes para a sua obtenção[49].

Caracterizando-se por uma estrutura hierarquizada e pela concentração de poder, a burocratização das organizações corresponde ao processo de racionalização para o qual tende a sociedade moderna em face do

---

[49] "A classificação dos tipos de ação comanda em certa medida a interpretação weberiana da época contemporânea. O traço característico do mundo em que vivemos é a racionalização. Numa primeira aproximação, esta corresponde a uma ampliação da esfera das ações *zweckrational*. O empreendimento econômico é racional, a gestão do Estado pela burocracia também. A sociedade moderna tende toda ela à organização *zweckrational*, e o problema filosófico do nosso tempo, problema eminentemente existencial, consiste em delimitar o setor da sociedade em que subsiste e deve subsistir uma ação de outro tipo." (Aron, 1999, p. 449)

movimento que sobrepõe a ciência à religião e demanda a instauração de um sistema de relações envolvendo funções em lugar de um arcabouço de relações individualizadas que, em vigor até então, tem como base a tradição ou o carisma, à medida que a produção de uma finalidade objetiva determinada torna indispensável a elaboração de etapas e a definição de tarefas para a sua concretização que, dessa forma, depende de um controle absoluto e uma gestão capaz de alcançar a máxima eficácia no desenvolvimento das atividades.

> Segundo Max Weber, o capitalismo é definido pela existência de empresas (*Betrieb*) cujo objetivo é produzir o maior lucro possível, e cujo meio é a organização racional do trabalho e da produção. É a união do desejo de lucro e da disciplina racional que constitui historicamente o traço singular do capitalismo ocidental. Em todas as sociedades conhecidas houve sempre indivíduos ávidos de dinheiro, mas o que é raro, e provavelmente único, é o fato de este desejo tender a satisfazer—se não pela conquista, especulação ou aventura, mas pela disciplina e pela ciência. Um empreendimento capitalista visa ao lucro máximo por meio de uma organização burocrática.[50]

Nessa perspectiva, se a tendência à racionalização

---

[50] Aron, 1999, p. 475.

burocrática caracteriza o sistema capitalista, cuja estrutura de poder traz como fundamento uma ordem baseada nas classes (ordem econômica), uma ordem baseada no *status* (ordem social) e uma ordem baseada nos partidos (ordem política), o processo educacional, em uma conjuntura que atribui ao Estado a condição de agente da racionalização da organização social como um totalidade que encerra grupos distintos e demanda da referida forma institucional o encargo da mediação de conflitos, configura um mecanismo de reprodução das relações de dominação vigentes no arcabouço social, segundo a teoria da dominação de Weber, que identifica os seus "tipos—ideais", a saber, a dominação racional—legal, a dominação tradicional e a dominação carismática.

I PARTE

UMA *SOCIOLOGIA COMPREENSIVA* E O *INDIVIDUALISMO METODOLÓGICO*: A TIPOLOGIA DAS AÇÕES HUMANAS DE WEBER

Atribuindo à sociologia o caráter de uma ciência interpretativa, a teoria de Weber, baseada no método da "explicação compreensiva", converge para as fronteiras que encerram a investigação de valores e escapa à condição que envolve a instauração de normas e ideais, guardando diferenciação em relação à construção "positivista–funcionalista" ("estrutural–funcionalista") de Durkheim e a relevância que atribui às normas sociais através de um *método comparativo* que se impõe em face da objetivação do social que, encerrando os *fatos sociais* sob a égide de "coisas", tende a explicar séries de fenômenos e estabelecer leis. Dessa forma, pois, Weber considera imprópria a explicação causal concernente à realidade social, tendo em vista que o seu esclarecimento implica a necessidade da investigação das motivações que permanecem imbricadas no processo que atribui à *interpretação* a possibilidade de apreensão do sentido conferido às suas atividades pelos agentes, à medida que se detém na evolução e nos efeitos da ação social em suas correlações, convergindo para um tratamento *singularizado* das suas práticas e comportamentos, tornando relevante o que verdadeiramente emerge como o referencial fundamental da pesquisa sociológica, a saber, o *particular*, o *individual*[51].

Consistindo em um comportamento significativamente orientado em função do comportamento de outros, a ação social, segundo a teoria sociológica de Weber, convergindo para as fronteiras que se lhes atribuem o caráter tradicional que, baseado em um "hábito internalizado" e em um impulso quase mecânico, emerge como autoevidente, guardando correspondência com a tendência à adaptação ao ambiente normativo através da

---

[51] "Segundo Max Weber, a sociologia é a ciência da ação social, que ela quer compreender interpretando, e cujo desenvolvimento quer explicar, socialmente. Os três termos fundamentais são, aqui, compreender (*verstehen*), interpretar (*deuten*) e explicar (*erklären*), respectivamente, apreender a significação, organizar o sentido subjetivo em conceitos e evidenciar as regularidades das condutas." (Aron, 1999, p. 491)

aceitação tácita de um conjunto que abrange valores e condutas, práticas, técnicas ou recursos preestabelecidos em face da realização de determinadas atividades sociais ou socioprodutivas ou da concretização de relações interindividuais que impliquem uma finalidade objetiva determinada.

Circunscrevendo—se ao comportamento social detentor de plena consciência, a teoria sociológica da ação de Weber converge para as fronteiras que encerram as razões às quais o agente atribui a condição de portadoras de validade e conclusividade, conforme defende através da perspectiva que envolve os tipos ideais de ação racional, seja a ação referida a intenções, seja a ação referida a valores, o que implica, no caso da primeira, a eficácia dos meios em face de um determinado fim, e, no caso da segunda, a identificação entre meios e fins em função de um valor incondicional de uma maneira de proceder específica.

Se a ação consiste em um comportamento humano que traz em sua constituição um sentido subjetivo, o seu caráter social guarda correspondência com a inter—relação envolvendo o sentido e a conduta de outros sujeitos, tornando—se capaz de estabelecer interferência no campo vivencial de outros em um processo no qual escapa à perspectiva da condição que implica um objeto passível de "julgamento de valor" e permanece disposta à compreensão através de um teoria cuja proposta converge para a compreensão interpretativa, a fim de que, no seu desenvolvimento e nos seus efeitos, a explicação causal possa emergir[52]. Dessa forma, tendo em sua composição um sentido interativo e um significado subjetivo, à medida que

---

[52] "O termo compreensão, no sentido de entendimento, é a tradução clássica do alemão *Verstehen*. A ideia de Weber é a seguinte: no domínio dos fenômenos naturais, só podemos apreender as regularidades observadas por meio de proposições de forma e natureza matemáticas. Em outras palavras, é preciso explicar os fenômenos por meio de proposições confirmadas pela experiência, para ter o sentimento de compreendê—las. A compreensão é, por conseguinte, mediata, passa por intermediários – conceitos ou relações. No caso da conduta humana, a compreensão é, num certo sentido, imediata: o professor compreende o comportamento dos que acompanham suas aulas, o viajante compreende por que o motorista do táxi para diante do sinal vermelho. Não é necessário constatar quantos motoristas se detêm diante do sinal vermelho para entender por que razão eles agem assim. A conduta humana tem uma inteligibilidade intrínseca, que vem do fato de que os homens são dotados de consciência. Com muita frequência certas relações inteligíveis se tornam imediatamente perceptíveis, entre atos e objetivos, entre as ações de uma pessoa e as de outra. As condutas sociais têm uma textura inteligível que as ciências da realidade humana são capazes de apreender." (Aron, 1999, p. 451–452)

caracteriza—se, simultaneamente, como social e individual, a sociologia compreensiva de Weber consiste em uma teoria racionalista da ação social que traz em sua constituição uma intencionalidade significativa, convergindo para a elaboração de uma tipologia das ações humanas segundo o grau de racionalidade através de uma classificação teórica que apresenta as seguintes configurações:

1. Da conduta racional referente a objetivos: é a atividade que, prevendo as consequências, visa a máxima eficácia, calculando, através de uma análise objetiva, os meios mais adequados de acordo com a finalidade;

2. Da conduta racional referente a valores: é a atividade que, independentemente dos resultados, das possíveis consequências, das hipóteses de sucesso, em suma, orienta—se pelos princípios do arcabouço das convicções (políticas, religiosas, morais, ideológicas);

3. Da conduta afetiva: é a atividade cuja manifestação permanece sob o signo que encerra a emoção, a paixão e o sentimento, implicando, em síntese, ausência de razão ou lógica em um processo que se sobrepõe à sensatez ou ao bom senso, caracterizando-se pelas figurações de irracionalidade que carrega em sua disposição;

4. Da conduta tradicional: é a atividade que, pressupondo a rotinização, traz como fundamento hábitos e costumes, regras ou modos permanentes ou frequentes de comportamento que implicam uma repetição monótona que converge para um processo que encerra em seu movimento uma forma irrefletida e que, não tendo a intervenção da vontade, caracteriza-se como maquinal, automática, demonstrando, consequentemente, um reduzido grau de consciência.

Ao antagonismo envolvendo as ações humanas que têm como fundamento a racionalidade, tanto referente a objetivos e como referente a valores, o que se impõe é a questão que implica, especificamente, as relações entre ética e política, como também o problema que encerra a escolha dos valores, segundo a investigação weberiana, que identifica uma série de fatores que, abrangendo desde o processo de racionalização progressiva do trabalho científico na modernidade até a desestruturação do cristianismo, além do pluralismo dos valores resultante desta condição, convergem para a construção de um *mundo sem encanto*[53], que emerge destituído de graça e de ordem, berço da "depressão moral"[54], mundo este que circunscreve–se à

---

[53] "O destino de nossos tempos é caracterizado pela racionalização e intelectualização e, acima de tudo, pelo 'desencantamento do mundo'. Precisamente os valores últimos e mais sublimes retiraram–se da vida pública, seja para o reino transcendental da vida mística, seja para a fraternidade das relações humanas diretas e pessoais." (Weber, 1982a, p. 182)

[54] Explicando o significado da expressão "desencantamento do mundo" (*Entzauberung der Welt*), Julien Freund assinala que "a racionalização e a intelectualização crescentes têm, entretanto, uma consequência decisiva, sobre a qual Weber insiste com veemência: elas desencantaram o mundo. Com os progressos da ciência e da técnica, o homem deixou de

possibilidade envolvendo o exercício de duas éticas, a saber, a "ética da convicção" e a "ética da responsabilidade":

1. "Ética da convicção": submetida tão somente à atração exercida pelos valores, tal ética, sustentada pelo poder da convicção, movimenta—se incondicionalmente, em nome da sinceridade e da fidelidade a uma causa, ao serviço do seu objetivo, convergindo para as fronteiras que encerram utopismo e fanatismo, à medida que representa a atitude que implica a paixão em face de um ideal que, guardando raízes na sua verdade, transpõe a interrogação correspondente a adaptação dos meios aos fins, sobrepondo—se ao questionamento relacionado às hipóteses de sucesso ou às eventuais consequências negativas.

---

acreditar nos poderes mágicos, nos espíritos e nos demônios: perdeu o sentido profético e, sobretudo, o do sagrado. O real se tornou aborrecido, cansativo e utilitário, deixando nas almas um grande vazio que elas tentam preencher com a agitação e com toda espécie de artifícios e de sucedâneos." (Freund, 2003, p. 23)

2. "Ética da responsabilidade": circunscrita à fórmula que calcula os meios disponibilizados e as consequências da ação projetada, tal ética, inter—relacionando ambas, converge para a avaliação das hipóteses de êxito e das possibilidades de sucesso, a fim de desenvolver uma conduta capaz de garantir a máxima eficácia, não deixando de considerar a possibilidade de renúncia, em caso de necessidade, independentemente do valor da causa, se os efeitos, sob a égide de uma análise racional, forem suscetíveis de comprometer o objetivo a atingir.

Se em face da sua condição a ética da convicção converge para o fracasso, à medida que a irracionalidade que caracteriza o mundo tende a colocar em risco uma grande causa, sujeitando—a ao processo de corrupção dos meios, o que implica, em suma, a necessidade da adequação de qualquer ação ética em relação à realidade, o pensamento weberiano defende a possibilidade acerca de um diálogo envolvendo a ética da convicção e a ética da responsabilidade através de um movimento de superação das fronteiras identitárias antagônicas que as perfazem enquanto tais, haja vista que propõe que a emergência do "homem autêntico" guarda capacidade de reconciliá–las, estabelecendo uma intersecção entre convicção e responsabilidade, comunicando o sentido de responsabilidade ao serviço da convicção.

Contrapondo–se à perspectiva de Durkheim e à leitura de Marx, a teoria de Weber estabelece a distinção entre as ações políticas e as atividades científicas, defendendo a impossibilidade de que a construção científica institucionalize leis gerais, passíveis de aplicação universal, à medida que não se lhe cabe o papel de criar e desenvolver um arcabouço de normatizações envolvendo o futuro baseado em pressupostos de caráter evolutivo[55], convergindo

---

[55] Tendo em vista que, conforme Raymond Aron esclarece, "nenhuma ciência poderá dizer aos homens como devem viver, ou ensinar às sociedades como se devem organizar. Nenhuma ciência poderá indicar à humanidade qual é o seu futuro. A primeira negação o opõe a Durkheim, a segunda, a Marx.
Uma filosofia do tipo marxista é falsa porque é incompatível com a

para introduzir a *neutralidade axiológica* como princípio pedagógico e ético nas ciências humanas, o que implica, diante dos dados, não a sua eliminação mas a objeção acerca da concepção que se lhes confere um alcance universal, visto que não se tratam senão de análises e procedimentos investigativos que guardam a pressuposição do recurso a um conjunto de elementos iniciais, que orienta e determina o movimento em questão.

Nesta perspectiva, Weber defende que a validade de um fato científico, independentemente da sua natureza, não guarda correspondência com opiniões políticas ou ideológicas, mantendo, antes, uma relação de dependência envolvendo um arcabouço de regras de controle e verificação que convergem para a sua certificação como tal, o que implica a necessidade de se sobrepor à confusão entre a *relação com os valores* (*Wertbezeihung*) e os *juízos de valor*

---

natureza da ciência e da existência humana. Toda ciência histórica e social representa um ponto de vista parcial; é incapaz de prever o futuro, pois este não é predeterminado. Na medida em que alguns acontecimentos futuros são predeterminados, o homem terá sempre a liberdade, seja de recusar este determinismo parcial, seja de se adaptar a ele de diferentes maneiras." (Aron, 1999, p. 456–457)

(*Werturteil*), à medida que o primeiro conceito encerra a noção que envolve a relação necessária entre as ações humanas e os ideais (como a igualdade e a liberdade, sob a égide da democracia em um determinado contexto histórico), e o segundo conceito configura o processo que abrange as avaliações subjetivas e as convicções pessoais do cientista[56].

Estabelecendo a distinção entre as *ciências da natureza* e as *ciências do homem*, Weber relaciona a esta última a condição que implica o caráter inconcluso do seu objeto, sob a acepção de um ser histórico em perpétuo *devir*, defendendo também o recurso às construções racionais utópicas, a saber, os "tipos—ideais"[57], que abrangem uma

---

[56] "Juízos de valor não deveriam ser extraídos de maneira nenhuma da análise científica, devido ao fato de derivarem, em última instância, de determinados ideais, e de por isso terem origens 'subjetivas'." (Weber, 2001, p. 109)

[57] "O tipo ideal está ligado à noção de compreensão, pois todo tipo ideal é uma organização de relações inteligíveis próprias a um conjunto histórico ou a uma sequência de acontecimentos. Por outro lado, o tipo ideal está associado ao que é característico da sociedade e da ciência moderna, a saber, o processo de racionalização. A construção de tipos ideais é uma expressão do esforço de todas as disciplinas científicas para

espécie particular e consistem no produto de uma síntese abstrata que, diante de vários fenômenos concretos, converge para as fronteiras que encerram o que se lhes emerge como *comum*, além de identificar o pluralismo causal e a referência a um sistema de valores e crenças como diferenças fundamentais, perfazendo uma teoria que sublinha a impossibilidade de que a ciência assuma uma posição no que concerne às questões axiológicas, à medida que a sua capacidade circunscreve-se ao "poder–fazer" e ao "querer–fazer", escapando a uma ciência empírica a orientação a respeito do "dever–fazer"[58].

Sobrepondo-se à concepção que atribui à liberdade o sentido de escolha racional, Weber circunscreve o seu valor

---

tornar inteligível a matéria, identificando sua racionalidade interna, e até mesmo construindo esta racionalidade a partir de uma matéria ainda meio informe. Por fim, o tipo ideal se vincula também à concepção analítica e parcial da causalidade. O tipo ideal permite, de fato, perceber indivíduos históricos ou conjuntos históricos. Mas o tipo ideal é uma percepção parcial de um conjunto global; conserva para toda relação causal o seu caráter parcial, mesmo quando, em aparência, abrange toda uma sociedade." (Aron, 1999, p. 465)

[58] "Uma ciência empírica não pode ensinar a ninguém o que deve fazer; só lhe é dado – em certas circunstâncias – o que quer fazer." (Weber, 2001, p. 111)

a si mesma, convergindo para uma noção que implica o risco envolvendo a instabilidade pessoal e social, à medida que o seu exercício guarda correspondência com a concretização de resultados caracterizados como perfeitos ou imperfeitos em um processo no qual a racionalidade consiste na capacidade de realização do cálculo que demanda o movimento em direção à sua efetivação como tal. Dessa forma, a situação de ensino—aprendizagem perfaz um instrumento que tende à construção de sua realidade no âmbito de uma organização social que, em face da progressiva burocratização, depende da especialização da formação profissional e da qualificação científico—técnica dos sujeitos encarregados de preencherem as funções e ocuparem os cargos administrativos das instituições públicas ou privadas.

Defendendo a incapacidade da explicação causal, no âmbito da sociologia, convergir para o esclarecimento da realidade social, à medida que o seu objeto de estudo não é senão caracterizado pelo sentido, a saber, a ação humana, cuja condição implica objetivos e valores, a teoria de Weber, baseada na compreensão e na interpretação da ação social em um processo que se detém na possibilidade de explicar causalmente a sua evolução e efeitos, encerra o método da "explicação compreensiva" que, através de uma investigação das motivações, correlaciona-se à explicação causal, completando-a, tendo em vista que objetiva apreender o sentido atribuído pelos agentes sociais às suas atividades pela *interpretação*, constituindo-se uma perspectiva que põe em relevância o que emerge como fundamental nas ciências humanas, qual seja, o *particular*, o *individual*, visto que instaura um tratamento que pretende alcançar, em suma, o máximo de singularidade nas condutas e comportamentos.

> A nossa necessidade de uma "explicação causal" pode, na análise do comportamento humano, satisfazer-se de maneira diferente, em termos qualitativos, fazendo com que o conceito de "irracionalidade" também assuma características e matizes diferentes. Podemos, por exemplo, pelo menos em princípio, indicar como sendo nossa meta, não apreendê-lo nem entendê-lo dentro do procedimento de uma "explicação causal" ou de um saber nomológico, mas podemos querer enquadrá-lo num procedimento de "compreensão", isto é, indagar pela "revivência interior" os motivos ou complexos de motivos aos quais podemos atribuir ou imputar uma certa causalidade. Obviamente, dependemos, neste caso, fortemente da qualidade do material documental. Em outras palavras, somos da opinião de que a "ação individual", por causa da possibilidade de ela ser interpretada a partir do seu significado, é, em princípio, menos "irracional" do que os processos naturais nos seus detalhes concretos e individuais. Tudo isso só tem validade dentro do âmbito e do alcance da "interpretabilidade". No momento em

que não houvesse mais a possibilidade de algo poder ser interpretado, este comportamento ou ação humana assemelhar—se—ia à queda de um rochedo.[59]

Mantendo a ciência sob a égide de uma perspectiva coerente acerca da realidade que, caracterizando—se como infinita, tende a atribuir ao processo de construção do conhecimento em questão a condição de uma construção parcial e inacabada, que converge para as fronteiras que encerram um sistema de conceitos abstratos que longe de configurar a possibilidade de uma apreensão absoluta do objeto consiste em uma relação de aproximação gradual, a teoria de Weber estabelece a distinção entre as *ciências da natureza* e as *ciências do homem*. Se as *ciências da natureza* trazem como objeto a matéria inerte e desenvolvem um tratamento, concernente a uma determinada coisa, através de um procedimento que objetiva um movimento de aprofundamento, as *ciências do homem* têm como objeto o ser histórico em perpétuo *devir* e a inconclusividade que lhe é inerente, além do pluralismo causal que rege o

---

[59] Weber, 2001, p. 48–49.

comportamento humano no âmbito de relações que se mantêm em incessante reciprocidade, acenando também com a necessidade da utilização de construções abstratas como um conceito heurístico para a delimitação dos fenômenos na sua singularidade histórica do homem, além da necessidade envolvendo a referência a um arcabouço de valores e crenças. Tal condição implica um método que não se circunscreva à esfera da explicação causal mas que possibilite o recurso à interpretação (aspecto hermenêutico), resultando na postura designada como "explicação compreensiva", que prioriza o sentido das ações sociais e uma abordagem singular, constituindo-se a conversão do fenômeno social na consequência lógica das ações individuais o fundamento da sua explicação e do "individualismo metodológico" que instaura, contrapondo-se aos pressupostos teóricos do positivismo e do funcionalismo.

II PARTE

PODER, LEGITIMIDADE E AUTORIDADE: A TEORIA SOCIOLÓGICA DA DOMINAÇÃO DE WEBER

Caracterizando-se como uma forma particular de poder cuja legitimidade se impõe em face do compartilhamento dos destinatários das suas premissas de valor, a autoridade não guarda correspondência com os indivíduos senão com as suas posições nos sistemas sociais, à medida que a sua definição como tal e o seu exercício emergem das normas elaboradas em seu âmbito que, desse modo, convergem para justificar a sua atuação através de um processo que envolve a autorização para a realização de um objetivo e a concretização de um fim, segundo a teoria de Weber, que identifica os tipos que a perfazem e o seu fundamento, a saber, o domínio racional-legal (baseado na hierarquia organizada), o domínio tradicional (baseado na autoridade herdada) e o domínio carismático (baseado nas qualidades individuais e pessoais).

Nenhum domínio se contenta com a obediência que não passa de submissão exterior pela razão, por oportunidade ou respeito; procura também despertar nos membros a fé em sua legitimidade, ou seja, transformar a disciplina em adesão à verdade que ele representa. Para Weber há três tipos de domínio legítimo. O primeiro, ou *domínio legal*, é de caráter racional: tem por fundamento a crença na validade dos regulamentos estabelecidos racionalmente e na legitimidade dos chefes designados nos termos da lei. O segundo, chamado *domínio tradicional*, tem por base, a crença na santidade das tradições em vigor e na legitimidade dos que são chamados ao poder em virtude de costume. O terceiro, que ele chama *domínio carismático*, repousa no abandono dos membros ao valor pessoal de um homem que se distingue por sua santidade, seu heroísmo ou seus exemplos. O domínio legal é o mais impessoal, o segundo se baseia na piedade, e o terceiro é da ordem do excepcional. Desde o início, Weber deixa claro que trata de tipos ideais, por conseguinte, de formas que nunca se encontram, ou só muito raramente, em estado puro na realidade histórica, pois o domínio carismático, por exemplo, não é inteiramente desprovido de legalidade, e a tradição encerra certos aspectos carismáticos ou mesmo burocráticos.[60]

Baseada em uma forma de autoridade cuja legitimidade guarda correspondência com a supremacia da lei (autoridade legal), a burocracia designa um determinado tipo de organização e caracteriza um grupo social predominante em sua estrutura e funcionamento, abrangendo os órgãos governamentais e as empresas, as

---

[60] Freund, 2003, p. 166–167, grifos do autor.

entidades operárias e as associações culturais, entre outras, além da instituição escolar, que emerge através de uma constituição hierárquica que encerra em seu exercício um poder que implica recompensa, punição, coesão, persuasão e autodisciplina.

Lentidão. Ponderosidade. Rotina. Eis as características que se inter—relacionam na definição de um processo que envolve desde a complicação dos procedimentos até a inadaptação das instituições no tocante às funções que se lhe impõe a sua existência no contexto sociojurídico e no que concerne às necessidades atreladas à sua competência, designando formalmente um fenômeno que implica um determinado tipo de estrutura, tanto quanto, simultaneamente, o grupo social que a constitui, convergindo para um conceito que não encerra senão a ambiguidade, à medida que acena com uma problemática que se dispõe seja no trâmite administrativo, seja na usurpação do poder.

Nesta perspectiva, se emerge como objeto de uma análise que envolve a questão referente ao poder, desde o seu controle até a sua legitimidade, conforme assinala particularmente a leitura de Trotsky, a burocracia não escapa também a investigação que implica, no que tange a eficácia e a especialização, o processo de racionalização, segundo o que expõe essencialmente a interpretação de Weber, configurando ambos os casos o emprego normativo da sua noção, que ora se impõe como paradigma de racionalidade, tal como supõe este último caso, que guarda raízes no pensamento hegeliano e converge para as fronteiras neoweberianas, ora perfaz, no tocante à funcionalidade democrática da organização política, uma lógica que, afinal, tende a desvirtuá–la.

Implicando o seu emprego um julgamento de valor implícito, burocracia se impõe como um termo para cuja ambivalência converge a herança de uma determinada história, que encerra, em suma, duas vertentes principais e independentes, a saber, aquela que assinala a ampliação do campo do conceito e aquela que sublinha a autonomização da análise: a primeira, que envolve a transposição da esfera política para o âmbito sociológico, o que o mantém sob a égide de certa reflexão política, como também sob a ótica de uma sociologia das organizações, correlativamente transformando o problema administrativo em questão organizacional, nas fronteiras da qual a constitutividade política assume a condição de um caso particular; a segunda, que supõe a transição de um estudo inter—relacionado a um exame de conjunto acerca da sociedade, conforme o exposto através do pensamento hegeliano ou da obra marxiana, para uma investigação autônoma do fenômeno, segundo o viés que emerge do trabalho weberiano e da sociologia das organizações em geral.

Se a condição de conceito político se lhe é atribuída através da leitura hegeliana, que não se refere senão ao papel de mediação que entre o Estado e a "sociedade civil" cumpre a administração, à burocracia se impõe efetivamente uma análise que inicialmente permanece circunscrita a uma reflexão de conjunto acerca da sociedade, caracterizando—se como negativo a utilização do termo na interpretação marxiana, que se sobrepõe ao aspecto positivo se lhe conferido anteriormente, constituindo—se, em suma, um instrumento de opressão que, tal como a política e o poder judiciário, se mantém sob o poder da classe dominante, servindo—a.

Caracterizando a burocracia como uma forma de dominação que, guardando correspondência com a tendência de racionalização integral da sociedade, converge para a legitimidade através de um processo que encerra uma universalidade formal envolvendo o seu exercício cujo poder, implicando eficiência e rapidez, tende a possibilitar aos indivíduos o acesso aos serviços que competem às organizações administrativas públicas ou particulares prestarem, à medida que as suas estruturas hierárquicas consistem em um instrumental capaz de criar as condições necessárias para a execução das atividades que o fim com o qual acena o seu desenvolvimento requer.

> A burocratização oferece, acima de tudo, a possibilidade ótima de colocar–se em prática o princípio de especialização das funções administrativas, de acordo com considerações exclusivamente objetivas. Tarefas individuais são atribuídas a funcionários que têm treinamento especializado e que, pela prática constante, aprendem cada vez mais. O cumprimento "objetivo" das tarefas significa, primordialmente, um cumprimento de tarefas segundo *regras calculáveis* e "sem relação com pessoas".[61]

---

[61] Weber, 1982e, p. 250, grifos do autor.

Nessa perspectiva, trazendo uma organização baseada na legitimação, a burocracia exemplifica a forma de dominação que tende a se sobrepor às demais em termos de racionalidade, à medida que o seu princípio básico implica a instituição de regras que impõe um caráter impessoal ao exercício do poder, convergindo o seu reconhecimento para o estabelecimento do direito (através de convenção ou outorga) em um processo que abrange empreendimentos que guardam correspondência com uma longa série de elementos em uma determinada sequência, perfazendo um conjunto ininterrupto de movimentos que se desenvolvem nos limites das funções públicas e sob a égide das competências administrativas que as encerram, cabendo às instâncias superiores a obediência e o respeito às normas que regem a organização e a adoção de uma conduta baseada nos princípios legais e nos pressupostos técnicos do seu funcionamento.

Convergindo para a organização do *corpus* da administração moderna, à medida que determina as condições necessárias para a regulação das atividades governamentais através da definição das normas administrativas e legais do processo que as abrange, a burocracia possibilita o exercício da autoridade e a execução das funções de sua competência em consonância com o arcabouço da legislação, convergindo para o estabelecimento das atribuições dos cargos na estrutura hierárquica e para a delimitação das responsabilidades imbricadas, o que implica especialização e qualificação do funcionário em um sistema que requer a sanção de exames predeterminados e viabiliza o acesso a um conjunto de atividades passíveis de registro documental e que não encerram senão conhecimentos técnicos cujo domínio capacita o sujeito a cooperar no sentido de que a finalidade objetiva do seu funcionamento será alcançada da melhor forma possível.

Nessa perspectiva, a burocracia emerge como possibilidade de construção de fronteiras envolvendo a esfera privada e o âmbito público, à medida que converge, através da organização racional das atividades humanas, para estabelecer a distinção entre o pessoal e o impessoal, o próprio e o comum, em um processo que atribui à administração condição de transparência e previsibilidade, haja vista a necessidade de reduzir os riscos da incerteza e os prejuízos que se lhes decorrem e tendem a comprometer o funcionamento de um sistema que depende da sua capacidade de perdurar para cumprir a sua finalidade.

Constituindo formas de coordenar as atividades humanas através de um processo ininterrupto de operações que, caracterizando–se pela otimização dos serviços, encerram uma finalidade objetiva determinada, a organização consiste em uma "administração racional–legal" cuja autoridade legítima traz como fundamento a competência e a qualificação profissional que, baseada na especialização, converge para uma função ou cargo definido e distribuído segundo uma estrutura hierárquica que guarda correspondência com o conjunto de regras ou normas estabelecidas pelo estatuto e que implica uma burocratização que tende, em nome do absoluto controle e da máxima eficiência, à concentração do poder[62].

---

[62] "Reconhece–se o domínio legal pelas seguintes características: todo direito, seja ele estabelecido por convenção ou por outorga, vale em

Se a dominação racional–legal traz como fundamento um arcabouço de regras ou normas que convergem para a regulação do inter–relacionamento das partes constitutivas de uma entidade cuja finalidade objetiva implica a realização de ações de interesse administrativo, social, político, etc., através de um conjunto de funções e estruturas hierárquicas que perfazem uma organização e determinam o seu funcionamento, a dominação burocrática consiste no seu tipo genuíno, encerrando o quadro administrativo elementos que, recebendo nomeação em face da sua competência e qualificação profissional, assumem a condição de funcionários em um sistema no qual a subordinação dos membros entre si e concernente à autoridade estabelecida emerge do estatuto, assim como também a definição do seu exercício e a distribuição do poder pelas funções que se lhes

---

virtude de um procedimento racional por finalidade ou por valor, ou pelos dois ao mesmo tempo. O conjunto das regras de direito constitui um mundo abstrato de prescrições técnicas ou de normas; a justiça consiste na aplicação das regras gerais aos casos particulares, enquanto a administração tem por objeto proteger os interesses nos limites da regra de direito, graças a órgãos instituídos para tal fim." (Freund, 2003, p. 167)

estão atreladas.

> Quando se estabelece plenamente, a burocracia está entre as estruturas sociais mais difíceis de destruir. A burocracia é o meio de transformar uma "ação comunitária" em "ação societária" racionalmente ordenada. Portanto, como instrumento de "socialização" das relações de poder, a burocracia foi e é um instrumento de poder de primeira ordem — para quem controla o aparato burocrático.
> Em igualdade das demais condições, uma "ação societária", metodicamente ordenada e realizada, é superior a qualquer resistência de "massa" ou mesmo de "ação comunitária". E, onde a burocratização da administração foi completamente realizada, uma forma de relação de poder se estabelece de modo praticamente inabalável.[63]

Sobrepondo-se à autoridade cuja formação traz como fundamento uma estrutura hierárquica que em lugar de relações individualizadas estabelece relações de funções em um sistema de regras impessoais que demanda um comportamento rígido, rigoroso e previsível que, atrelando responsabilidades a especialidades, tende à otimização do processo de racionalização de atividades coletivas de uma organização em face de uma finalidade objetiva determinada, à dominação tradicional o que se impõe é um

---

[63] Weber, 1982e, p. 264–265.

poder que, sob a forma de um conjunto que encerra valores, práticas e condutas de caráter geracional, guarda correspondência com hábitos e costumes adquiridos de um grupo social, privilegiando o indivíduo em detrimento do corpo burocrático administrativo no que concerne ao exercício da liderança.

> É característico da autoridade patriarcal e da patrimonial, que representa uma variedade da primeira, que o sistema de normas invioláveis seja considerado sagrado. Uma infração delas resultaria em males mágicos ou religiosos. Lado a lado com esse sistema há um setor de livre arbitrariedade e preferência do senhor, que em princípio julga apenas em termos de relações "pessoais", e não "funcionais". Nesse sentido, a autoridade tradicionalista é irracional.[64]

Nessa perspectiva, baseada na santidade das ordenações e dos poderes em exercício, a dominação tradicional traz como tipo genuíno a dominação patriarcal (ou patrimonialismo), em uma constituição que atribui a condição de "servidores" aos integrantes do quadro administrativo, cujas relações entre si, assim como o conteúdo que se lhes impõem, emergem da tradição,

---

[64] Weber, 1982b, p. 341.

veículo da sua transmissão e fixação em um processo que, conferindo dignidade própria à pessoa encarregada do exercício do poder, encerra a fidelidade por piedade como fundamento da obediência[65].

Baseada nos atributos pessoais do líder, a dominação carismática requer o estabelecimento de um liame emocional envolvendo os membros do grupo e a autoridade em questão no âmbito da relação instaurada entre ambos os agentes, a saber, os agentes coletivos e o agente individual, convergindo para uma obediência que transpõe as fronteiras da racionalidade, à medida que o poder exercido sob esta égide é determinado por uma carga de motivos e interesses cuja regulação depende do próprio agente da liderança carismática, que cria e define os limites da sua atuação, tendo em vista que a condição de fragilidade que a

---

[65] "No caso do domínio tradicional, a autoridade não pertence a um superior escolhido pelos habitantes do país, mas sim a um homem que é chamado ao poder em virtude de um costume (primogenitura, o mais antigo de uma família, etc.). Ele reina, pois, a título pessoal, de sorte que a obediência se dirige à sua pessoa e se torna um ato de piedade. Os governados não são cidadãos, mas sim pares (no caso da gerontocracia) ou súditos, que não obedecem a uma norma impessoal, mas sim a uma tradição, ou a ordens legitimadas em virtude do privilégio tradicional do soberano." (Freund, 2003, p. 168)

caracteriza reivindica um processo que encerra a necessidade de contínua renovação e ininterrupta reconstrução através de um movimento de readaptação e readequação ao contexto da sua manifestação[66].

> O carisma só conhece a determinação interna e a contenção interna. O seu portador toma a tarefa que lhe é adequada e exige obediência e um séquito em virtude de sua missão. Seu êxito é determinado pela capacidade de consegui–los. Sua pretensão carismática entra em colapso quando sua *missão* não é reconhecida por aqueles que, na sua opinião, deveriam segui–lo. Se o aceitam, ele é o senhor deles - enquanto souber como manter essa aceitação, "provando–se". Mas não obtém seu "direito" por vontade dos seguidores, como numa "eleição", mas acontece o inverso: é o *dever* daqueles a quem dirige sua missão

---

[66] Ao exercício do poder e à estabilidade que demanda a dominação carismática o que se impõe é a renovação da fidelidade dos membros do grupo, cuja confiança e lealdade convergem para estabelecer a coesão e a unidade necessárias tendo em vista os objetivos propostos em face da sua existência como tal, à medida que "todo domínio carismático implica na entrega dos homens à pessoa do chefe, que se acredita predestinado a uma missão. Seu fundamento é, pois, emocional e não racional, já que toda a força de uma tal atividade repousa na confiança, na maioria das vezes cega e fanática, e na fé, a falta de todo controle na maioria das vezes de toda crítica. O carisma é ruptura da continuidade, seja legal ou tradicional; ele quebra as instituições, põe em dúvida a ordem estabelecida e o constrangimento habitual, para recorrer a uma nova maneira de conceber as relações entre os homens." (Freund, 2003, p. 169)

reconhecê—lo como seu líder carismaticamente qualificado.[67]

Se a dominação emerge como probabilidade da fundação de uma relação de obediência em face de um determinado mandato, os motivos de submissão que concerne a um domínio específico converge para uma carga de interesses que guarda correspondência, seja com o caráter utilitário dos resultados implicados na referida sujeição, seja com o mecanicismo para o qual tende um exercício procedente de um mero costume ou hábito, seja com uma atividade que encerra pressupostos afetivos, produto de uma influência que se circunscreve às fronteiras do campo emocional[68].

---

[67] Weber, 1982c, p. 285, grifos do autor.

[68] Cabe salientar, nessa perspectiva, que "a dominação envolve uma relação recíproca entre governantes e governados na qual a frequência real da obediência é apenas um aspecto do fato de que o poder de comando existe." (Bendix, 1986, p. 233)

III PARTE

O SISTEMA EDUCACIONAL E OS "TIPOS–IDEAIS" DE DOMINAÇÃO DE WEBER

Se a construção de uma tipologia sociológica envolvendo os meios e fins pedagógicos escapa aos limites da sua teoria, a leitura de Weber, contudo, detendo–se no processo formativo–educacional, estabelece como tipos ideais dois pontos extremos que se impõem historicamente, a saber, aquele que encerra como objetivo o despertamento do carisma e que guarda raízes, portanto, na dominação carismática, e aquele que traz como fim a transmissão do conhecimento especializado e que corresponde, em suma, à dominação racional–legal, entre cujos contrastes emergem os tipos de encerram o encargo que implica a orientação acerca do *modus vivendi*, cuja acepção, abrangendo uma conduta de vida de caráter religioso ou mundano, converge para a dominação tradicional.

Nesta perspectiva, se a educação carismática consiste em um processo que tende a se circunscrever ao desenvolvimento de uma situação de ensino–aprendizagem baseada em técnicas e recursos que estimulem a manifestação do conjunto de habilidades extraordinárias, qualidades excepcionais e capacidades incomuns que perfazem aquilo que, guardando o sentido etimológico de "dom da natureza" e "graça divina", não é suscetível de ensino, a saber, o carisma, à educação especializada cabe a concretização de uma formação específica restrita ao desempenho de um cargo, ao cumprimento de uma função e ao exercício de uma competência científico–técnica através de instrução, disciplina ou prática que corresponda a uma finalidade objetiva determinada no âmbito da organização administrativa de uma instituição pública ou privada, constituindo-se a educação humanística um trabalho que, trazendo como fundamento a noção de "pedagogia do cultivo", tem como fim a produção de um modelo de homem em consonância com a categoria imposta como objeto da mais alta aspiração, alvo supremo de ambições ou afetos ou padrão de perfeição ou excelência de uma cultura.

> A personalidade culta no sentido cavalheiresco ou ascético ou (como na China) literário ou (como na Grécia) ginástico—artístico ou no do *gentleman* anglo—saxônico era o ideal educativo determinado pela estrutura de dominação e pelas condições sociais da pertinência à camada senhorial. A qualificação da camada senhorial, como tal, baseava—se num mais de "qualidade cultural" (no sentido inteiramente variável, não—valorativo, que atribuímos aqui ao conceito), não de conhecimento especial. A habilidade bélica, a teológica, a jurídica eram naturalmente também intensamente cultivadas. Mas tanto na formação helênica quanto na medieval e na chinesa, elementos totalmente distintos dos "úteis" para determinada especialidade constituíam o centro da educação.[69]

Baseado nos tipos ideais que caracterizam o sistema educacional, Weber atribui ao processo formativo chinês o encargo que implica a orientação acerca do *modus vivendi*, cuja acepção, trazendo como fundamento a noção de "pedagogia do cultivo", tem como fim a produção de um modelo de homem em consonância com a categoria imposta como objeto da mais alta aspiração, alvo supremo de ambições ou afetos ou padrão de perfeição ou excelência de uma cultura, perfazendo um conjunto de conhecimentos e habilidades específicas destinado, em última instância, a uma determinada conduta de vida.

---

[69] Weber, 1999a, p. 232.

Dessa forma, as provas fixadas previamente para a avaliação da aptidão ou dos saberes de um sujeito em virtude de algum cargo ou função não pretendiam senão comprovar a posse dos modos de pensar e agir compatíveis com um *status* cultural resultante do domínio do arcabouço de obras literárias que encerravam poemas ou cânticos compostos para glorificar deuses ou heróis (hinos), contos que guardavam correspondência com as ações e com os feitos memoráveis de um herói histórico ou lendário e com a sucessão de eventos extraordinários, gloriosos, retumbantes, que as perfaziam enquanto tais (contos épicos), além de casuística em ritual e cerimônia, implicando uma construção que escapava às fronteiras da circunscrição técnica.

> Durante doze séculos, a posição social na China foi determinada mais pelas qualificações para a ocupação de cargos do que pela riqueza. Essa qualificação, por sua vez, era determinada pela educação, e especialmente pelos exames. A China fizera da educação literária a medida do prestígio social de modo o mais exclusivo, muito mais do que na Europa durante o período dos humanistas, ou na Alemanha. Mesmo durante o período dos Estados Belicosos, a camada de aspirantes a cargos que tinham educação literária – e originalmente isto significava apenas que tinham conhecimento da escrita – estendia-se por todos os

estados individuais. Os letrados foram os portadores do progresso no sentido de uma administração racional e de toda "inteligência".[70]

Se o ideal do antigo sistema educacional chinês, longe de consistir em uma formação circunscrita à especialização e à qualificação técnica dos sujeitos, converge para possibilitar o exercício da cidadania através de uma relação de ensino—aprendizagem que tende a conferir aos indivíduos recursos intelectuais, éticos, sociais, políticos, etc., capazes de engendrar condições de torná—los membros ativos, participativos, da organização social, tendo como finalidade objetiva determinada a composição de quadros burocráticos para a organização estatal, o que se impõe ao processo formativo—educacional chinês não é o caráter religioso senão o mundano, a despeito da condição mágico—carismática atribuída aos integrantes do corpo administrativo em questão (a saber, os mandarins[71]).

---

[70] Weber, 1982f, p. 471.

[71] "No *ancien régime* chinês existia acima do poder incólume dos clãs, das guildas e das corporações uma fina camada de chamados funcionários, os mandarins. O mandarim é, em primeiro lugar, um

Cabe salientar, nessa perspectiva, que, escapando às fronteiras da circunscrição técnica, a literatura chinesa traz em sua composição uma escrita essencialmente visual ou pictórica, convergindo para um pensamento que não alcança as possibilidades que emergem do *lógos* e que, encerrando definição e raciocínio, resulta no processo de evolução do pensamento helênico que culmina na elaboração de uma filosofia racional.

À tendência racionalista que caracteriza o sistema educacional grego o que se impõe é a formulação silábica da sua língua, que atribui relevância à conversação em um processo que traduz a experiência e a contemplação sob a forma do diálogo, diferentemente da língua chinesa, cuja estrutura não dispõe de recursos que possibilitem o desenvolvimento de uma relação com a poesia ou com o pensamento sistemático, convergindo para a construção de uma filosofia que escapa ao viés especulativo e à natureza

---

literato de formação humanística que possui uma prebenda, mas não está nada preparado para funções administrativas e nada entende de jurisprudência, sendo, sobretudo, um calígrafo que sabe fazer poesias, conhece a literatura chinesa milenar e sabe interpretá–la." (Weber, 1999a, p. 517)

que tende a uma investigação que se sobrepõe às fronteiras da prática e se detém na esfera teórica, transpondo o escolasticismo que determina o arcabouço do pensamento filosófico ocidental e a lógica que se lhe fundamenta.

Consistindo em um processo essencialmente literário, a educação grega permanece a cargo das classes leigas, diferenciando-se do sistema formativo-educacional que determina a civilização indiana, por exemplo, e que se impõe ao judaísmo, ao cristianismo e ao islã, à medida que nestes casos tal característica resulta da condição dos agentes da relação de ensino-aprendizagem incumbidos de cumprirem a função de instrução na construção do conhecimento, agentes estes, dentre os quais brâmanes e rabinos, clérigos ou monges, detentores do domínio do arcabouço de obras literárias e especialistas em literatura.

Objetivando tanto a organização de uma doutrina jurídica racional como a elaboração de uma teologia racional, o sistema educacional medieval, conforme salienta Weber, guarda correspondência com uma necessidade de caráter prático e ideal, cuja condição determina também o processo formativo-educacional, seja dos cavaleiros, destinados à formação militar, seja dos nobres, submetidos à formação da nobreza do salão da Renascença, ambas convergindo para as fronteiras que encerram a finalidade de ampliar ou aperfeiçoar a relação de ensino–aprendizagem baseada em um conteúdo teórico e no pressuposto que implica um conhecimento que provém unicamente de matéria livresca e que escapa ao âmbito da experiência.

À correlação envolvendo a burocracia e o processo formativo–educacional o que se impõe é a legitimação da dominação através do estabelecimento de uma estrutura científico–técnica capaz de funcionar como um sistema de transmissão de práticas, valores e fins que caracterizam o poder em vigor no âmbito da organização capitalista, cuja emergência, segundo Weber, sobrepondo–se à teoria que se lhe atribui a condição de um movimento que circunscreve–se às fronteiras de um círculo que envolve lucro e exploração, guarda correspondência com a racionalização da administração do capital que sob a égide de um resultado que advém do investimento do trabalho e que demanda a sua reaplicação na atividade produtiva, tendo em vista a perspectiva que, caracterizando a ética puritana, converge para a objeção envolvendo a fruição da riqueza por meio de uma conduta baseada no consumo e no prazer.

> Surgira um *ethos profissional* especificamente *burguês*. Com a consciência de estar na plena graça de Deus e ser por ele visivelmente abençoado, o empresário burguês, com a condição de manter—se dentro dos limites da correção formal, de ter sua conduta moral irrepreensível e de não fazer de sua riqueza um uso escandaloso, podia perseguir os seus interesses de lucro e *devia* fazê—lo. O poder da ascese religiosa, além disso, punha à sua disposição trabalhadores sóbrios, conscienciosos, extraordinariamente eficientes e aferrados ao trabalho como se finalidade de sua vida, querida por Deus.[72]

Nessa perspectiva, o capitalismo emerge como resultado do processo de racionalização que se impõe à formação econômico—social e demanda um investimento incessante na atividade produtiva e nos seus meios como um modo de desenvolver a capacidade de trabalho e proporcionar a construção da riqueza que implica o seu exercício, convergindo para a necessidade acerca de um sistema educacional capaz de formar especialistas, conferindo aos sujeitos a qualificação que a organização social requer a fim de que preencham as funções e assumam as responsabilidades que competem aos

---

[72] Weber, 2004, p. 161, grifos do autor.

indivíduos na esfera de uma instituição pública ou privada e na sua estrutura hierárquica, haja vista a finalidade objetiva determinada em face da qual a sua existência como tal se justifica.

> De modo geral, podemos apenas dizer que o desenvolvimento em direção à "objetividade" racional, ao homem "profissional" e "especializado", com seus múltiplos efeitos, é fortemente fomentado pela burocratização de toda dominação. Temos que nos limitar a indicar um componente importante deste processo: o efeito sobre a forma da *educação* e *formação*. Nossos estabelecimentos de ensino ocidentais continentais, especialmente os superiores — universidades, escolas superiores técnicas e comerciais e escolas secundárias –, encontram–se sob a influência dominante da necessidade daquela espécie de "educação" que é criada pelo sistema de exames especiais, cada vez mais indispensável para o burocratismo moderno: o ensino especializado.[73]

Ao processo formativo—educacional no âmbito do sistema burocrático o que se impõe é uma situação de ensino—aprendizagem caracterizada pelo ritualismo que, em função do rigor, da impessoalidade e da previsibilidade da organização que abrange desde a forma até o conteúdo das atividades implicadas, converge para as fronteiras que

---

[73] Weber, 1999a, p. 230.

encerram práticas e condutas que guardam correspondência com uma ordem preestabelecida que determina a identificação dos agentes com a instituição através de um movimento que envolve meios e fins e demanda um *modus operandi* que não dialoga com as condições histórico—culturais e econômico—sociais dos indivíduos em sua realidade concreta, transcendendo—a em face de princípios reguladores que tendem a uma representação "mecanicista" não apenas do conhecimento mas das atividades coletivas que o tem como fundamento e o perfazem em um contexto que pressupõe a subordinação absoluta dos agentes de execução concernente ao poder centralizado.

Se não há margem para a arbitrariedade e o favoritismo na esfera de uma organização burocrática, haja vista que sobrepõe às relações de dependência pessoal as relações envolvendo funções ou atribuições em uma estrutura hierárquica de funções, os agentes do processo formativo—educacional, a saber, as autoridades da instituição escolar que, sob a acepção de sujeitos admitidos através de um arcabouço de regras impessoais, são colocados ao serviço de uma finalidade objetiva determinada, tornam—se integrantes de um sistema que decide por si, à medida que encerra um comando que correlaciona instâncias superiores e inferiores cuja comunicação pressupõe o movimento de ordens e informações que converge para a centralização do poder e da direção.

IV PARTE

O SISTEMA EDUCACIONAL E A RACIONALIZAÇÃO BUROCRÁTICA EM WEBER

Consistindo em uma organização de caráter permanente que, encerrando um finalidade objetiva determinada, a burocracia, configurando uma tendência à racionalidade integral da totalidade da vida social e das ações coletivas, traz em sua composição a cooperação envolvendo um número expressivo de indivíduos que perfaz um sistema de execução de atividades distribuídas em uma estrutura hierárquica constituída por um corpo complexo de funções e cargos que guardam interdependência e simultaneamente conservam uma autonomia correspondente à sua posição no referido arcabouço, segundo a autoridade e a responsabilidade se lhe conferidas pelo regulamento que, reunindo leis, regras e normas administrativas, converge para um aparelho que, eliminando as relações individualizadas, institui relações entre funções ou atribuições. Tal condição, sobrepondo—se às ligações de dependência pessoal, estabelece a centralização das decisões através de um mecanismo de comando que implica o exercício de um controle que abrange instâncias superiores e inferiores em um processo de comunicação de ordens e informações cujos resultados, parciais, no que tange ao alvo perseguido, demanda avaliação constante dos agentes incumbidos de produzi–los em uma conjuntura que requer uma subordinação total dos membros do quadro funcional no sentido de reduzir ao máximo a incerteza dos comportamentos e evitar a emergência de consequências imprevistas.

> Uma estrutura social racionalmente organizada envolve padrões de atividade claramente definidos, nos quais, idealmente, todas as séries de ações estão funcionalmente relacionadas aos fins de organização. Em tal organização está integrada uma série de cargos e *status* hierarquizados aos quais é inerente certo número de obrigações e direitos, estabelecidos com muita precisão por normas específicas. A cada um desses cargos se atribui uma responsabilidade e uma jurisdição. A autoridade, ou seja, o poder de controle que tem sua origem em um *status* reconhecido, é inerente ao cargo e não à pessoa que o desempenha. A conduta administrativa, de modo geral, realiza–se dentro do limite de normas preestabelecidas pela organização. O sistema de relação entre os distintos cargos implica um alto grau de formalidade e uma distância social claramente definida entre os ocupantes dessas posições. A formalidade se manifesta por meio de um ritual social mais ou menos complicado que simboliza e

mantém o complexo ordenamento dos distintos cargos.[74]

Se implica uma atividade cuja natureza converge para estabelecer a distinção envolvendo o particular e o público, o sistema burocrático é caracterizado por uma hierarquia de funções que demanda dos agentes uma devoção plena e integral ao cargo em um processo no qual o domínio dos seus pressupostos científico–técnicos capacitam os indivíduos a desenvolverem o trabalho requerido pela sua posição na estrutura organizacional, colocando-o ao serviço de uma finalidade objetiva determinada através de um movimento de racionalização de ações coletivas que, baseado na impessoalidade, guarda correspondência com leis, regras e disposições administrativas que regulam as relações de funções e perfazem um arcabouço do qual emana as ordens abstratas que possibilitam a realização "mecânica" ou "maquinal" de procedimentos e a instauração da rotinização de comportamentos e condutas que, consistindo em princípios destinados à execução de

---

[74] Merton In: Campos, 1978, p. 107–108.

um serviço em face da necessidade de alcançar um objetivo determinado, tendem a perfazer um esquema que não se mantém senão sob a égide de uma prática ritualística.

Estabelecendo a identificação entre o indivíduo e a organização em um processo que envolve dos meios aos fins e cujo desenvolvimento implica um sistema de regras impessoais, seja para a definição de funções, seja para a delimitação de responsabilidades, como também para a orientação da trajetória profissional na estrutura hierárquica, a burocracia tende a minimizar os efeitos da individualidade no exercício das atividades coletivas, à medida que encerra mecanismos que pretendem a maximização da previsibilidade no que concerne ao comportamento humano, restringindo as condutas à rigidez imposta pelos dispositivos de controle da máquina em face de uma rotina de serviços que encerra a capacidade de promover um resultado imune à influência de toda a arbitrariedade e que, como produto de uma série de procedimentos formalmente preestabelecidos, configura um alvo teoricamente possível, independentemente do *status* e dos interesses do beneficiário, tendo em vista o caráter público dos meios e a condição "democrática" da instauração das tarefas que tendem a anunciar, por seu intermédio, o objetivo proposto.

Se formalmente a burocracia não guarda correspondência com o poder, mantendo–se à distância da tendência que caracteriza o seu exercício, a despeito de servi–lo enquanto tal, sobrepô–la às condições históricas torna–se contraproducente, à medida que a sua significação emerge da relação envolvendo os fins de uma determinada organização, constituindo–se a sua existência pressuposto de eficiência no que tange à conservação do sistema e à manutenção das formas institucionais estabelecidas em contraposição ao caráter que assume diante de um movimento que pretende escapar às leis, regras e disposições administrativas que perfazem o seu regulamento, invalidando as etapas predefinidas em face do projeto de ruptura do paradigma vigente através da prática revolucionária.

Nessa perspectiva, sobrepondo–se à condição de

objeto do poder, a burocracia consiste em um instrumento que encerra tanto um sistema de transmissão como um sistema de decisão, convergindo para uma atividade que presta serviço ao poder, possibilitando o seu funcionamento através das instâncias constitutivas da ordem político–social em um processo que demanda a ordenação de todas as esferas da existência social no sentido de viabilizar a obtenção de um resultado correspondente a um objetivo concreto, o que implica a construção de meios que concentrem a máxima capacidade de produzi–los e que, reunindo em sua composição uma regularidade infalível, exatidão, rapidez e previsibilidade na execução das suas tarefas, efetuem operações que guardem proximidade diante dos efeitos dos mecanismos e dispositivos interligados no arcabouço de um equipamento, aparelho ou máquina, segundo a tendência à racionalização que atribui à autoridade burocrática uma "superioridade técnica" no que tange a outras formas de organização e administração da vida coletiva na complexa estrutura da sociedade moderna.

> A razão decisiva do avanço da organização burocrática sempre foi sua superioridade puramente técnica sobre qualquer outra forma. A relação entre um mecanismo burocrático plenamente desenvolvido e as outras formas é análoga à relação entre uma máquina e os métodos não–mecânicos de produção de bens. Precisão, rapidez, univocidade, conhecimento da documentação, continuidade, discrição, uniformidade, subordinação rigorosa, diminuição de atritos e custos materiais e pessoais alcançam o ótimo numa administração rigorosamente burocrática (especialmente monocrática) exercida por funcionários individuais treinados, em comparação a todas as formas colegiais ou exercidas como atividade honorária ou acessória.[75]

Baseada em uma hierarquia de funções, a organização burocrática traz em sua estrutura uma configuração piramidal, à medida que concentra no topo as posições e cargos que detêm maior poder em uma composição que estabelece níveis e graus de autoridade envolvendo as suas instâncias constitutivas, tornando passível de controle e supervisão as instâncias inferiores no que concerne às instâncias superiores em um processo que encerra um sistema de comando e implica a coordenação das decisões, consistindo as atividades e tarefas desenvolvidas em seu arcabouço em "deveres oficiais", haja vista que guardam

---

[75] Weber, 1999b, p. 212.

correspondência com leis, regras e normas administrativas que, perfazendo o regulamento institucional, governam a conduta e o comportamento dos agentes no exercício da sua competência, que traz uma remuneração fixa e predefinida e a possibilidade de promoção, cujos critérios, predeterminados, abrangem elementos como capacidade, formação, experiência e tempo de trabalho, alcançando relevância, nesta perspectiva, além da separação entre as suas atribuições como membro do quadro funcional e a vida privada do indivíduo, a condição dos funcionários em relação aos recursos e instrumentos de trabalho, os seus meios de produção, dos quais não são detentores, em uma situação que assinala a dissociação da mão—de—obra (os trabalhadores, no caso, os recursos humanos) no tocante às suas ferramentas (os recursos materiais).

> Com a burocratização crescente, torna—se claro que o homem é, em alto grau, controlado por suas relações sociais com os meios de produção. Isso já não pode ser considerado apenas como um postulado marxista, mas como um fato que deve ser reconhecido por todos, independentemente de seu valor ideológico. A burocratização aclara o que antes era obscuro. Cada vez mais as pessoas se dão conta de que para trabalhar têm que ser empregadas, posto que não possuem instrumentos e equipamento. E as burocracias privadas e públicas são, em grau crescente, as que

dispõem desses meios. Por conseguinte, tem—se que ser empregado pela burocracias para se ter acesso aos instrumentos de que se necessita para trabalhar, isto é, para viver. Neste sentido, a burocratização implica a separação entre os indivíduos e os instrumentos de produção, tanto nas empresas capitalistas modernas como na empresa estatal (tal como existiam em 1951), do mesmo modo como no exército pós—feudal a burocratização implicava a separação completa dos instrumentos de destruição. No caso típico, o trabalhador não possui seus instrumentos nem o soldado suas armas. Nesse sentido, há cada dia mais pessoas que têm a condição de trabalhadores. Assim se desenvolveu, por exemplo, o novo tipo de trabalhador cientista na medida em que o cientista está "separado" de seu equipamento técnico (o físico não possui o seu cíclotron). Para trabalhar em suas investigações ele tem de ser empregado por uma burocracia que disponha de recursos de laboratórios.[76]

Se a burocratização envolve um processo que impõe às funções administrativas de uma determinada organização o princípio de especialização, que implica, no tocante ao desempenho das tarefas e exercício das atribuições, condições exclusivamente objetivas que abrangem desde o acesso aos cargos (nomeações por concurso ou por títulos) até a trajetória profissional (promoção), além da execução do trabalho, que supõe uma relação de aprendizagem que requer a dedicação absoluta do agente e o domínio de um

---

[76] Merton In: Campos, 1978, p. 110.

arcabouço científico—técnico cujos elementos permanecem atrelados às competências e às responsabilidades outorgadas em face da sua posição na estrutura hierárquica, convergindo para a necessidade de instauração de um sistema educacional capaz de disponibilizar recursos científico—técnicos (tecnológicos) que possibilitem uma formação compatível com as finalidades práticas e úteis que emergem das organizações constitutivas da sociedade moderna, tendo em vista os tipos de poder que subjazem ao movimento que pretende, em suma, a superação das resistências e a eliminação da incerteza na produção de um resultado, a saber, o poder do indivíduo em face de um específico saber técnico (poder do perito, próprio à tecnocracia) e o poder do indivíduo em virtude de um *status* hierárquico no quadro funcional (poder hierárquico funcional).

> A administração burocrática significa, fundamentalmente, o exercício da dominação baseado no saber. Esse é o traço que a torna especificamente racional. Consiste, de um lado, em conhecimento técnico que, por si só, é suficiente para garantir uma posição de extraordinário poder para a burocracia. Por outro lado, deve—se considerar que as organizações burocráticas, ou os detentores do poder que dela se servem, tendem a tornar—se mais poderosos ainda pelo conhecimento proveniente da prática que adquirem no serviço. Através da atividade no cargo

ganham um conhecimento especial dos fatos e dispõem de uma bagagem de material documentário, exclusiva deles. Embora não exista apenas nas organizações burocráticas, o conceito de "segredo profissional" é típico delas. Está para o conhecimento técnico assim como o segredo comercial está para o preparo tecnológico. Ele é um produto da luta pelo poder.[77]

Nessa perspectiva, a tendência à racionalização burocrática que caracteriza a sociedade moderna, segundo a teoria de Weber, converge para a organização de um sistema educacional que, sob a acepção de uma atividade coletiva baseada em uma hierarquia de autoridade e em relações de funções que coloca o agente a serviço de uma finalidade objetiva determinada, implica a necessidade de corresponder às necessidades da ordem político–social e das suas instituições em um processo que não pode prescindir da especialização das tarefas, pressuposto da eficiência que o funcionamento da estrutura exige, à medida que distribui o poder entre os seus membros a fim de que cada qual, segundo a sua especialidade, cumpra uma função e exerça o controle sobre um aspecto que, correlacionado a outros, torna–se fundamental para a conquista do fim proposto.

---

[77] Weber In: Campos, 1978, p. 27.

Se, convergindo para as fronteiras que encerram um processo de fragmentação das áreas e setores profissionais dos cursos técnicos, o sistema educacional, como uma organização burocrática, acarreta a reprodução do princípio da divisão do trabalho e consolida a estrutura hierárquica vigente em detrimento de uma formação capaz de superar a dualidade envolvendo geral e profissional, pensamento e ação, teoria e prática, correspondendo as demandas de uma formação econômico—social de caráter capitalista, não é senão pelo fato de que a burocracia, cuja existência guarda raízes na organização, tende a priorizar os interesses que se lhe estão circunscritos, sobrepondo—os a outros que progressivamente se diluem sob a égide dos privilégios materiais e do prestígio social que encerra a sua condição na máquina estatal em um movimento que subtrai os seus membros das massas e torna a organização um fim, a despeito de que teoricamente em um primeiro momento consiste em um meio, haja vista e necessidade de preservar o adquirido e o existente, o instituído, em última instância, em face da utilidade atribuída no referido contexto ao conservadorismo, que culmina na transposição de um comportamento revolucionário para uma conduta reformista através da integração ética e lógica do sujeito.

> A burocratização é o meio específico por excelência para transformar uma "ação comunitária" (consensual) numa "ação associativa" racionalmente ordenada. Como instrumento da transformação em "relações associativas" das relações de dominação, ela era e continua sendo, por isso, um meio de poder de primeira categoria para aquele que dispõe do aparato burocrático, pois, com possibilidades de resto iguais, uma "ação associativa", ordenada e dirigida de forma planejada, é superior a toda "ação de massas" ou "comunitária" contrária. Onde quer que a burocratização da administração tenha sido levada consequentemente a cabo, cria-se uma forma praticamente inquebrantável das relações de dominação.[78]

A transformação de uma relação *comunitária* ("ação comunitária"), que traz como fundamento uma noção de pertencimento que emerge do sentimento subjetivo em uma relação *associativa* ("ação societária"), que implica interesses que advêm de uma carga de motivos de caráter racional e cuja conduta guarda correspondência, seja com objetivos, seja com valores, eis o que se impõe à burocratização da organização, que instaura um sistema de transmissão e um sistema de decisão que estabelece a

---

[78] Weber, 1999b, p. 222.

solidariedade entre todos os seus membros, à medida que compreende uma hierarquia de funções que perfaz um esquema piramidal que, baseada na emanação de ordens e no fluxo de informações, converge para um movimento de coordenação que, tendo uma finalidade objetiva determinada, encerra a divisão de modo igual entre todos os integrantes das responsabilidades de uma ação. Tal estrutura de cooperação, na qual cada agente responde por todos em conjunto e todos em conjunto respondem por cada agente, implica a condição conferida ao funcionário de mecanismo de ajuste de transmissão em um aparelho, uma engrenagem, em suma, o que pressupõe que se a iniciativa lhe escapa, a interrupção não está sob o seu domínio, à medida que o que lhe compete não é senão possibilitar o desenvolvimento do processo em direção ao seu destino sob a égide de uma autoridade que se sobrepõe aos indivíduos do quadro funcional, não se lhes guardando raízes, mas permanecendo atrelada aos cargos e às atribuições que lhe são inerentes, tornando—se o resultado e antes uma decisão a produção da combinação de meios e da concatenação de elementos do sistema em uma composição que tende a contribuir para a emergência de uma espécie de *moral da irresponsabilidade*.

> Weber, então, concebia a burocracia como uma organização bifacial. Por um lado, seria uma organização baseada na especialização; por outro, uma organização baseada na disciplina. No primeiro caso, a obediência é invocada como um meio para a realização de um fim; um indivíduo obedece porque a norma ou ordem é percebida como o melhor método conhecido para a consecução de algum objetivo.
> Na segunda concepção, Weber assegurava que a burocracia era uma forma de administração em que a obediência seria um fim em si mesma. O indivíduo obedece à ordem, afastando os julgamentos sobre sua racionalidade ou moralidade, principalmente por causa da *posição* ocupada pela pessoa que ordena. O conteúdo da ordem não é discutível. Neste sentido, os guardas nazistas nos campos de concentração justificaram suas atrocidades inenarráveis porque, como disseram, "obedecíamos às ordens". No primeiro padrão, pois, o indivíduo obedece em parte devido aos seus sentimentos a respeito da norma ou ordem; no segundo, obedece *independentemente* de seus sentimentos.[79]

Nessa perspectiva, convergindo para o nivelamento dos poderes, a tendência à racionalização, segundo a teoria de Weber, resulta na burocratização das organizações humanas, guardando correspondência com a democratização formal da sociedade em sua totalidade, à

---

[79] Gouldner In: Campos, p. 62–63, grifos do autor.

medida que o processo de diferenciação que emerge em seu âmago tende a elevar o grau de complexidade das relações sociais, demandando a constituição de estruturas que viabilizem o intercâmbio entre os homens enquanto indivíduos em sua concreticidade histórico–cultural e econômico–social em face das suas necessidades e objetivos, o que implica a instauração de instâncias capazes de desenvolver procedimentos destinados à sua realização através de atividades que prestem um serviço uniforme que, caracterizado pela eficiência, precisão e rapidez, contemple a todos indistintamente, segundo o conjunto de regras impessoais que o rege e o delimita, configurando um movimento cuja pretensão assinala o enquadramento da vida e dos seus aspectos fundamentais nas formas rígidas de um sistema que suprime as relações individualizadas em face das relações de funções, reduzindo a autonomia às possibilidades "técnicas" subjacentes à margem de informalidade do aparelho, tornando–se em tal conjuntura a eliminação da pessoa humana em favor da objetividade racional uma consequência inevitável.

A formação de especialistas e a capacitação dos

indivíduos no sentido de cumprirem determinadas funções e desempenharem as atribuições que lhe são inerentes no âmbito de uma estrutura hierárquica que encerra um processo no qual a autoridade que cabe o agente exercer na verdade lhe escapa, não pertencendo propriamente aos incumbidos da sua execução em um tipo de organização que relega aos seus membros o desenvolvimento de uma atividade através de meios de produção dos quais também não são detentores, eis o que se impõe ao sistema educacional, que tende a servir aos interesses das instituições estatais e privadas, à medida que à situação de ensino—aprendizagem não compete senão disponibilizar os recursos científico—técnicos (tecnológicos) necessários para a qualificação do pessoal destinado à composição dos seus quadros funcionais e, consequentemente, à ascensão à condição que possibilita o usufruto de privilégios materiais e à conquista de prestígio social, o que pressupõe a circulação incessante de valores e práticas, condutas e comportamentos, necessidades e objetivos que perfazem um conjunto que se identifica em todos os momentos e aspectos consigo próprio em um movimento que, submetido ao mesmo princípio que rege a totalidade ético-jurídica e econômico-política da ordem social, não resulta senão na sua completa reprodução.

Se ao agente educacional cabe um poder que implica uma especialidade e cuja capacidade pessoal supõe a possibilidade de controle que, no âmbito da organização burocrática do sistema educacional, converge para o domínio de fatores e fontes de incerteza do processo, entre as quais - e principalmente - aquelas representadas pelo humano, o que se impõe à sua responsabilidade, que permanece sob a égide do poder hierárquico funcional em uma instância simultaneamente inferior e superior em relação aos patamares existentes, é uma autoridade que se sobrepõe à sua própria personalidade individual, além de uma competência que se destina a instaurar uma formação atrelada à finalidade objetiva determinada conferida à instituição pela sociedade, como também uma atribuição cujo exercício não pode divergir, teoricamente ou praticamente, senão nas fronteiras da sua interioridade, nas margens da sua subjetividade, tendo em vista a necessidade de não obstaculizar a funcionalidade do aparelho, o movimento da máquina em direção ao alvo proposto, em razão do qual existe enquanto e como tal.

Determinismo e Liberdade   Luiz Carlos Mariano da Rosa

CAPÍTULO 3[80]

O SISTEMA ESCOLAR ENTRE O ESPAÇO SOCIAL E O *HABITUS* SEGUNDO O ESTRUTURALISMO CONSTRUTIVISTA DE BOURDIEU

Contrapondo-se à tradição do pensamento sociológico, cujo conteúdo emerge de um arcabouço que encerra noções que envolvem "realidades" substanciais, indivíduos, grupos, entre outras, em detrimento de um processo que traz como fundamento as *relações objetivas*, a perspectiva de Bourdieu confere preeminência às referidas relações através de um procedimento científico que, concernente à sua existência e condições, implica a necessidade de domínio, construção e validação, convergindo para o que ora se designa como uma teoria

---

[80] O referido capítulo é constituído por trechos que integram o conteúdo do artigo intitulado *O sistema escolar entre o espaço social e o habitus segundo o estruturalismo construtivista de Bourdieu*, publicado pela **Revista Eletrônica de Educação da Faculdade Araguaia – RENEFARA**, ISSN 2236–8779, v. 11, n. 1, jun. 2017, Goiânia - GO, Brasil.

relacional[81], conforme sublinha o trabalho teórico—analítico em questão, que visa distinguir o estruturalismo construtivista de Bourdieu e a condição do *habitus* como princípio gerador e unificador, explicando a estrutura do espaço social como produto das correlações envolvendo as *posições sociais*, as *disposições* (*habitus*) e as *tomadas de posição* dos agentes sociais, além da reprodução do capital cultural e da forma de sua distribuição no sistema escolar.

Nessa perspectiva, detendo—se, em sua primeira parte, na acepção genética e funcionalista do estruturalismo de Bourdieu, o texto assinala que, se o tipo "substancialista" e ingenuamente realista, guardando raízes nas fronteiras do senso comum, tende a tornar cada prática ou atividade um

---

[81] Convém sublinhar a influência que se impõe à construção epistemológica de Bourdieu, que traz como fundamento o *racionalismo* de Gaston Bachelard, caracterizado pela recusa da estrutura imutável e eterna da razão através de uma teoria que atribui ao *objeto científico* a condição de uma matéria dessubstanciada que encerra a sobreposição do ato no que tange ao ser e da relação no concerne a coisa e cuja *realidade* implica a coordenação racional, a relação matemática, e o *relacionismo* de Ernst Cassirer, que confere preeminência às relações e, substituindo o conceito de substância pelo conceito de função, tende a se sobrepor a qualquer pretensão envolvendo a possibilidade do conhecimento da realidade absoluta ou incondicionada.

exercício que emerge como objeto de uma abordagem que se restringe a considerá-lo em si mesmo e por si mesmo, o que se impõe é um processo que implica a sua independência concernente ao arcabouço de ações intercambiáveis em um movimento que estabelece uma relação de caráter mecânico envolvendo as posições sociais e os elementos constitutivos do conjunto que perfaz a sua identidade cultural e que abrange, em suma, aptidões, habilidades, interesses, predisposições, condutas e costumes, que longe de expressar uma espécie de essência biológica ou cultural consiste na externalização de propriedades que, correspondendo às correlações que encerram as *posições sociais*, as *disposições* (*habitus*) e as *tomadas de posição* dos agentes sociais, não têm senão uma condição *relacional*, tendo em vista que a sua existência circunscreve-se à relação que implica outras propriedades.

Um conjunto de posições distintas que coexistem e são definidas, umas em relação às outras, em condição de *exterioridade mútua* através de uma construção que implica relações que envolvem proximidade, vizinhança ou distanciamento, além de ordem (acima, abaixo, entre), eis a noção de *espaço social* que, baseado na ideia de *diferença*, separação, contém os agentes ou os grupos, cuja disposição guarda correspondência com dois princípios de diferenciação, a saber, o capital econômico e o capital cultural.

Se a aquisição dos *habitus* possibilita a incorporação de atitudes, condutas e comportamentos, cujas disposições, "naturalizadas", compõem as estruturas da subjetividade e perfazem o meio através do qual é instaurado o processo de *interiorização da exterioridade*, a sua operação encerra a capacidade de funcionar como um senso prático em relação à conduta adequada em uma determinada situação, como enfatiza em sua segunda parte o estudo, que analisa o *habitus* como processo de *interiorização da exterioridade* e de *exteriorização da interioridade*, ou seja, princípio gerador e unificador, que estabelece a mediação entre os agentes e a sociedade e guarda tendência no sentido de reproduzir as condições sociais objetivas de existência, convergindo para a reposição das relações de poder que regem o espaço social e do sistema objetivo de dominação do campo.

Discutindo, em sua terceira parte, a estrutura do espaço social como produto das correlações envolvendo as *posições sociais*, as *disposições* (*habitus*) e as *tomadas de posição* dos agentes sociais, a pesquisa mostra que, se a redução do espaço social ao espaço conjuntural das interações, pressuposto do subjetivismo, implica uma sucessão descontínua de situações abstratas [82], o "objetivismo provisório", segundo Bourdieu, converge para a reificação dos fatos sociais (coisas), tornando-se necessária a sua superação através da construção do espaço social enquanto *espaço objetivo*, a saber, estrutura de relações objetivas entre posições analisáveis independentemente das características dos agentes que as ocupam em um sistema que determina a forma que se impõe às interações e à representação concebidas pelos tais, à medida que as interações envolvem

---

[82] Cabe recorrer, nesta perspectiva, à crítica de Bourdieu ao interacionismo e à redução da estrutura objetiva das relações entre as posições (que sobrepõem-se inclusive aos agentes que as ocupam e convergem para a organização da interação *real*) à ordem *pontual*, caracterizada pelos contatos ocasionais, e à ordem *artificial*, construída pelas experiências da psicologia social.

processos que colocam em jogo todas as propriedades dos indivíduos em uma conjuntura que atribui às posições na estrutura social ou em um campo a direção ou a orientação das posições nas interações.

À relação envolvendo as *posições sociais* e as *tomadas de posição* o que se impõe é a intermediação das *disposições*, o que implica uma correspondência entre as separações diferenciais que perfazem as distintas posições constitutivas do espaço social e as separações diferenciais que caracterizam as propriedades dos agentes, ambas as quais designadas como sistema em uma construção que estabelece equivalência entre cada classe de posições e uma classe de *habitus* e um conjunto de bens e de propriedades correlacionadas entre si.

Nessa perspectiva, se a organização que abrange os campos e o espaço social pressupõe um sistema de relações abrangendo estruturas objetivas e estruturas subjetivas que guarda correspondência com o processo de *interiorização da exterioridade* e de *exteriorização da interioridade* que implica a distinção entre dominantes e dominados baseada no *quantum* social e na sua distribuição desigual, que determinam as posições sociais e definem a estrutura do referido espaço, alcança relevância a condição do campo escolar, da instituição educacional e da situação de ensino–aprendizagem, no âmbito do movimento de reprodução cultural que caracteriza o funcionamento da conjuntura em questão, conforme defende o texto em sua quarta parte, que analisa a reprodução do capital cultural e da forma de sua distribuição no sistema escolar, haja vista a capacidade dos seus mecanismos institucionais de atribuir legitimidade a uma ação ou a um discurso cuja aceitação, reconhecimento, aprovação, permanecem condicionados ao exercício de uma força que visa a elaboração de uma aparência de universalidade em uma operação que cumpre o encargo de selecionar, ordenar e consagrar os agentes aptos ao exercício da dominação.

I PARTE

A PERSPECTIVA GENÉTICA E FUNCIONALISTA DO ESTRUTURALISMO DE BOURDIEU

Se a concepção objetivista detém-se na construção das relações objetivas que convergem para a estruturação das práticas individuais, pressupondo a existência na realidade social de leis que guardam independência no que concerne à consciência da mesma forma que as leis físicas, a abordagem subjetivista traz como fundamento a perspectiva do sujeito e a sua experiência elementar, original, essencial, perfazendo ambos conhecimentos antagônicos, em distinção aos quais Bourdieu instaura uma construção epistemológica que encerra um tipo de conhecimento designado como praxiológico, cujo objeto, não circunscrevendo-se às fronteiras que implicam o sistema de relações objetivas que emerge do modo de conhecimento objetivista, envolve também as relações dialéticas que se impõem às estruturas objetivas e às disposições estruturadas em cujo âmbito ocorre o seu processo de atualização em um movimento que não tende senão à sua reprodução.

Detendo-se nos fenômenos de reprodução das posições sociais e das desigualdades que as caracterizam, perfazendo-as como tais, a teoria estruturalista genética de Bourdieu converge para as fronteiras que encerram a análise dos mecanismos e das estratégias que se impõem à renovação do espaço social enquanto lugar que implica as determinações essenciais que incidem sobre as condutas e os comportamentos em seu processo de formação e que encerram os elementos geradores dos modelos de percepção e de ação dos agentes sociais em consonância com as diferentes classes que integram e cujo pertencimento define o seu tipo de cultura e a sua hierarquia.

Baseado no princípio que assinala que a natureza humana encerra um processo que envolve *interiorização da exterioridade* e *exteriorização da interioridade*, a investigação bourdieusiana aplica-se às relações que envolvem as estruturas objetivas e as estruturas incorporadas em um movimento que pressupõe dois sentidos e assinala que as condições objetivas de existência convergem para a interiorização na forma de *habitus* pelos indivíduos, perfazendo disposições que alcançam a condição de naturalidade na composição das estruturas da subjetividade, instrumentalizando a incorporação de valores e práticas, condutas e comportamentos, a internalização de ideias e padrões, em última instância, o que implica uma teoria *relacional* que, concomitantemente, caracteriza-se como uma teoria *disposicional*.

Se o estruturalismo científico tende a conferir preeminência ao funcionamento inerte das estruturas em detrimento dos sujeitos, que emergem sob a égide de epifenômenos da estrutura, à medida que são reduzidos à condição de simples executores de um arcabouço que, guardando exterioridade em face dos tais, consiste em uma abstração que traz preestabelecida a sua programação objetiva, o pensamento de Bourdieu, baseada em uma perspectiva genética [83] e funcionalista, instaura um

---

[83] Eis a justificativa de Bourdieu acerca do seu procedimento científico: "Nesse sentido, se eu gostasse do jogo dos rótulos, que é muito

estruturalismo que se sobrepõe ao objetivismo sociológico e à teoria da prática que se lhe caracteriza e que sob a acepção de um "subproduto negativo" converge para as fronteiras que encerram a noção de "estrutura estruturada", negligenciando os aspectos que perfazem o processo de reprodução e cujos elementos guardam correspondência com a atuação dos sujeitos.

À noção de "estrutura estruturada", que caracteriza os sistemas de representações do estruturalismo científico, Bourdieu impõe a concepção de "estrutura estruturante", à medida que o "estruturalismo construtivista"[84] atribui à

---

praticado no campo intelectual desde que certos filósofos introduziram nele as modas e os modelos do campo artístico, eu diria que tento elaborar um *estruturalismo genético*: a análise das estruturas objetivas — as estruturas dos diferentes *campos* — é inseparável da análise da gênese, nos indivíduos biológicos, das estruturas mentais (que são em parte produto da incorporação das estruturas sociais) e da análise da gênese das próprias estruturas sociais: o espaço social, bem como os grupos que nele se distribuem, são produto de lutas históricas (nas quais os agentes se comprometem em função de sua posição no espaço social e das estruturas mentais através das quais eles apreendem esse espaço)." (Bourdieu, 2004, p. 26, grifos do autor)

[84] "Por estruturalismo ou estruturalista, quero dizer que existem, no próprio mundo social e não apenas nos sistemas simbólicos — linguagem, mito, etc. —, estruturas objetivas, independentes da

realidade social a condição de um processo que guarda correspondência com a ação de fatores "subjetivos" em um movimento de contínua reconstrução que, baseado na instrumentalidade do *habitus*, converge para uma articulação construtivista envolvendo o subjetivo e o objetivo cuja implicação epistemológica envolve a superação da oposição entre *verdades de razão* e *verdades de fato* através de um procedimento que transpõe o âmbito do discurso e se mantém sob a égide da prática científica.

Atribuindo aos fatos sociais a condição de *sistemas de relações inteligíveis*, cuja descoberta depende de conceitos adequados e métodos apropriados em um processo que se detém na articulação construtivista envolvendo o subjetivo e o objetivo, o estruturalismo construtivista de Bourdieu demonstra a existência de um domínio simbólico que se impõe à realidade social e a determina como tal,

---

consciência e da vontade dos agentes, as quais são capazes de orientar ou coagir suas práticas e representações. Por construtivismo, quero dizer que há, de um lado, uma gênese social dos esquemas de percepção, pensamento e ação que são constitutivos do que chamo de *habitus* e, de outro, das estruturas sociais, em particular do que chamo de campos e grupos, e particularmente do que se costuma chamar de classes sociais." (Bourdieu, 2004, p. 149)

sobrepondo—se à naturalidade imputada às divisões sociais e às desigualdades do espaço social em um processo que capacita os agentes sociais com os instrumentos teóricos e práticos que convergem para responsabilizá—los acerca da possibilidade implicando o controle das estruturas e o exercício de uma ação que escape à sua limitação, configurando uma concepção que traz como fundamento uma ênfase no *funcionalismo* (ou *holismo*), visto que superestima um determinado aspecto social no tocante aos privilégios de classes e à multiplicação das distinções, conferindo a uma particularidade, neste sentido, o *status* de função ou força propulsora.

À oposição envolvendo indivíduo e sociedade Bourdieu impõe a noção de *habitus* enquanto social incorporado, consequentemente, individuado, convergindo para a superação de uma falsa dicotomia, que implica um antagonismo de caráter político entre os que conferem preeminência ao indivíduo em detrimento da sociedade ("individualismo metodológico") e os que atribuem veracidade à condição inversa ("totalitários"), convergindo para a necessidade de enfrentar as coerções registradas no espaço teórico em uma relação que tende à produção de incompatibilidades improcedentes através de uma construção científica que, guardando capacidade de instaurar uma ruptura no padrão vigente, permanece inescapavelmente sujeito aos esquemas de percepção e pensamento que correspondem à estrutura objetiva do referido espaço social.

Nesta perspectiva, a sociologia bourdieusiana transpõe as fronteiras do objetivismo que impõe à sociedade uma condição de natureza *sui generis*, atribuindo um caráter transcendental ao social que, irredutível às vontades e às ações individuais em uma concepção baseada no dualismo constitutivo da natureza humana (ser individual e ser social), pressupõe um processo no qual o *fato social* encerra uma existência objetiva que, conforme defende a teoria durkheimiana, converge para determinar as atitudes, as condutas e os comportamentos dos indivíduos através de uma relação de coercibilidade, exterioridade e generalidade, o que implica uma ação social que emerge através de um sistema de representações que se lhes sobrepõe, circunscrevendo-o ao âmbito de uma "estrutura estruturada" diante da qual o agente consiste em um simples executante, segundo um positivismo que transforma o indivíduo em um elemento residual do corpo coletivo e assinala, em última instância, a reificação da organização social.

Detendo-se nas condutas individuais como fundamento dos fenômenos sociais, a teoria subjetivista contrapõe-se ao objetivismo de Durkheim em uma investigação que tem como objeto a ação cujo sentido se impõe através do sentido subjetivo do agente em um processo que implica a intersecção envolvendo os objetivos e os valores, conforme pressupõe a sociologia da ação de Weber que, baseada em uma *explicação compreensiva*, à inter-relacionalidade envolvendo "ação" e "racionalidade" instaura uma análise que implica os componentes e os tipos da ação social, que emerge no âmbito de um sistema que encerra processos de compreensão intersubjetiva que atribuem relevância ao papel da "mediação humana". Dessa forma, se a sociologia da ação de Weber converge para as fronteiras que encerram a ação subjetiva e o seu sentido, o que implica uma epistemologia que traz como fundamento um viés fenomenológico, a sociologia bourdieusiana, a despeito da correspondência entre ambas as teorias sociológicas acerca do *status* atribuído à subjetividade e à interação, traz a distinção caracterizada pela perspectiva que mantém a interação sob a égide de um processo socialmente estruturado, perfazendo, em suma, uma relação de poder, que pressupõe um *campo* como espaço social específico e posições sociais predeterminadas como condições objetivas de existência em uma construção que demanda uma articulação envolvendo o agente e a sociedade através de um movimento cuja instauração encerra uma mediação que somente o *habitus* tem capacidade de desenvolver.

II PARTE

O *HABITUS* COMO PRINCÍPIO GERADOR E UNIFICADOR, *DISPOSIÇÕES* ESTRUTURADAS E SENSO PRÁTICO: O PROCESSO DE *INTERIORIZAÇÃO DA EXTERIORIDADE* E DE *EXTERIORIZAÇÃO DA INTERIORIDADE*

Estabelecendo a intermediação envolvendo as práticas e os bens dos agentes sociais (tanto de um agente singular como de uma classe de agentes), o *habitus* caracteriza—se como um princípio gerador e unificador que executa a transposição das características intrínsecas e relacionais de uma posição social para um conjunto unívoco que abrange aspectos comportamentais, padrões de conduta e uma forma de vida, em última instância, à medida que as referidas disposições, guardando a diferenciação que permanece atrelada às posições das quais emergem, concomitantemente assumem a condição de diferenciadores, constituindo—se como operadores de distinções, haja vista a capacidade de engendrar princípios de diferenciação diferentes ou a possibilidade de usar diferenciadamente os princípios de diferenciação comuns, segundo o pensamento de Bourdieu, cuja teoria *relacional* converge para as fronteiras que encerram a conclusão de que, baseadas no arcabouço que reúne esquemas classificatórios, princípios de classificação, princípios de visão e de divisão e gostos diferentes, as categorias sociais que se lhe estão imbricadas concorrem para uma perspectiva que caracteriza como simbólicas as diferenças nas práticas, bens e opiniões, atribuindo às distinções em questão o *status* de uma verdadeira *linguagem*.

> O *habitus* mantém com o mundo social que o produz uma autêntica cumplicidade ontológica, origem de um conhecimento sem consciência, de uma intencionalidade sem intenção e de um domínio prático das regularidades do mundo que permite antecipar seu futuro, sem nem mesmo precisar colocar a questão nesses termos.[85]

Se a aquisição dos *habitus* possibilita a incorporação de atitudes, condutas e comportamentos, cujas disposições, "naturalizadas", compõem as estruturas da subjetividade e

---

[85] Bourdieu, 2004, p. 24.

perfazem o meio através do qual é instaurado o processo de *interiorização da exterioridade*, adequando a ação do agente à sua posição social, a condição que implica converge para estabelecer a inclusão em um determinado grupo social e em um certo campo, um espaço social específico, que em seu funcionamento atribui relevância ao capital simbólico que, produzindo a identidade social dos seus integrantes, impõe-se às relações de poder que regem a sua organização, configurando uma dimensão que encerra a reprodução do sistema objetivo de dominação interiorizado, segundo a sociologia de Bourdieu, que identifica um movimento de reprodução que guarda raízes nas fronteiras da subjetividade e alcança os mecanismos das representações sociais, sobrepondo-se à concepção que o relega aos aparelhos ideológicos do Estado e à sua coercitividade.

Estabelecendo a mediação entre os agentes e a sociedade, o *habitus* guarda tendência no sentido de reproduzir as condições sociais objetivas de existência, convergindo para a reposição das relações de poder que regem o espaço social e do sistema objetivo de dominação do campo que, sob a acepção de *locus* do consenso, implica a construção de uma História baseada em um movimento que encerra a oposição dos indivíduos em função da concorrência instaurada pelo processo que envolve o monopólio da produção, da reprodução e da manipulação dos bens e do poder correspondente de violência simbólica, pressupostos da legitimidade que, segundo a lógica de uma área específica, cabe aos sujeitos alcançar.

Poder gerador e unificador, o *habitus* funciona como um senso prático em relação à conduta adequada em uma determinada situação, à medida que capacita os sujeitos com recursos que envolvem um sistema de escolhas, princípios de avaliação, estruturas cognitivas e esquemas de orientação, convergindo para possibilitar o exercício de uma ação apropriada seja em que contexto for, à medida que a sua emergência ocorre através de um movimento "impensado", "espontâneo", "natural", "instintual", que consiste, em suma, de acordo com Bourdieu, na "arte de *antecipar* o futuro do jogo inscrito, em esboço, no estado atual do jogo"[86].

Perfazendo o conjunto dos seus *habitus*, os recursos sociais e culturais dos agentes, envolvendo um sistema de escolhas, princípios de avaliação, estruturas cognitivas e esquemas de orientação, configuram disposições que, através do processo de *interiorização da exterioridade* e de *exteriorização da interioridade*, constituem a sua *natureza*, que traz em si a lei de sua direção e de seu movimento, convergindo para a noção que implica o princípio da "vocação", segundo Bourdieu, que atribui a tendência incorporada pelos sujeitos no que concerne a um determinado alvo ou objeto em detrimento de outro à estrutura de capital e ao peso de um *quantum* social diante de outro na correlação que encerra capital econômico e capital cultural e que assinala a correspondência entre a valorização da arte ou da cultura em face da subestimação do dinheiro ou do poder, ou o inverso, assim como a propensão desenvolvida no tocante a um polo específico do

---

[86] Bourdieu, 2008, p. 42, grifo do autor.

campo do poder (seja o polo intelectual ou o polo dos negócios), e a consequente adoção de práticas e opiniões que se lhe guardam pertinência.

> Assim, podem-se opor os agentes sociais, para os quais o capital econômico predomina em relação ao capital cultural, àqueles que apresentam propriedades contrárias. Sob este ângulo, os patrões da indústria e do comércio se opõem aos professores: os primeiros são mais fortemente dotados de capital econômico relativamente ao capital cultural, ao passo que os segundos são mais fortemente dotados de capital cultural comparativamente ao capital econômico.[87]

Consistindo em disposições estruturadas, os *habitus* encerram o processo de interiorização das condições sociais objetivas de existência, que implicam a incorporação de esquemas de percepção, pensamento e ação condicionantes, configurando um mecanismo capaz de instaurar o movimento do indivíduo em direção a um determinado grupo social e a um espaço social específico e estabelecer a sua integração a um campo e o desenvolvimento da sua identidade social e do seu capital simbólico, não circunscrevendo-se às fronteiras da individualidade mas

---

[87] Bonnewitz, 2005, p. 55.

emergindo das representações objetivas internalizadas pelos sujeitos em conformidade com as suas posições sociais, cuja operação não converge senão para a homogeneidade de caráter relativo dos *habitus* de classe ou de grupo.

Se os *habitus*, consistindo em disposições estruturadas, implicam a interiorização das condições sociais objetivas de existência através de um processo que envolve desde normas e valores até sistemas de classificações, a prática guarda capacidade de instaurar o funcionamento de uma "estrutura estruturante" que emerge de uma "estrutura estruturada" que não tende senão à reprodução do arbitrário social e das suas relações de dominação, à medida que o conjunto de "esquemas generativos" que determinam uma ação corresponde a uma estrutura objetiva hierarquizada baseada na desigualdade da posse individual dos bens materiais e simbólicos que, constituindo o seu *quantum* social, estabelece a relação de pertencimento a uma condição que encerra um grupo social, um campo social específico, uma certa posição social, em um espaço cuja organização, resultando das correlações das referidas estruturas e das suas relações de poder, impõe aos agentes sociais um movimento incessante no sentido que abrange a acumulação de capital e a "maximização dos lucros" em função da luta pela conquista do domínio e da sua legitimidade.

> Sendo produto da incorporação da necessidade objetiva, o *habitus*, necessidade tomada virtude, produz estratégias que, embora não sejam produto de uma aspiração consciente de fins explicitamente colocados a partir de um conhecimento adequado das condições objetivas, nem de uma determinação mecânica de causas, mostram-se objetivamente ajustadas à situação. A ação comandada pelo "sentido do jogo" tem toda a aparência da ação racional que representaria um observador imparcial, dotado de toda informação útil e capaz de controlá-la racionalmente. E, no entanto, ela não tem a razão como princípio.[88]

Sobrepondo-se à condição de seres cuja regulação guarda correspondência com leis mecânicas que escapam ao seu poder, a saber, autômatos, aos agentes Bourdieu atribui uma ação que não circunscreve-se às fronteiras de um movimento que se esgota como uma simples execução de uma regra, emergindo de um sistema de disposições adquiridas pela experiência que perfaz um *habitus* gerador

---

[88] Bourdieu, 2004, p. 23.

que, dessa forma, constitui estruturas que dependem da intersecção envolvendo espaço e tempo, o que implica um "sentido do jogo" que possibilita a geração de uma infinidade de "lances" que guardam adequabilidade em face de uma infinidade de situações possíveis em um processo que torna relevante a capacidade de invenção e de improvisação dos agentes sociais diante da imediatidade pontual de uma situação, haja vista que a prática, como produto da relação dialética entre uma situação e um *habitus*, não consiste senão em um exercício necessário e relativamente autônomo.

> Princípio gerador duravelmente armado de improvisações regradas (*principium importans ordinem ad actum*, como diz a escolástica), o *habitus* produz práticas que, na medida em que elas tendem a reproduzir as regularidades imanentes as condições objetivas da produção de seu princípio gerador, mas, ajustando-se as exigências inscritas a título de potencialidades objetivas na situação diretamente afrontada, não se deixam deduzir diretamente nem das condições objetivas, pontualmente definidas como soma de estímulos que podem aparecer como tendo-as desencadeado diretamente, nem das condições que produziram o princípio durável de sua produção (...).[89]

À interiorização das condições sociais objetivas de

---

[89] Bourdieu In: Ortiz, 1983b, p. 65.

existência que perfazem as disposições estruturadas que compõem a subjetividade sob a forma de *habitus* o que se impõe é um sistema cujo funcionamento guarda correspondência com uma matriz de percepções, apreciações e ações que converge para práticas que tendem à instauração de um processo que envolve simultaneamente a reprodução das regularidades imanentes à exterioridade e a adequação às suas potenciais necessidades, o que implica uma correlação abrangendo a estrutura objetiva e as condições do exercício do *habitus* em uma conjuntura na qual emerge como uma história transformada em natureza, perfazendo "uma determinada maneira de ser ou de fazer, assim necessitada mas nem por isso necessária", como defende Bourdieu[90], que atribui à ilusão de liberdade em face das determinações sociais a possibilidade do seu exercício como tais em um movimento que encerra uma coação imposta pelas condições sociais objetivas que alcança a interioridade e demanda um "trabalho de reapropriação" que, baseado na capacidade dos agentes de

---

[90] 2004, p. 28.

constituírem—se como "sujeitos livres", pressupõe a sua libertação da crença indevida em uma liberdade que não é um dado senão uma conquista coletiva.

III PARTE

A ESTRUTURA DO ESPAÇO SOCIAL COMO PRODUTO DAS CORRELAÇÕES ENVOLVENDO AS *POSIÇÕES SOCIAIS*, AS *DISPOSIÇÕES (HABITUS)* E AS *TOMADAS DE POSIÇÃO* DOS AGENTES SOCIAIS

Ao espaço social cabe a organização das práticas e das representações dos agentes em um processo baseado na existência de propriedades determinantes que, sobrepondo-se às diferenças aparentes e as classificações que tendem a engendrar, convergem para a possibilidade de emergência de outras propriedades em uma relação que estabelece a distinção dos agentes que, em virtude de semelhanças entre si, são agrupados de uma forma que o conjunto relativamente homogêneo traz em sua composição sujeitos cujas diferenças, no tocante aos integrantes de outras classes, impedem que constituam outro grupo senão aquela classe específica que perfazem enquanto tais através de uma perspectiva que se opõe à noção de uma classe na acepção de um grupo mobilizado por objetivos comuns contra outra classe, tendo em vista que a concepção bourdieusiana a circunscreve à esfera teórica, defendendo que "o que existe é um espaço social, um espaço de diferenças, no qual as classes existem de algum modo em estado virtual, pontilhadas, não como um dado, mas como *algo que se trata de fazer*"[91].

Dirigindo as representações do espaço social e as tomadas de posição, os diferentes tipos de capital e a sua estrutura de distribuição, no processo que encerra o confronto entre os agentes sociais em função da conservação ou da transformação do mundo social, convergem para determinar a sua construção através da articulação que envolve o subjetivo e o objetivo, segundo a teoria de Bourdieu, que atribui relevância ao *capital simbólico* que, constituído pelos recursos sociais e culturais de um indivíduo (ou grupo), perfaz o conjunto dos seus *habitus*, guardando capacidade de formar a sua identidade

---

[91] Bourdieu, 2008, p. 27, grifos do autor.

social, o seu pertencimento a uma classe social, em última instância, e isto não raras vezes para além da questão referente ao *status* econômico.

Se a posição de um agente social em um determinado *campo*, no sentido de um espaço social específico (escolar, cultural, político, entre outros), corresponde à posse de um certo capital social em uma construção caracterizada pela sua distribuição de forma desigual, às relações de poder que tal composição implica converge para atribuir primazia aos detentores de um padrão máximo de *quantum* social em comparação aos demais componentes do campo que, em função desta situação, permanecem em condição de subordinação hierárquica, segundo a lógica do sistema de estratificação.

Tendo em vista que a posição ocupada pelos indivíduos (ou grupos) no espaço social resulta, em suma, da posse diferenciada do capital social exercida pelos seus agentes e do padrão máximo de *quantum* social alcançado, as relações de poder instauradas no espaço social convergem para uma divisão que encerra dois pólos opostos, os quais, representados pelos dominantes e pelos dominados, implicam uma incessante luta envolvendo a conservação e a mudança da sua organização através de práticas designadas como ortodoxas e heterodoxas[92], as primeiras configurando atividades cuja pretensão é assegurar o estatuto de dominação econômica e simbólica vigente por meio da manutenção do capital social acumulado, as segundas perfazendo ações que visam, por intermédio de estratégias de "subversão", destituir de "crédito" os detentores de um padrão de *quantum* social que tende a legitimar o seu domínio em um processo no qual os

---

[92] "O campo de discussão que a ortodoxia e a heterodoxia desenham, através de suas lutas, se recorta sobre o fundo do campo da *doxa*, conjunto de pressupostos que os antagonistas admitem como sendo evidentes, aquém de qualquer discussão, porque constituem a condição tácita da discussão" (Bourdieu In: Ortiz, 1983c, p. 145). Caracterizando-se como uma perspectiva de caráter particular que, em função da sua condição de pertencimento aos detentores do poder dominante, alcança universalidade, sendo imposto aos dominados pela instauração da violência simbólica, a *doxa*, segundo a teoria de Bourdieu, envolve a incorporação de um conteúdo (valores, normas e condutas) através de um processo que, emergindo de forma inconsciente, implica atividades práticas e converge para as fronteiras que encerram a legitimidade de um sistema cujo funcionamento guarda correspondência com uma lógica que, baseada na naturalização das desigualdades sociais, tende à reprodução.

integrantes de ambos os extremos não têm outro objetivo senão a acumulação de um certo tipo de capital em face da "maximização dos lucros", acarretando, dessa forma, a atualização do campo.

Se a dinâmica do campo tende a instaurar um processo de recuperação da realidade social enquanto tal, no sentido que envolve a sua atualização como tal em um sistema de relações abrangendo estruturas objetivas e estruturas subjetivas, a sua alteração, ou seja, a fundação de uma nova ordem, guarda correspondência com a complexidade de um espaço cujo funcionamento depende das correlações que encerram as *posições sociais*, as *disposições* (*habitus*) e as *tomadas de posição* dos agentes sociais em um processo que converge para o consenso entre dominantes e dominados acerca da situação que protagonizam e das questões que em um determinado contexto podem e devem emergir, à medida que ao antagonismo das posições dos agentes sociais e dos interesses que se lhes estão atreladas sobrepõe-se o elemento coesivo que, emergindo do caráter inconsciente do conflito que subjaz ao campo, ao espaço, resulta daquilo que Bourdieu define como "crença coletiva"[93].

Monopolizar a produção, a reprodução e a manipulação dos bens e do poder correspondente de violência simbólica, eis o que se impõe à legitimidade no âmbito de um espaço social específico constituído por relações objetivas envolvendo posições que encerram uma lógica própria, de acordo com a sua área, convergindo para um processo de conquista que envolve as tomadas de posição dos agentes que, em virtude de suas posições, guardam, concernente ao campo de relações que se lhes estão atreladas, capacidade de produzi–las, reproduzi–las e utilizá–las, à medida que configuram estratégias inconscientes ou semiconscientes utilizadas no desenvolvimento do referido jogo.

---

[93] "E quando as estruturas incorporadas e as estruturas objetivas estão de acordo, quando a percepção é construída de acordo com as estruturas do que é percebido, tudo parece evidente, tudo parece dado. É a experiência dóxica pela qual atribuímos ao mundo uma crença mais profunda do que todas as crenças (no sentido comum) já que ela não se pensa como uma crença." (Bourdieu, 2008, p. 144)

O *habitus* como sentido do jogo é jogo social incorporado, transformado em natureza. Nada é simultaneamente mais livre e mais coagido do que a ação do bom jogador. Ele fica naturalmente no lugar em que a bola vai cair, como se a bola o comandasse, mas, desse modo, ele comanda a bola. O *habitus* como social inscrito no corpo, no indivíduo biológico, permite produzir a infinidade de atos de jogo que estão inscritos no jogo em estado de possibilidades e de exigências objetivas; as coações e as exigências do jogo, ainda que não estejam reunidas num código de regras, impõem–se àqueles e somente àqueles que, por terem o sentido do jogo, isto é, o senso da necessidade imanente do jogo, estão preparados para percebê–las e realizá–las.[94]

Escapando ao processo que envolve o exercício do cálculo racional, a prática dos agentes convergem para as fronteiras que encerram "a única coisa a fazer" em uma determinada situação e em um movimento que permanece sob a égide do "sentido do jogo" e que implica a antecipação concernente à necessidade imanente ao seu desenvolvimento, à medida que sobrepõe–se à condição de uma intenção consciente e ao caráter que encerra o domínio das operações que se impõem a uma finalidade e detém uma intenção objetiva, segundo a teoria de Bourdieu, que atrela a ação dos sujeitos a um "senso prático" em uma

---

[94] Bourdieu, 2004, p. 82.

construção que, baseada em uma coerência parcial, transpõe as conotações teleológicas, mostrando que "as condutas podem ser orientadas em relação a determinados fins sem ser conscientemente dirigidas a esses fins, dirigidas por esses fins"[95].

Baseada nos princípios da regularidade e da objetividade, a "racionalidade" das práticas guarda correspondência com um processo envolvendo a relação dos sujeitos com idênticas condições sociais objetivas de existência e a similaridade dos sistemas de disposições estruturadas e a sua tendência no sentido de corresponder às referidas estruturas objetivas, convergindo para uma relativa homogeneidade dos *habitus*, à medida que capacitam os agentes com esquemas de percepção, pensamento e ação objetivamente implicados na sua realização e cujo domínio prático perfaz a distinção entre os membros de um grupo ou de uma classe concernente à outra, cada uma das quais trazendo em seu âmbito uma organização que, sobrepondo—se ao caráter de um arranjo

---

[95] Bourdieu, 2004, p. 22.

espontâneo ou de uma articulação individual, permanece sob a égide de uma "orquestração sem maestro" que encerra em seu funcionamento um *efeito de universalização e de particularização* que emerge desde as condições sociais objetivas de existência.

> Sistema de esquemas geradores de práticas que, de maneira sistemática, exprime a necessidade e as liberdades inerentes a condição de classe e a *diferença* constitutiva da posição, o *habitus* apreende as diferenças de condição captadas por ele sob a forma de diferenças entre práticas classificadas e classificantes – enquanto produtos do *habitus* – segundo princípios de diferenciação que, por serem eles próprios o produto de tais diferenças, estão objetivamente ajustados a elas e, portanto, tendem a percebê–las como naturais.[96]

Nesta perspectiva, se a similaridade da socialização que guarda raízes nas fronteiras da interiorização das condições sociais objetivas de existência em uma relação de aquisição que atribui ao conjunto de tais disposições a condição de "naturalidade", tendo em vista que integram–se à subjetividade e compõem as suas estruturas, tornando–as o instrumento da *interiorização da exterioridade*

---

[96] Bourdieu, 2007a, p. 164, grifos do autor.

enquanto uma realidade social que não cessa de se reconstruir por intermédio da ação de fatores "subjetivos", a internalização das estruturas do mercado de bens simbólicos sob a forma de estruturas cognitivas que guardam correspondência com as estruturas do referido mercado converge para a instauração de um processo que, baseado na correspondência envolvendo as estruturas objetivas constitutivas dos *habitus* e a estrutura das relações de poder, não perfaz senão a violência simbólica.

> A ordem simbólica apoia–se sobre a imposição, ao conjunto dos agentes, de estruturas cognitivas que devem parte de sua consistência e de sua resistência ao fato de serem, pelo menos na aparência, coerentes e sistemáticas e estarem objetivamente em consonância com as estruturas objetivas do mundo social. É nesse acordo imediato e tácito (oposto em tudo a um contrato explícito) que se apoia a relação de submissão dóxica que nos liga, por todos os liames do inconsciente, à ordem estabelecida.[97]

Sobrepondo–se à condição de formas da consciência, as estruturas cognitivas guardam correspondência com a história inscrita nos corpos através de um processo de

---

[97] Bourdieu, 2008, p. 118.

caráter coletivo (filogênese) e individual (ontogênese) que converge para disposições corporais cuja concordância com as estruturas objetivas do mundo social implica na submissão dóxica dos dominados[98], segundo a teoria de Bourdieu, que situa a relação de poder para além de uma noção de obediência baseada em uma submissão mecânica ou em um consentimento consciente e contrapõe-se à perspectiva que atrela a dominação simbólica e os seus efeitos às noções que envolvem, em suma, "falsa consciência" e "ideologia", que relegam uma operação que, no que tange às disposições, mantém raízes na ordem das *crenças* e na profundidade do seu movimento ao âmbito da ordem das *representações*, cuja mudança, esgotando-se como uma "tomada de consciência" enquanto conversão intelectual, não circunscreve-se senão à capacidade de

---

[98] Cabe sublinhar que o caráter *disposicional* da teoria de Bourdieu, pressupondo a atualização das potencialidades inscritas nos corpos dos agentes e na estrutura das situações que encerram as correlações das quais participam, implica a atribuição da condição de um substrato do *habitus* ao corpo, que carrega a inscrição das relações de poder que convergem para a reprodução do sistema de dominação da totalidade da organização social na instância corpórea.

transformar o referido sistema das representações.

A perpetuação ou a ruptura da concordância envolvendo as estruturas mentais e as estruturas objetivas, eis o que se impõe ao processo de reprodução ou à instauração da crise na *crença*[99] enquanto fundamento da economia dos bens simbólicos, segundo Bourdieu, que atribui à transformação das disposições estruturadas a condição de uma possibilidade cuja concretização, sobrepondo—se à mera tomada de consciência, depende da alteração das estruturas objetivas que perfazem as condições sociais objetivas de existência em uma conjuntura que resulta do conjunto das ações e das reações que encerram a tendência no sentido de conservar ou de mudar a organização e as relações de poder que a formam como produto das correlações que abrangem as *posições sociais*, as *disposições* (*habitus*) e as *tomadas de posição* dos agentes sociais,

---

[99] "A crença de que falo não é uma crença explícita, colocada explicitamente como tal em relação à possibilidade de uma não—crença, mas uma adesão imediata, uma submissão dóxica às injunções do mundo, obtida quando as estruturas mentais daquele a quem se dirige a injunção estão de acordo com as estruturas envolvidas na injunção que lhe é dirigida." (Bourdieu, 2008, p. 171)

cujas forças e estratégias são determinadas pelos diferentes tipos de capital e pela sua estrutura de distribuição.

IV PARTE

A REPRODUÇÃO DO CAPITAL CULTURAL E DA FORMA DE SUA DISTRIBUIÇÃO NO SISTEMA ESCOLAR

Sobrepondo–se à condição atribuída ao sistema educacional como o conjunto dos mecanismo institucionais que encerra a função de conservar o patrimônio cultural de uma sociedade, conferindo à geração atual, em sua totalidade, a capacidade de herdá–lo em uma relação na qual o legado de bens culturais enquanto bens simbólicos permanece sob a acepção de uma propriedade indivisa passível de domínio e fruição pelos membros da organização social, independentemente do seu grupo ou classe, a teoria de Bourdieu estabelece a distinção entre os sujeitos aptos à efetiva apropriação e usufruto dos benefícios da sua posse concreta e os indivíduos destinados ao exercício formal de sua propriedade em um processo que demanda codificação, à medida que se a formação social (ou econômico–social) seleciona os recursos sociais e culturais constitutivos do arcabouço dos bens simbólicos que se impõem a uma determinada sociedade, os instrumentos que possibilitam a sua apropriação estão sob o poder do único grupo ou "classe" que os detém em um sistema cuja estrutura de distribuição de capital, delimitando as fronteiras que abrangem dominantes e dominados, tende a instaurar a reprodução como um movimento inevitável e "natural", legitimando a desigualdade social como produto das diferenças individuais[100].

Pressupondo a posse dos instrumentos capazes de realizar a codificação do legado de bens culturais enquanto bens simbólicos que caracteriza–se como objeto da transmissão desenvolvida pela instituição escolar para a

---

[100] Tendo em vista os fatores que, inter–relacionando–se na constituição da desigualdade social, segundo a perspectiva que tende a atribuir naturalidade às condições sociais de existência, guardam correspondência com o processo formativo–educacional e o seu sistema de classificação em uma construção que envolve determinações de caráter biológico/psicológico (diferenças de gênero, capacidade intelectual ou habilidade de pensar e raciocinar, estrutura cognitiva, emocional e motora), econômico e cultural, além de intraescolar (teoria e prática docente, metodologia de ensino, ação didático–pedagógica, antropologia educacional).

geração atual no processo de reprodução cultural, o sistema educacional funciona através de uma relação de comunicação que não corresponde senão às leis que regulam o domínio do patrimônio em questão no âmbito de uma formação econômico–social que tende a organizar a sua aquisição segundo uma operação que demanda implicitamente dos indivíduos submetidos à ação pedagógica as condições devidas à sua produtividade como tal, ou seja, as disposições necessárias para o êxito da aprendizagem e a obtenção do seu resultado, corporificado pelos títulos escolares e pela sua dignidade, conforme defende Bourdieu, que esclarece que,

> em suma, uma instância oficialmente incumbida de assegurar a transmissão dos instrumentos de apropriação da cultura dominante que não se julga obrigada a transmitir metodicamente os instrumentos indispensáveis ao bom êxito de sua tarefa de transmissão, está destinada a transformar–se em monopólio das classes sociais capazes de transmitir por seus próprios meios, quer dizer, mediante a ação de educação contínua, difusa e implícita, que se exerce nas famílias cultivadas (muitas vezes sem que o saibam aqueles que a exercem e aqueles que a recebem), os instrumentos necessários à recepção de sua mensagem e necessários para assegurar a essas classes o monopólio dos instrumentos de apropriação da cultura

dominante, e por esta via, o monopólio desta cultura.[101]

Nessa perspectiva, ao processo formativo—educacional impõe-se o *habitus* enquanto conjunto de disposições adquiridas no âmbito familiar constitutivas dos esquemas de percepção, pensamento e ação elementares e do sistema de categorias e valores básico, à medida que perfaz o princípio da estruturação das experiências escolares em uma relação que tende à transformação de tais estruturas através de um processo que as encerram como meios e converge para se lhes atribuir, a partir de então, a condição de fundamento das práticas dos agentes nas interações protagonizadas posteriormente no desenvolvimento de uma história que não emerge senão como uma variação estrutural dos *habitus* dos seus grupos ou de suas classes em um movimento que correlaciona a classe social de origem à classe social de destino por intermédio da classificação escolar, haja vista a lógica que preside o funcionamento da instituição escolar concernente

---

[101] Bourdieu, 2007b, p. 307.

à transmissão do capital cultural entre as gerações, que circunscreve às fronteiras da hereditariedade biológica a instauração de uma reprodução cujo mecanismo guarda correspondência com uma espécie de hereditariedade social.

Se a tendência à perpetuação dos poderes e privilégios caracteriza as famílias como um ser social e consiste na base das estratégias de reprodução, a relação entre estas e a lógica da instituição escolar converge para a reprodução do capital cultural e da forma de sua distribuição e, consequentemente, da estrutura do espaço social, de acordo com Bourdieu, que atribui ao sistema escolar a função de seleção dos sujeitos detentores da herança do "capital simbólico" em detrimento dos indivíduos destituídos do referido *quantum* social através de um processo que realiza a separação entre ambos os "grupos" em favor da classe dominante, convergindo para a manutenção das diferenças sociais preexistentes, haja vista a condição de inseparabilidade envolvendo as diferenças de aptidão e as diferenças sociais em consonância com o capital herdado.

> Para termos uma visão global do funcionamento dos mecanismos de reprodução escolar, podemos, em um primeiro momento, evocar a imagem utilizada pelo físico Maxwell para explicar como a eficácia da segunda lei da termodinâmica poderia ser anulada: Maxwell imagina um demônio que faz a triagem das partículas em movimento, mais ou menos quentes, isto é, mais ou menos rápidas, que chegam até ele, enviando as mais rápidas para um recipiente cuja temperatura se eleva e as mais lentas para outro, cuja temperatura baixa. Assim fazendo, ele mantém a diferença, a ordem que, de outro modo, tenderia a desaparecer.[102]

A classificação que resulta da função de seleção que a instituição escolar cumpre através da operação de separação em questão converge para a constituição de um ato de *ordenação* e a instauração de uma *relação de ordem definitiva*, à medida que consagra os eleitos à condição de pertinência a uma ordem de existência e a uma categoria cujos integrantes, distinguindo-se pela sua *essência*, obtêm legitimidade para o exercício da dominação no espaço social. Dessa forma, a uma formação que traz como fim capacitar os agentes para o exercício de uma competência técnica através de um processo que estabelece a seleção dos indivíduos que detêm mais aptidão para tal atividade o que

---

[102] Bourdieu, 2008, p. 36–37.

se impõe é a dissimulação da função social que a instituição escolar tende a cumprir e que, sobrepondo-se à função técnica, encerra a *consagração* dos detentores de competência social, convergindo para constituir, segundo Bourdieu, uma verdadeira *nobreza de Estado*, cuja condição resulta da correlação envolvendo aptidão escolar e herança cultural em uma operação que confere, por intermédio do título escolar, autoridade e legitimidade aos seus membros, titulares do monopólio legítimo sobre o poder do Estado.

> As diferenças oficiais produzidas pelas classificações escolares tendem a produzir (ou fortalecer) diferenças reais ao produzirem, nos indivíduos classificados, a crença, reconhecida e defendida coletivamente, nas diferenças e ao produzirem, assim, as condutas destinadas a aproximar o ser real do ser oficial.[103]

Baseada em uma hierarquia de formas de superioridade de caráter único, o sistema de classificação da instituição escolar desenvolve um processo de avaliação que encerra o exercício de julgamentos e vereditos absolutos e definitivos em nome do critério da inteligência que escapa à possibilidade de contestação, à medida que,

---

[103] Bourdieu, 2007a, p. 29.

psicologicamente, não é passível de discussão, guardando condição de reconhecimento e aprovação no âmbito da coletividade, convergindo para a produção do *efeito de destino*, tendo em vista que a exclusão dessa forma concretizada funciona como uma condenação que ameaça a própria identidade dos sujeitos, gerando consequências que abrangem desde a ruptura diante da ordem escolar e da ordem social até a crise psíquica (doença mental ou suicídio).

Se a evolução das relações de força envolvendo as classes tende a se sobrepor à imposição de uma hierarquia baseada em uma relação que, guardando condição de exterioridade no que tange ao sujeito, traz como fundamento uma obediência correspondente à coercitividade dos meios empregados, convergindo para um processo de legitimação da estrutura das relações de classe que depende da instituição escolar e da sua capacidade de transmitir o capital cultural entre as gerações, a conversão das hierarquias sociais em hierarquias escolares emerge como condição *sine qua non* que possibilita a perpetuação da ordem social, à medida que às hierarquias sociais e à sua reprodução impõe a hierarquia de "dons", méritos ou competências sancionadas e consagradas pelo sistema educacional em uma conjuntura na qual, sob a acepção de um campo, a sua orientação não é senão no sentido que implica a sua reprodução, haja vista o fato de que "os agentes têm o domínio de sua própria reprodução"[104].

Nessa perspectiva, a transformação do campo escolar guarda correspondência com a relação envolvendo a sua estrutura e as alterações externas que influenciam o contexto das relações entre as famílias e as instituições educacionais em um sistema no qual o peso dos "fatores econômicos" em si mesmos não alcançam relevância senão pela sua capacidade de mudar tais relações, à medida que à lógica e às lutas internas que o caracterizam o que se impõe é a sua condição de submissão à forças externas, constituindo-se os efeitos morfológicos um dos fatores essenciais para a sua modificação, tendo em vista o movimento abrangendo o ingresso progressivo de

---

[104] Bourdieu, 2004, p. 58.

"clientelas" que, além da questão do contingente, agrega detentores de um baixo capital cultural, convergindo para uma intersecção entre as demandas internas e as demandas externas que, baseada nos princípios permanentes de transformação (as lutas internas), implica uma eficácia que não se esgota sob a égide mecanicista mas guarda raízes na própria estrutura do campo [105]. Se tal noção detém simultaneamente o significado de campo de forças e o sentido de campo de lutas em uma conjugação que assinala como finalidade deste último transformar aquele, o seu sistema não se circunscreve à coexistência de indivíduos e instituições como meras aglomerações de elementos justapostos às instituições estatais e atrelados mecanicamente a uma intenção central, convergindo para perfazer, segundo Bourdieu, "um espaço de obrigações (violências) que quase sempre possuem a propriedade de

---

[105] "A estrutura do campo é um estado das relações de força entre os agentes ou as instituições engajadas na luta, ou, se preferirmos, da distribuição do capital específico que, acumulado ao longo das lutas anteriores, orienta as estratégias posteriores." (Accardo; Corcuff, 1986, p. 87)

operar com a cumplicidade do *habitus* sobre o qual se exercem"[106].

Se, encerrando a capacidade de engendrar um conjunto de práticas individuais e coletivas, o *habitus* consiste em um produto da história que, enquanto sistema de disposições estruturadas que guardam raízes nas condições sociais objetivas de existência através de uma relação dialética que implica a *interiorização da exterioridade* e a *exteriorização da interioridade*, converge para a produção da história, a constituição da base da continuidade e da regularidade do mundo social e de um espaço social específico como o campo escolar depende da atualização das referidas disposições por intermédio de condutas cujo exercício corresponde ao movimento envolvendo a "lei das necessidades externas" e a "lei interior" em um processo que caracteriza—se como irredutível às pressões conjunturais de caráter imediato, perfazendo o "princípio das transformações" e das "revoluções regradas", tendo em

---

[106] Bourdieu In: Ortiz, 1983d, p. 45.

vista a sua capacidade de adequação às potencialidades objetivas inscritas em uma determinada situação e em um estado da estrutura[107].

---

[107] Cabe salientar, nessa perspectiva, a possibilidade de transformação que implica, seja no aspecto individual (reflexão consciente), seja na esfera social (mudança), a noção de *hysteresis*, cuja emergência guarda correspondência com a ruptura da cumplicidade ontológica envolvendo o mundo subjetivo e o mundo objetivo em um processo que encerra um desajuste envolvendo as condições sociais objetivas de produção e de funcionamento do *habitus*, tendo em vista que converge para as fronteiras que encerram circunstâncias sócio–históricas que instauram uma relação que demanda um movimento dialético das disposições subjetivas em face do desenvolvimento de práticas capazes de superar os esquemas de pensamento, percepção e ação que se lhes determinam em função das injunções de novas estruturas objetivas.

CAPÍTULO 4[108]

DETERMINISMO E LIBERDADE NO PROCESSO DE CONSTRUÇÃO DO CONHECIMENTO: DA CONDIÇÃO HUMANA *ENTRE OS MUROS DA ESCOLA*

Contemplando estruturas de significado que convergem para um diálogo que implica simultaneamente a "realidade concreta" e a "possibilidade", o processo formativo–educacional não se caracteriza senão pela capacidade de engendrar a transposição das fronteiras que envolvendo ambas se interpõem, conforme pressuposto na construção do conhecimento que, longe de se circunscrever ao desenvolvimento cognitivo intelectual, guarda correspondência com os demais aspectos constitutivos da vida concreta do homem, a saber, da percepção de

---

[108] O referido capítulo é constituído por trechos que integram o conteúdo do artigo intitulado *Determinismo e liberdade no processo de construção do conhecimento: da condição humana entre os muros da escola*, publicado pela **Revista da Faculdade de Educação da UNEMAT**, ISSN 2178–7476, v. 23, n. 1, ano 13, pp. 75–97, jan./jun. 2015, Cáceres – MT, Brasil.

conceitos (inteligência) à sensibilidade aos valores morais (consciência ética), da sensibilidade aos valores estéticos (consciência estética) à sensibilidade aos valores sociopolíticos (consciência política), entre outros que se interseccionam e mantém interdependência através de uma articulação que abrange a totalidade do ser e se impõe à condição humana propriamente dita, à medida que é através do arcabouço de valores e práticas, condutas e comportamentos, necessidades e objetivos que a situação de ensino–aprendizagem encerra, que, no âmbito de uma determinada formação econômico–social, a sua "essência" emerge e a sua "natureza" se configura, tornando–se passível de produção, tendo em vista a função que se lhe está atrelada no tocante à integração ética e lógica dos indivíduos ao sistema.

Nesta perspectiva, a análise de *Entre os muros da escola*[109] se detém na tensão que implica o processo de

---

[109] Encerrando aspectos que correlacionam ficção e realidade, a produção em questão (*Entre les Murs*, 2008) - que, entre outros prêmios, detém a Palma de Ouro obtida no Festival de Cannes em 2008 –, traz uma história baseada no conteúdo do livro homônimo do escritor,

socialização para o qual converge a relação de ensino–aprendizagem, que envolve a construção da natureza humana baseada no arcabouço paradigmático constituído por valores e práticas, condutas e comportamentos, necessidades e objetivos que guarda raízes em uma determinada coletividade que, condicionada por uma formação econômico–social específica, não demanda senão uma integração correspondente aos princípios que regem o sistema em vigor, pressupondo uma correlação de forças antagônicas implicadas na coesão social com a qual o acontecimento em questão acena, perfazendo um contexto que sintomatiza a crise que emerge na esfera de uma totalidade social que impõe ao processo formativo–educacional a função terapêutica que consiste na normalização e na normatização dos homens enquanto indivíduos nos esquemas que abrangem pensamento e palavra através da coordenação das operações mentais em

---

jornalista e professor François Bégaudeau, caracterizando a sua experiência como professor de Língua Francesa (François Marin) em uma instituição escolar do subúrbio de Paris diante de uma turma constituída basicamente por imigrantes, oriundos de diversas regiões do mundo, desde a África até o Caribe e a Ásia.

face da realidade social, se lhe estabelecendo, pois, uma consonância que supõe o desmascaramento e a extirpação de tudo aquilo que escapa à racionalidade científica e compõe o conjunto constituído pelo que ora se designa como pertencente ao universo de obscuridades, ilusões e excentricidades[110].

Ao processo formativo–educacional e à situação de ensino–aprendizagem, conforme documenta o diretor Laurent Cantet[111] através da produção de *Entre os muros da escola*, o que se impõe é uma relação unilateral, unidirecional, unidimensional e unifocal que, através da instrumentalidade que envolve procedimentos lineares e

---

[110] Eis o motivo pelo qual o clímax da referida produção não envolve senão a expulsão de um aluno, a saber, Souleymane, cuja conduta extrapola os limites instituídos pelo paradigma em questão, perfazendo um acontecimento que não emerge senão como uma reação em face da estigmatização da postura de Esmeralda e Louise, às quais o prof. François, sob a influência do referido padrão de avaliação, arbitrariamente impõe uma conotação que chega a se contrapor à dignidade de ambas as alunas, se lhes atentando contra a integridade moral.

[111] Cineasta francês cujo trabalho traz como viés a temática sociopolítica, objeto de discussão das obras construídas sob a sua direção, entre as quais se destacam *Recursos humanos* (1999) e *A agenda* (2001).

hierarquizados, não se circunscreve senão à imposição de um conjunto de valores e práticas, condutas e comportamentos, necessidades e objetivos constitutivos do arcabouço simbólico instituído arbitrariamente sob a égide do universal, à medida que pressupõe uma determinada civilização moral e material para a qual converge, funcionando segundo a tendência atribuída à organização social pela formação econômico–política, a cujas demandas deve, então, se adaptar, se lhe correspondendo, enfim, sob pena de não cumprir o papel que se lhe é destinado.

Estabelecendo a articulação entre os recursos e as técnicas de tratamento dos "fatos" que abrange os aspectos que interseccionam realidade e ficção por intermédio do diálogo que propõe nas fronteiras que encerram a verdade, *Entre os muros da escola* se detém na aula como um acontecimento que compreende relações, processos e estruturas que se impõem através de uma polarização que envolve integração e adaptação, tanto quanto fragmentação e contradição, que implica desde as condições em vigor até as suas possibilidades de superação, convergindo para uma tensão que, no tocante ao multiculturalismo propriamente dito, à diversidade, demanda do exercício didático–pedagógico a capacidade de corresponder à configuração social que em função da referida realidade coletiva emerge[112], sob pena de que a construção do conhecimento se mantenha relegada aos liames de uma atividade burocrática desenvolvida no âmbito de uma instituição que se esgota como "representante" do Estado, não cumprindo senão a missão de "civilizar"[113], cujo papel, encarnado pelo prof. François, não poderia ter um instrumento mais eficaz para a execução do projeto em questão do que a própria

---

[112] Alcança relevância, nesta perspectiva, a discussão envolvendo o prof. François e as alunas Khoumba e Esmeralda, além de Souleymane, que se opõem à utilização, em uma determinada expressão, de um nome característico da civilização ocidental, a saber, *Bill*, propondo a adaptação do conteúdo à multiculturalidade da turma.

[113] Da mesma forma que detém o monopólio da violência física e o direito de construir instrumentos para exercê–la, ao Estado o que se impõe não é senão o poder de aplicar a violência simbólica através da utilização da força de coerção que a instituição escolar corporifica e que perfaz, no tocante ao "processo de civilização", uma de suas dimensões essenciais. (Bourdieu, 2008)

língua [114], engendrando uma situação que assinala a oposição da turma (formada basicamente por imigrantes) em virtude do caráter anacrônico e fossilizado dos tópicos que perfazem os conteúdos gramaticais impostos como objetos de estudo e acerca do modo de fazê–lo, o *modus operandi* empregado, que configura um trabalho que demonstra a sua indisposição de dialogar com as transformações sociolinguísticas e a sua incapacidade de se comunicar com os interlocutores exceto através da perspectiva unilateral que assume, sintomatizando uma prática didático–pedagógica ossificada, que traz subjacente a discriminação étnico–racial, socioeconômica, histórico–cultural, etc.

Nessa perspectiva, encarregado de cumprir a função que se lhe destina a organização social no que concerne à construção de uma determinada civilização moral e

---

[114] Alcança relevância, nesta perspectiva, o conflito instaurado na situação de ensino–aprendizagem em face da imposição de um conteúdo baseado no imperfeito do subjuntivo, contra cuja utilização do tempo verbal a turma se posiciona, se lhe atribuindo um caráter burguês.

material, ao processo formativo–educacional, cujo objetivo guarda correspondência com a transformação dos homens em membros de uma determinada organização social, a sua integração ética e lógica, pois, o que se impõe é uma pureza de princípios que não somente tolera mas ainda necessita do exercício da violência (simbólica), perfazendo um sistema que sob o respeito à lei (direito) e à "liberdade" incorre em práticas repressivas, conforme expõe Cantet em *Entre os muros da escola* e se subentende da carga de coerção que carrega da estrutura curricular à hierarquização que determina a administração dos conteúdos e o evento de ensino–aprendizagem[115], além do tipo de avaliação empregada na definição do trabalho de produção do conhecimento, convergindo para a necessidade que envolve a superação do caráter de estagnação disciplinadora dos procedimentos que se lhe estão atrelados, a cuja função se circunscrevem as

---

[115] A imposição à Khoumba concernente a leitura de um texto do livro "O Diário de Anne Frank" e a atribuição de insolência à sua resistência neste sentido não se impõem senão para a caracterização do tipo de relação que vigora no processo formativo–educacional na referida produção.

atividades desenvolvidas em seu âmbito, as quais demandam a instauração de mecanismos que possibilitem o diagnóstico dos efeitos do trabalho e das possibilidades que a sua tendência implica, como também de dispositivos capazes de engendrar a alteração da prática didático–pedagógica e a sua adaptação à realidade dos homens enquanto seres histórico–culturais e econômico–sociais concretos em seu *devir* e a sua relação concernente ao referido exercício e aos seus resultados.

I PARTE

DA RACIONALIDADE CIENTÍFICO–TÉCNICA E A LÓGICA DA DOMINAÇÃO NA RELAÇÃO ENTRE O SISTEMA EDUCACIONAL E A FORMAÇÃO ECONÔMICO–SOCIAL

> A racionalidade técnica hoje é a racionalidade da própria dominação, é o caráter repressivo da sociedade que se autoaliena.[116]

À racionalidade científica que, relegada aos termos de determinadas leis (cuja aplicação se restringe ao funcionamento das estruturas de áreas específicas), preside o desenvolvimento da natureza, inclusive humana, o que se impõe, no que tange ao que se lhe escapa, permanecendo em condição de exterioridade, é um mundo de valores, os quais, guardando raízes nas fronteiras da realidade objetiva, da qual são extraídos, não se tornam senão subjetivos,

---

[116] Adorno; Horkheimer, 2009b, p. 6.

demandando uma espécie de sanção metafísica que, através de uma lei divina e natural, possibilite a sua validez abstrata, o que não alcança viabilidade à medida que prescindindo de verificabilidade não detém a carga de objetividade que se lhes requer, tendo em vista que, se carregam uma dignidade capaz de se sobrepor a qualquer outra que se lhe contraponha, mantendo moral e espiritualmente um status de inalcançabilidade, no tocante à vida, propriamente dita, concernente à sua concretude, não emergem como *reais*, motivo pelo qual a sua elevação acima da realidade.[117]

    Nessa perspectiva, se não tende a priorizar senão um mundo de indivíduos de caráter abstrato, cuja existência é concebida de modo independente no que concerne à totalidade que envolve a sua vida concreta, o processo formativo—educacional converge para estabelecer a integração ética e lógica que o seu funcionamento requer através de um formalismo puro e autossuficiente, conforme assinala a produção de *Entre os muros da escola*, no âmbito de um sistema que guarda raízes nas fronteiras de uma

---

[117] Marcuse, 1967.

racionalidade instrumental, científico—técnica, incompatível com a própria construção de uma natureza que, designada como humana – condição que se lhe distingue em face da sua posse, que pressupõe a sua diferença específica –, se sobreponha ao caráter teórico que se lhe atribui uma conjuntura que encerra a impossibilidade lógica de ideias como o Bem e o Belo, a Paz e a Justiça, invocar para si validez e realização universais, concernente ao que se lhes impõe a ausência de raízes ontológicas ou científico—racionais, acenando com um horizonte que implica uma questão de preferência, que se lhe circunscreve à medida que a razão científica não emerge senão para refutá–las *a priori*, conferindo a cada uma delas um aspecto anticientífico que reduz a sua capacidade de oposição no que tange à realidade institucionalizada, tendo em vista o comprometimento da densidade do seu conteúdo concreto e crítico que, dessa forma, é absorvido pelo horizonte ético ou metafísico, que se lhe sobrepõe, esgotando—o.[118]

---

[118] Marcuse, 1967.

Se as ideias, em virtude da sua própria natureza, escapam à possibilidade da verificabilidade instaurada pelo método científico, não é senão para um processo de desrealização generalizada que convergem, à medida que, a despeito do reconhecimento que se lhes cabe, tanto quanto do respeito e da santificação que, em seu próprio direito, possuem, não transpõem as fronteiras da não—objetividade, o que não deixa de implicar a sua transformação em elementos de coesão social, circunscrevendo—se como tais à condição de meros "ideais", tendo em vista a sua incapacidade de se contrapor efetivamente ao padrão de vida institucionalizado pelo sistema em vigor, cujo contexto, encerrando necessidades e objetivos que guardam correspondência com as atividades referentes à esfera econômico—política, requer uma conduta e um comportamento que se lhe contraponham, não detendo, contudo, poder de invalidá—las.[119]

Nessa perspectiva, se a relação de dominação, no âmbito da realidade social, caracteriza a racionalidade,

---

[119] Marcuse, 1967.

convergindo para um processo que assinala uma continuidade histórica que estabelece um vínculo envolvendo as esferas pré–tecnológica e tecnológica, ao projeto e ao empreendimento de transformação da natureza levado a efeito pela sociedade – e que traz o processo de construção do conhecimento como *medium* e a instituição escolar como arcabouço paradigmático constituído por valores e práticas, condutas e comportamentos, necessidades e objetivos que guarda raízes na formação econômico–social – o que se impõe é a alteração da base da dependência que, na transição em questão, sobrepõe gradativamente à circunscrição pessoal, que implica o escravo e o senhor, o servo e o senhor da herdade, o senhor e o doador do feudo, por exemplo, a ordem objetiva das coisas, que, entre outras, corresponde às leis econômicas, ao mercado, cuja constitutividade não resulta senão do próprio sistema, supondo uma organização que funciona através de uma estrutura hierárquica e explora os recursos naturais e mentais usando instrumentos cada vez mais desenvolvidos, configurando um contexto que encerra desde a ampla distribuição dos benefícios obtidos até a progressiva escravização do homem, se lhe instaurada pelo aparato produtor.

À reprodução da sociedade o que se impõe é um conjunto técnico envolvendo coisas e relações tendente à expansão, que encerra em sua esfera a utilização técnica humana em um processo que assinala a cientifização e a racionalização de caráter ascendente que implica a luta pela existência e a exploração tanto do homem quanto da natureza, no que tange ao trabalho a gerência e a divisão de caráter científico tende a acarretar o aumento da produtividade do empreendimento econômico, político e cultural, contribuindo para a elevação do padrão de vida, simultaneamente emergindo através dos fundamentos em questão uma padronização mental e comportamental que, no que concerne às particularidades que convergem para a destruição e a opressão, não se desenvolve senão para justificá–las e absolvê–las, perfazendo um contexto que correlaciona a racionalidade e a manipulação técnico–científicas, que se fundem em novas formas de controle social que, sob o horizonte de uma liberdade que não transpõe as fronteiras da mera formalidade, encerram os indivíduos em um sistema de instituições e relações que, perfazendo a instrumentalidade da dominação, traz a escola como um *locus* que implica em uma experiência formativa na qual "a consciência torna–se cada vez mais um mero momento de transição na montagem do todo"[120].

Nascer e morrer racional e produtivamente, eis o que se impõe à ideologia do sistema social estabelecido, constituindo–se uma condição *sine qua non* para a sua ininterrupta funcionalidade, além de se caracterizar como parte de sua racionalidade, à medida que converge para uma perspectiva que encerra a destruição como o preço do progresso, a renúncia e a labuta como os requisitos fundamentais para a satisfação e o prazer, tendo em vista a necessidade acerca do desenvolvimento dos negócios em uma conjuntura que torna utópicas as alternativas, assinalando, no âmbito da estrutura em questão, que o aparato se configura como contraproducente se o seu objetivo, guardando raízes em uma natureza humanizada,

---

[120] Adorno, 2009b, p. 57.

não é senão a construção de uma existência humana.[121]

À relação entre Razão e necessidades e carências dos homens em sua concreticidade histórico—cultural o que se impõe não é senão uma tensão permanente, à medida que a estes últimos, sob a égide de um povo subjacente ora designado como sociedade, escapa a condição de sujeito daquela, o que lhes circunscreve às fronteiras de objeto, convergindo a "natureza" das coisas, tanto quanto da organização social, para uma construção que tende a justificar a repressão e a supressão, se lhes atribuindo um caráter racional em um contexto no qual o "verdadeiro" conhecimento demanda o domínio sobre os sentidos, a libertação da sua influência, emergindo o arcabouço científico, nesta perspectiva, através de um horizonte de neutralidade, implicando na possibilidade de que o desenvolvimento da natureza, inclusive humana, guarde raízes no âmbito de uma racionalidade que se restringe aos termos de determinadas leis (a saber, referentes ao universo

---

[121] Marcuse, 1967.

físico, químico ou biológico).¹²²

Se a interculturalidade, em função de cujo conceito *Entre os muros da escola* se articula, se impõe como uma noção essencialmente crítica que se sobrepõe ao arcabouço de valores e práticas, condutas e comportamentos, necessidades e objetivos que constitui o sistema material e intelectual até então em vigor, se lhe conferindo o caráter produtivo que o desenvolvimento da formação econômico–social demanda à medida que possibilita a sua transposição para um patamar mais elevado de racionalidade, o que a sua emergência implica não é senão a necessidade de conservar o seu sentido lógico, não perdendo o conteúdo que o distingue como tal diante da possibilidade da sua institucionalização como um direito, sob cuja acepção a liberdade de pensamento, a liberdade de palavra e a liberdade de consciência, às quais não deixa de corresponder, uma vez também reivindicadas, tanto quanto posteriormente concretizadas, se tornaram parte integral da organização social que se lhe opunha, incorporando uma

---

¹²² Marcuse, 1967.

condição de compartilhamento do seu destino, assinalando o fato de que, no tocante às premissas, a realização tende a cancelá–las, invalidando–as.

Nessa perspectiva, se a necessidade se caracteriza como a substância concreta de todo e qualquer tipo de liberdade, cuja acepção não deixa de encerrar a possibilidade que envolve a afirmação dos múltiplos sistemas culturais que interagem na constituição de uma determinada organização social que tende a eleger um arcabouço de valores e práticas, condutas e comportamentos, necessidades e objetivos como detentor da universalidade e, em função da sua formação econômico–social, sobrepô–lo consequentemente aos demais, a sua libertação, na esfera de um sistema que guarda cada vez mais capacidade de atender as demandas dos indivíduos que o integram, não converge senão, no que tange à independência de pensamento, autonomia e direito, para o esvaziamento da sua condição originária e perda da sua densidade crítica, tendo em vista que "com relação ao universo estabelecido da locução e do comportamento, a não–contradição e a não–transcendência são os denominadores comuns"[123].

A sobreposição do "abstrato formal" em face do "conteúdo empírico", tanto quanto do "coletivo objetivado", no que concerne ao individual, eis o que se impõe, nessa perspectiva, em um contexto que converge para o simbolismo[124] que assinala uma ruptura que implica a experiência formativa, que não emerge senão pela mediação entre a adaptação, que corresponde ao condicionamento social, e a resistência, que supõe o sentido autônomo da subjetividade, tornando-se necessária a superação do pensamento do mundo social baseado em "realidades" substanciais, indivíduos, grupos, entre outros elementos que *a priori* o constituem, em função das relações objetivas que, escapando à possibilidade envolvendo a sua exposição por si ou uma experiência dos sentidos, não demandam senão a conquista,

---

[123] Marcuse, 1967, p. 162.

[124] Corporificado pela experiência de Auschwitz, contra cujo princípio, de acordo com Adorno (1995, p. 125), o único poder efetivo seria a autonomia, segundo a expressão kantiana, que não encerra senão "o poder para a reflexão, a autodeterminação".

a composição e a validação através da construção do conhecimento, desde que o seu processo tenha como fundamento uma filosofia da ciência caracterizada como "relacional".[125]

---

[125] Bourdieu, 2008.

II PARTE

DO DETERMINISMO DA REALIDADE SOCIAL E O PROCESSO DE CONSTRUÇÃO DO CONHECIMENTO COMO POSSIBILIDADE DE LIBERDADE CONCRETA

> Todo o progresso no conhecimento da necessidade é um progresso na liberdade *possível*. (...) Uma lei ignorada é uma natureza, um destino (é o caso da relação entre o capital cultural herdado e o sucesso escolar); uma lei conhecida aparece como a possibilidade de uma liberdade.[126]

Emergindo como fator determinante no que concerne ao destino escolar, a forma incorporada do capital cultural não se sobrepõe senão à influência do capital econômico, à medida que a sua posse tende a facilitar a apreensão dos conteúdos e códigos vigentes no âmbito educacional, possibilitando a relação desenvolvida com o arcabouço que implica desde determinadas referências culturais até os conhecimentos institucionalizados, além da própria língua, que cumpre a função de estabelecer a

---

[126] Bourdieu, 2003, p. 49, grifo do autor.

transposição envolvendo o âmbito familiar e a esfera escolar.

Nessa perspectiva, o que se impõe é a influência do capital cultural no que concerne ao resultado do processo formativo–educacional, tendo em vista o papel que cumpre nas atividades formais e informais de avaliação, cujo paradigma, extrapolando a função que envolve a verificação, o exame, a constatação acerca da apreensão dos conteúdos desenvolvidos através do sistema de ensino–aprendizagem, converge para a construção de um juízo que implica tanto o caráter cultural quanto o aspecto moral dos sujeitos, aos quais se impõe uma exigência a respeito da conduta e do comportamento, como também do padrão intelectual, que não guarda correspondência senão com os valores praticados por um determinado tipo de socialização familiar.

Resultando de um processo de concentração que encerra diversos tipos de capital, a saber, capital de força física ou de instrumentos de coerção, capital econômico, capital cultural, capital simbólico, ao Estado o que se impõe é uma espécie de metacapital, cuja emergência lhe confere poder tanto sobre os diferentes tipos de capital quanto sobre os vários campos que se lhe caracterizam como correspondentes, convergindo para um exercício que abrange as relações de força entre seus detentores, perfazendo uma estrutura que não implica senão na construção do campo de poder, o espaço de jogo que abriga a luta entre estes em função do capital estatal, tendo em vista o poder que encerra no que tange aos demais tipos de capital e à sua reprodução[127], que traz a instituição escolar, especificamente, como instrumento.

Dos sistemas de classificação do direito aos procedimentos burocráticos, das estruturas escolares aos rituais sociais, eis as instâncias e os instrumentos através dos quais o Estado[128] realiza a moldagem das estruturas

---

[127] Conforme defende Bourdieu, que afirma que "o sistema escolar cumpre uma função de legitimação cada vez mais necessária à perpetuação da 'ordem social' uma vez que a evolução das relações de força entre as classes tende a excluir de modo mais completo a imposição de uma hierarquia fundada na afirmação bruta e brutal das relações de força." (Bourdieu, 2007b, p. 311)

[128] Do Estado como detentor do uso legítimo não apenas da violência física em um território determinado (Weber), mas também da violência simbólica no que concerne ao conjunto da população correspondente, segundo a leitura bourdieusiana, que atribui o referido poder à sua

mentais e impõe princípios que envolvem tanto uma visão quanto uma divisão comuns, convergindo para a construção da identidade nacional, segundo Bourdieu, cumprindo a instituição escolar, no tocante à construção do Estado—nação[129], um papel fundamental, à medida que possibilita a ação unificadora do Estado no âmbito da cultura, tendo em vista a concepção, atrelada à relação entre a criação da sociedade nacional e a afirmação da possibilidade da educação universal, que assinala a igualdade dos indivíduos perante a lei e a necessidade do aparelho estatal dotá—los da capacidade de exercer os seus direitos, se lhes conferindo efetivamente a condição de cidadania.

Se a reunião em um só corpo de todos os códigos

---

capacidade de se encarnar tanto na objetividade quando na "subjetividade", convergindo para um processo que simultaneamente a institui nas estruturas sociais e nas estruturas mentais (que envolvem esquemas de percepção e de pensamento). (Bourdieu, 2008)

[129] Convém sublinhar a discussão que, envolvendo a Copa das Nações Africanas e trazendo o futebol como objeto, põe em questão o significado da identidade nacional e da cidadania, convergindo para a necessidade de afirmação dos alunos que participam da atividade proposta, Nassim, Boubacar, Carl e Souleymane.

(jurídico, linguístico, métrico) e a homogeneização das formas de comunicação emergem como ações estatais que convergem para a unificação do mercado cultural, à instituição escolar o que compete, no referido sistema, é o papel de uma instância que através da codificação da estrutura curricular não converge senão para uma unificação cognitiva que implica a centralização e a monopolização em nome do "corpo fictício" que se situa sob a perspectiva da sociedade em seu conjunto, a saber, o Estado, que na condição que envolve o todo se impõe, à medida que resulta de um processo de concentração que encerra diversos tipos de capital, como o responsável por todas as operações de totalização que, neste sentido, se lhe cabem.

Nessa perspectiva, se o processo formativo—educacional guarda, pois, a pretensão envolvendo o controle e o enquadramento dos indivíduos no que concerne ao arcabouço paradigmático de valores e práticas, condutas e comportamentos, necessidades e objetivos, que se impõe ao sistema social, carregando a condição de um instrumento capaz de disciplinar tanto o movimento cognitivo como as ações sociais por intermédio de coações explícitas e intervenções sub—reptícias da estrutura ideológica, que não objetivam senão o equilíbrio da organização social, o que se impõe à situação de ensino—aprendizagem é a lógica da competição obrigatória e o "efeito de destino" que tende a exercer, no que tange aos seus resultados, a instituição escolar, e os julgamentos absolutos e veredictos inapeláveis que se lhe cabe realizar, segundo o papel que assume no âmbito da ordem social, à medida que estabelece um paradigma classificatório baseado em uma estrutura hierárquica única que implica as formas de excelência, convergindo para a condenação dos excluídos em nome de uma determinada inteligência, cujo critério se caracteriza como aprovado coletivamente, tornando—se, em função disto, psicologicamente indiscutível, comprometendo a identidade de um indivíduo (agente, no caso) nas fronteiras do sistema.[130]

À análise crítica das relações sociais o que se impõe é um caráter preventivo e transformador, tanto quanto a

---

[130] Bourdieu, 2008.

capacidade de reeducar e reinserir, à medida que não se torna senão um instrumento de superação da acusação que tem como alvo os indivíduos e que, em função disso, instaura uma relação moral culpabilizadora entre estes, tendo em vista a condição que assume as estruturas sociais nesta leitura da qual emerge uma lição de tolerância prática correspondente à inteligência teórica da necessidade social, que se contrapõe ao moralismo repressivo, característico da conduta do prof. François, subtraindo a imputação aos indivíduos dos males cuja "atividade" é a "causa"[131], que jamais, dessa forma, guarda possibilidade de se constituir como a sua causa livre e consciente, sob a acepção de totalmente responsável, o que implica, no tocante à produção de *Entre os muros da escola*, em uma discussão envolvendo os fatos e os fatores que se correlacionam na construção do acontecimento que perfaz o clímax da referida obra e que consiste na atribuição à Souleymane de uma consciência que se sobrepõe à concreticidade histórico–cultural e econômico–social que se lhe distingue

---

[131] Quiniou, 2000.

como tal, se lhe conferindo um poder que mantém sob controle as forças que interagem na sua própria constituição.

Se as leis que regem e regulam o funcionamento do arcabouço social, segundo a leitura de Bourdieu (caracterizada por conceitos como classes, interesse, habitus, etc.), se impõem aos agentes sociais, se lhes tornando reféns de um sistema que encerra uma rede de ligações que as relações entre as estruturas do campo social e o *habitus* expõem, não é senão a alienação[132] a condição para a qual convergem, o que implica em uma situação que assinala a impossibilidade de que guardem uma posição que pressupõe liberdade, autonomia, a saber, aquela que encerra o "sujeito" como tal, autônomo, transparente a si, capaz de exercer o livre—arbítrio, constituindo—se a ausência de conhecimento, no que tange ao referido contexto, um fator agravante, tendo em vista que contribui

---

[132]. Convém sublinhar a leitura de Adorno acerca da manifestação do referido fenômeno, afirmando que "para o desenvolvimento individual dos homens a escola constitui quase o protótipo da própria alienação social." (Adorno, 1995, p. 112)

para a consolidação do estado em questão, principalmente pelo fato de que os próprios, sob a influência do paradigma ideológico, mantêm a crença na participação e no exercício da identidade que lhes escapa e que, em função disso, lhes relega ao âmbito de uma vida circunscrita ao campo do imaginário, cumprindo a inconsciência, nesse processo, não menos do que o papel de cúmplice.[133]

Não consistindo no reducionismo utópico que lhe impõe a condição de independência em face do arcabouço das leis, sejam elas referentes à natureza (que também guarda correspondência com a natureza "interna"), ou a sociedade, o que se impõe à liberdade é o seu conhecimento e a possibilidade para a qual este converge no sentido de coordená—las através de uma operação que visa fins determinados, convergindo para uma perspectiva que assinala que, escapando aos processos teórico—práticos por intermédio dos quais, no tocante ao real, instaura o seu conhecimento e exerce o seu domínio, a liberdade emerge como uma forma de relação que, prescindindo de base

---

[133] Quiniou, 2000.

metafísica, cabe ao homem desenvolver com o determinismo da experiência, segundo a leitura de Engels[134].

Se experiência (*erfahrung*) encerra, segundo a leitura hegeliana, a noção que implica um processo autorreflexivo, no qual a constituição do sujeito em sua "objetividade" emerge da mediação que envolve a relação com o objeto, o que se lhe impõe é o caráter dialético, alcançando relevância, no que concerne à formação para a qual converge no sentido emancipatório, os dois momentos da referida operação que guardam correspondência com o seu conteúdo de verdade, a saber, o momento materialista que, sob a acepção de disponibilidade ao contato com o objeto, perfaz a abertura ao empirismo, e o momento histórico, que consiste no ato de aprender através da mediação da construção do processo formativo, corporificando tanto os resultados quanto o processo em si.[135]

---

[134] Engels, 1976.

[135] Maar, 1995.

III PARTE

DA CONDIÇÃO HUMANA E A RELAÇÃO ENTRE OBJETIVIDADE E SUBJETIVIDADE NA EXPERIÊNCIA FORMATIVA

Contrapondo-se ao subjetivismo, a leitura bourdieusiana se sobrepõe às perspectivas que estabelecem uma relação de sujeição da experiência subjetiva em face das condições objetivas, que geralmente implicam fatores que envolvem a natureza linguística ou socioeconômica, a saber, as construções estruturalistas, cujas abordagens não trazem a imprescindível teoria da ação que, no tocante à transição da estrutura social para a esfera individual, seja capaz de justificar os mecanismos ou processos de mediação necessários, acenando com a superação da leitura "substancialista" e ingenuamente realista que caracteriza cada prática uma atividade em si e por si mesma, independentemente do universo das práticas intercambiáveis, convergindo para uma lógica que circunscreve ao mecanicismo a relação envolvendo a correspondência que implica as posições ou classes sociais (sob a acepção de conjuntos substanciais) e as práticas.[136]

Se a possibilidade de singularização do homem, segundo a leitura de Marx, não se circunscreve senão às fronteiras da sociedade, tanto quanto por intermédio dela, o que implica na condição de falsidade à oposição envolvendo o individual e o social, consistindo a liberdade em si e por si um mito e uma ilusão teórica, segundo Bourdieu, ao livre—arbítrio metafísico, que converge para atribuir ao homem individual a condição de "criador" das relações sociais, o que se impõe é a visão determinista que o mantém sob a perspectiva de "criatura", cuja consciência, longe de configurar uma construção originária que não guarda raízes na vida prática, não perfaz senão uma forma e um produto dela, escapando a atividade, nesse sentido, à referida condição de liberdade, à medida que não emerge senão como "atividade", que traz como base, de um modo caracterizado pela complexidade, a necessidade social, para cujas fronteiras tendem os processos que constituem o homem como "ativo", determinante, que implica uma

---

[136] Bourdieu, 2008.

determinação social no que tange a sê—lo, tanto quanto no que concerne à maneira através da qual ele o é, tornando a ausência de conhecimento, neste aspecto, o que sustenta a crença na liberdade (contingência).[137]

Destituído de abertura, circunscrito a si, ao *cogito*, que emerge sempre idêntico, deduzindo a certeza do espaço através da certeza da sua constância, o que implica a inexistência de qualquer tipo de mediação da parte dos outros que guarde correspondência com a diversidade dos grupos sociais, o que se impõe, sobrepondo—se à condição de reclusão que, nesta perspectiva, assume, tornando—se por natureza estranho no tocante à essencialidade do contato com o Outro, não é senão o ego dialético, cuja construção envolve a alteração de si, encerrando uma experiência radical de alteridade, acenando com a necessidade de superação da tradição intelectualista do *cogito*, que supõe o conhecimento como uma relação envolvendo um sujeito e um objeto, no que tange às condutas humanas, tendo em vista o fundamento que se

---

[137] Quiniou, 2000.

lhes sustenta e que não carrega senão teses não téticas, convergindo para a proposição de futuros que não são visados como tais.[138]

Se a privatização da subjetividade, cuja experiência, emergindo de uma construção social, política e científica do homem enquanto indivíduo, converge para a elaboração de uma noção de consciência que envolve a possibilidade do exercício decisório, não perfaz senão uma ética que se caracteriza, pois, como intelectualista e voluntarista, à medida que se o autoconhecimento confere um poder sobre si mesmo, o que implica na concepção de uma liberdade esclarecida, à generosidade, que sob a acepção de um sentimento de autoestima encerra o seu sentido de realização, o que se impõe não é senão, simultaneamente, a conscientização a respeito do livre—arbítrio e da sua conotação infinita e da necessidade da firmeza e constância da resolução acerca da sua adequada utilização, consistindo em uma condição de humanidade que carrega como valor supremo uma disposição que sublinha a clareza do

---

[138] Bourdieu, 2008.

entendimento e o primado da razão.

Do "ser feito" do homem que, na esfera do sistema capitalista, não emerge senão através de um processo que envolve a sua formatação, operacionalizada pela força instaurada pela organização social, eis o que se impõe à relação de ensino—aprendizagem, convergindo para uma condição de passividade que abrange os elementos constitutivos da sua estruturalidade, cuja superação, a partir da qual a referida situação é posta em questão, implica a mudança da ordem e a consequente desalienação, tendo em vista a forma que esta assume, tornando—se uma criação humana "reificada", que se lhe contrapõe, do mesmo modo que qualquer instituição em seu âmbito.

Treinar, doutrinar, guiar – eis as ações que tendem a tornar o exercício didático—pedagógico contraproducente, à medida que conferem um caráter instrumental ao processo de construção do conhecimento que implica a situação de ensino—aprendizagem, conforme expõe a produção de *Entre* os *muros da escola*[139], convergindo para uma relação técnica, mecânica e burocrática que, no que tange aos indivíduos concretos que emergem de contextos socioeconômicos e histórico–culturais díspares e perfazem a coletividade que se impõe à instituição escolar, não sobrepõe senão a massa que a constitui e a representa no aspecto social, o que pressupõe a possibilidade de uma decodificação uniforme do arcabouço de conteúdos e símbolos, segundo a lógica de um sistema que pretende se abster de qualquer indício de indisciplina, insubordinação ou oposição, se lhes expurgando através de medidas que assegurem a adequação, a adaptação, a integração de todos[140], fingindo ignorar que o que o compromete

---

[139] Guarda relevância, nesta perspectiva, o registro de Esmeralda acerca do resultado da relação de ensino–aprendizagem – a saber, "não aprendi nada" –, tanto quanto o sentimento de inadequação de Henriette, que encarna a impotência no que tange à construção do sentido que implica o referido processo.

[140] Da necessidade do prof. François "controlar" os mínimos detalhes que se impõem ao acontecimento da aula e à situação de ensino–aprendizagem, convergindo para uma relação que pressupõe uma natureza humana que escapa às dissonâncias e guarda imunidade em face dos acasos que perfazem a vida concreta e a sua suposta incoerência, tendo em vista o exercício de uma racionalidade instrumental (que atrela meios a fins) que atribui caráter negativo às

estruturalmente é a indiferença, sintomática da sua perda de sentido no que concerne ao horizonte de valores e práticas, condutas e comportamentos, necessidades e objetivos que a sua existência como tal encerra[141].

Nesta perspectiva, pois, o que se impõe é a redução da vida social no âmbito da instituição escolar aos papéis representados e permutados, segundo o intelectualismo que, trazendo como fundamento a problemática da consciência encerrada, converge para a "coisificação", à medida que se sobrepõe ao arcabouço que envolve os seres humanos viventes e a sua personalidade total, mantendo-o à margem da interrogação da existência coletiva, tendo em vista que

---

paixões, às emoções, aos sentidos, à imaginação e à memória, cujo arcabouço, constituído por forças que hipoteticamente se mantêm à margem do pensamento, não traz como fundamento senão a ruptura que envolve eu e mundo, corpo e alma, sujeito e objeto, natureza e cultura.

[141] "Seria preciso atentar especialmente até que ponto o conceito de 'necessidade da escola' oprime a liberdade intelectual e a formação do espírito." Eis a advertência de Adorno (1995, p. 116), que se impõe ao tipo de relacionamento desenvolvido pelo corpo administrativo da escola no que concerne ao corpo docente, à medida que, restringindo a sua atuação ao arcabouço paradigmático estabelecido, instaura um ambiente adverso, cuja hostilidade não deixa de vitimizar o próprio corpo discente diante da instituição educacional.

encerra uma concepção que propõe que a pessoa compreende tanto o original e imprevisível "eu" quanto atitudes que o indivíduo incorpora por empréstimo do ambiente e que não perfazem senão os diferentes "eus", o que não deixa de implicar também, mais do que as relações intersubjetivas, interindividuais, os grupos e a sociedade global, conforme supõe a leitura que, introduzindo noções como *status* e *personalidade de base*, assinala que a organização social define para os seus membros uma posição, tendo o direito de esperar, a partir dessa condição, que cada qual, na esfera de uma determinada atividade, se lhe corresponda, não mais do que "atualizando" os direitos e os deveres que se lhe estão atrelados[142].

Se alcança relevância a interiorização de valores e práticas, condutas e comportamentos, cujos elementos, constitutivos da estrutura social do núcleo familiar ou classe de origem, no processo de construção da

---

[142] A leitura em questão não remete senão à definição social do escravo e do cidadão evocada pela perspectiva construída por Marx em seus *Grundrisse* (2011).

subjetividade que, participando da incorporação dos referidos conteúdos, não tende senão, de um modo todo próprio, singular, a atualizá–los, à medida que, mantendo relação com a realidade coletiva, corresponda à necessidade de impor limites que determinem a sua individualidade e a conserve como tal, priorizando a interioridade e um tipo de vivência que emerge imune à qualquer influência externa, à tendência do individualismo, que implica, consequentemente, uma espécie de condição para o exercício da "autonomia", o que se impõe é uma noção que guarda raízes nas fronteiras da concepção lógico–metafísica [143], convergindo para relegar a um plano secundário a ação e o mundo objetivo cuja construção a demanda em um processo que escapa ao princípio de

---

[143] Remetendo à perspectiva antropológica que guarda raízes nos fundamentos do sistema cartesiano, convergindo para uma leitura epistemológica que mantém em condição de ruptura sujeito e objeto, que, perfazendo "realidades" distintas, não guardam nenhuma possibilidade de correspondência, o que implica na incorporação de noções como *tabula rasa* e ideias inatas ao processo formativo–educacional que, dessa forma, encerra em suas fronteiras um método introspectivo, cuja dinâmica, espiritualista e subjetivista, não se impõe senão através da filosofia do conhecimento, consistindo em um idealismo moral baseado na crença da autonomia do sujeito.

identidade e encerra forças antagônicas, fingindo ignorar que a negação de forma nenhuma se lhe sobrepõe, não sendo capaz de resistir ao seu desenvolvimento e aos efeitos que produz, antes, no caso, concorrendo para engendrá–los precisamente do modo peculiar como, enfim, se manifestam.

IV PARTE

CONSCIÊNCIA VERDADEIRA E EMANCIPAÇÃO HUMANA NA EXPERIÊNCIA OBJETIVA DO PROCESSO FORMATIVO–EDUCACIONAL

Se a leitura sociológica do ensino que emerge através de uma perspectiva antropológica atribui à instituição escolar a condição de instrumento de integração "moral" na esfera das sociedades diferenciadas, conforme propõe a interpretação durkheimiana, a tendência da situação de aprendizagem no que concerne à função de integração lógica de caráter completo e exclusivo escapa à sua abordagem, à medida que, segundo Bourdieu, não identifica a sua capacidade de convergir para uma estrutura comum de categorias de pensamento que possibilite a instauração da comunicação, cujo papel é cumprido pelo arcabouço religioso na organização social primitiva, tendo em vista a inexistência em seu âmbito de uma instituição organizada com a finalidade de transmitir as categorias lógicas que fundamentam o referido processo.

Capacitados através de um projeto que, no que tange à percepção, ao pensamento e à ação, converge para um processo de homogeneização que não encerra senão a sua "programação", eis, no tocante aos agentes, o resultado da operação do sistema de ensino que investe em uma formação que, dependendo da disciplina ou instituição, tende, através do "modelo" (*pattern*) proposto, a impor uma predisposição que implica, acerca daqueles que partilham de um determinado "espírito" (literário ou científico), uma relação de cumplicidade e comunicação de caráter imediato.

Nessa perspectiva, a função que se impõe à instituição escolar que, atrelada à condição que implica a veiculação dos valores de um arcabouço sociocultural, converge para a construção de um consenso que, sob a égide da participação de um senso comum que não se caracteriza senão como possibilidade de comunicação, envolve um código comum cuja posse permite a instauração de uma relação de associação de sentido que abrange das palavras aos comportamentos, além das obras, e que guarda capacidade, reciprocamente, no que concerne à expressão da mesma intenção significante por meio deste exercício.

Um repertório de lugares—comuns, cujo arcabouço não se restringe à correlação que envolve discurso e linguagem, eis o que se impõe à instituição escolar, que converge para a construção de espaços de encontro e acordo, tanto quanto de fronteiras que encerram problemas comuns, além de maneiras comuns de abordar as referidas questões, cuja discussão, embora possa sinalizar, expor, evidenciar uma certa discordância acerca delas, não mostra senão que aqueles que dele participam estão de acordo com o seu exercício, o debate. Se nas fronteiras do desacordo este propriamente não supõe senão um acordo, aos confrontos envolvendo as tendências e as doutrinas para as quais convergem as questões propostas o que se impõe é a dissimulação da cumplicidade em que implicam, tornando—se necessário, nesta perspectiva, distinguir o consenso na dissensão, que guarda raízes na esfera da tradição escolar e perfaz a unidade objetiva do campo intelectual de uma determinada época, da submissão à moda.

Se é verdade que a especificidade das sociedades dotadas de uma cultura erudita (cultura acumulada e cumulativa) reside, do ângulo que aqui nos interessa, no fato de que dispõem de instituições especialmente organizadas a fim de transmitir, explícita ou implicitamente, formas de pensamento explícitas ou implícitas que operam em níveis diferentes da consciência, desde os mais manifestos (suscetíveis de serem apreendidos pela ironia ou pela reflexão pedagógica) até às formas mais fundamentalmente enterradas que se atualizam nos atos de criação cultural ou de deciframento sem que, por isso, sejam tomadas como objeto da reflexão, pode—se indagar se a sociologia da transmissão institucionalizada da cultura não constitui, pelo menos através de um dos seus aspectos, um dos caminhos e dos mais significativos da sociologia do conhecimento.[144]

Se o que caracteriza o sistema educacional é a capacidade de consagrar os esquemas que se impõem à organização do pensamento de uma época, constituindo—os, pelo exercício, como hábitos comuns a uma geração, o que cabe à instituição escolar é uma condição que, em virtude da sua inércia, tende a arrastar categorias e modelos de pensamento que não guardam correspondência senão com diferentes períodos históricos, tendo em vista a reconciliação que a pedagogia se lhe demanda no que tange aos tipos em questão e que converge para o sentimento da

---

[144] Bourdieu, 2007b, p. 205.

"unidade cultural".

Sobrepondo—se à condição que a encerra nas fronteiras de um código e um repertório comuns de respostas que se impõem ao âmbito dos problemas e das questões recorrentes, a cultura perfaz um conjunto comum de esquemas fundamentais antecipadamente incorporados, os quais servem como base da sua articulação, de acordo com uma "arte da invenção" que não guarda correspondência senão com uma infinidade de esquemas particulares que convergem para uma aplicação direta envolvendo situações particulares, à medida que mais do que lugares—comuns os *topoi*, como os pares de oposições representados como pensamento e ação, essência e existência, entre outros, se caracterizam também como esquemas de invenção e suportes da improvisação, cuja relação e funcionamento mantêm similaridade com as regras da harmonia e do contraponto no âmbito da musicalidade[145].

---

[145] "Os *topoi* não são apenas lugares—comuns mas também esquemas de invenção e suportes da improvisação: estes *topoi* – dentre os quais os

Nessa perspectiva, o que alcança relevância é a capacidade dos esquemas em questão no que concerne à necessidade de remediar a falta de invenção, o que não implica senão, como limite patológico que envolve qualquer método de pensamento, na emergência do formalismo e do verbalismo, convergindo para as fronteiras que assinalam a função do pensamento binário no âmbito da infância, que mostra que, sobrepondo-se à intuição e ao sentido do real, há um material constituído pelos contrastes de imagens ou de linguagem que, perfazendo o efeito de uma relação que se expõe como natural e espontânea, impõe-se ao pensamento em seu processo de formulação, configurando um "saber verbal" que sobrepõe à inteligência refletida os seus resultados e as suas operações, tendo em vista que os automatismos verbais e os hábitos de pensamento detêm a possibilidade que, no que tange ao exercício de pensar,

---

pares de oposições como pensamento e ação, essência e existência, contínuo e descontínuo, etc., apresentam um rendimento particularmente elevado – fornecem pontos de apoio e pontos de partida aos desenvolvimentos, sobretudo os improvisados, do mesmo modo como as regras da harmonia e do contraponto sustentam 'a invenção' musical mais inspirada e mais livre na aparência." (Bourdieu, 2007b, p. 209)

envolve a sua sustentação, contribuindo para o domínio do real, em suma, assim como o recurso à sua instrumentalidade induz à economia da referência ao real.

Um conjunto de esquemas fundamentais que não funcionam senão como princípio de seleção no processo de aquisição que se impõe posteriormente, eis o horizonte para o qual converge o tipo de aprendizagem escolar que condiciona o sujeito, engendrando um sistema de organização do pensamento cuja especificidade implica a inter—relação que envolve da natureza das estruturas constitutivas ao nível de consciência, seja da sua utilização, seja da sua operação como tais, em uma construção que não se restringe a estes fatores mas traz em sua constitutividade a correspondência entre as propriedades que a perfazem e as condições determinantes da sua assimilação.

Se os esquemas que se impõem aos automatismos, no que tange à possibilidade de sua apreensão, não demandam senão a intermediação de um retorno reflexivo envolvendo as operações antecipadamente realizadas em um processo que se lhes atribui a capacidade de reger e regular as atividades em questão de uma forma que escapa ao domínio da esfera consciente, o que se impõe à instituição escolar, no que concerne à influência que exerce sobre os que se lhe estão submetidos, direta ou indiretamente, não é senão a condição que a encerra como "força formadora de hábitos", que converge para possibilitar uma disposição geral capaz de produzir esquemas particulares suscetíveis de aplicação em diferentes campos do pensamento e da ação, os quais, sobrepondo-se aos esquemas de pensamento particulares e particularizados, em suma, perfazem o *habitus* cultivado, guardando correspondência com um *principium importans ordinem ad actum*, um "princípio que regula o ato", segundo o sentido escolástico, à medida que implica um *modus operandi*[146].

---

[146] Nesta perspectiva, alcança relevância a explicação de Bourdieu acerca da noção de *habitus* e a sua relação envolvendo conceitos como *ethos* e *hexis*: "A noção de *habitus* engloba a noção de *ethos*, e é por isso que emprego cada vez menos esta última noção. Os princípios práticos de classificação que são constitutivos do *habitus* são indissociavelmente lógicos e axiológicos, teóricos e práticos (a partir do momento em que dizemos branco e preto, dizemos bem ou mal). Orientando-se para a prática, a lógica prática mobiliza inevitavelmente valores. Foi por isso que abandonei a distinção à qual tive de recorrer uma ou duas vezes,

Sobrepondo-se às representações coletivas, as disposições gerais, às quais o sujeito inconscientemente recorre, se impõem como esquemas de pensamento que convergem para a organização do real, produzindo a orientação no que concerne ao pensamento que o implica, assinalando, em suma, que a caracterização da "realidade" para o indivíduo e a sua existência como tal permanece condicionada pelo arcabouço social, guardando correspondência com o paradigma determinado socialmente, que sublinha, afinal, uma condição que difere de acordo com o grupo do indivíduo e que, por essa razão, escapa à definição se lhe atribuída como absoluta.

> A unificação cultural e linguística é acompanhada pela imposição da língua e da cultura dominantes como legítimas e pela rejeição de todas as outras como indignas (patoá). O acesso

---

entre *eidos* como sistema de esquemas lógicos e *ethos* como sistema dos esquemas práticos, axiológicos (e isto tanto mais que compartimentando o *habitus* em dimensões, *ethos*, *eidos*, *hexis*, corremos o risco de reforçar a visão realista que leva a pensar em termos de instâncias separadas). Acresce que todos os princípios de escolha estão incorporados, se tornaram posturas, disposições do corpo: os valores são gestos, maneiras de estar de pé, de andar, de falar. A força do *ethos* é ter-se tornado uma moral que se tornou *hexis*, gesto, postura." (Bourdieu, 2003, p. 139, grifos do autor)

de uma língua ou de uma cultura particular à universalidade tem como efeito remeter todas as outras à particularidade; além disso, dado que a universalização das exigências assim instituídas não é acompanhada pela universalização do acesso aos meios de satisfazê–las, ela favorece tanto a monopolização do universal por alguns quanto o esbulho de todos os outros, de certa maneira mutilados em sua humanidade.[147]

Nessa perspectiva, o que alcança relevância é a hierarquia dos objetos de estudo que se impõe ao âmbito de cada organização social através de cada fase epocal e alcança legitimidade em face da condição que assume no processo de aprendizagem intelectual, no qual emerge como se estivesse depositada nos instrumentos de pensamento que são disponibilizados para os indivíduos em uma construção que escapa à necessidade de justificação e que encerra, em suma, um arcabouço de palavras que, não implicando senão figuras de palavras e figuras de pensamento que perfazem uma escola de pensamento, converge para expressar o pensamento, tanto quanto antes para modelá–lo.

Escapando à consciência crítica, o que se impõe

---

[147] Bourdieu, 2008, p. 107.

como objeto do pensamento, tanto quanto das referências paradigmáticas que se lhe determinam neste sentido, não é senão os esquemas linguísticos e intelectuais que, sob a acepção de uma estrutura de direções dispostas no interior de uma linguagem, possibilitam o seu desenvolvimento, tornando—se capaz de orientar sistematicamente no que tange à atribuição de relevância a aspectos específicos da inteligência ou da realidade em detrimento de outros, circunscritos à esfera de outras linguagens em um processo que assinala a absoluta inconsciência do indivíduo em relação à referida organização, que se lhe sobrepõe, sujeitando—o a liames intransponíveis.

> A língua e o pensamento de escola operam esta ordenação pela valorização de certos aspectos da realidade: produto específico da escola, o pensamento por "escolas" e por gêneros (designados por inúmeros conceitos terminados em ismo) permite organizar as coisas de escola, isto é, o universo das obras filosóficas, literárias, plásticas ou musicais e, além delas ou por seu intermédio, ordenar toda a experiência do real e todo o real.[148]

Longe de transmitir somente indicações, o que se impõe à escola não é senão também a definição de

---

[148] Bourdieu, 2007b, p. 213.

itinerários, que implica métodos e programas de pensamento, convergindo para uma estrutura constituída de esquemas intelectuais e linguísticos que promovem a organização de um espaço que carrega sentidos obrigatórios e sentidos proibidos, que abrange avenidas e impasses e encerra em seu interior a possibilidade, concernente ao pensamento, acerca da manifestação do sentimento da liberdade e da improvisação. Rotinas escolares e necessidades pedagógicas, eis a correlação que, no que tange à ordem de exposição, caracteriza a transmissão da cultura em um processo no qual tende a se impor como necessária à consciência dos que se lhe submete, à medida que

> todo ato de transmissão cultural implica necessariamente na afirmação do valor da cultura transmitida (e, paralelamente, a desvalorização implícita ou explícita das outras culturas possíveis). Em outros termos, isto significa que todo ensino deve produzir, em grande parte, a necessidade de seu próprio produto e, assim, constituir enquanto valor ou como valor dos valores a própria cultura cuja transmissão lhe cabe. E tal exigência se faz presente no próprio ato de transmissão. Em consequência, os indivíduos condenados por sua formação a uma espécie de hemiplegia cultural, sentem-se por esta razão inclinados a identificar seu próprio valor com o valor de sua cultura e, ao mesmo tempo, são levados a viver ansiosamente os contatos com

os portadores de uma cultura estranha e muitas vezes concorrente.[149]

Nessa perspectiva, alcança relevância a influência do capital cultural no que concerne ao resultado do processo formativo—educacional, tendo em vista o papel que cumpre nas atividades formais e informais de avaliação, cujo paradigma, extrapolando a função que envolve a verificação, o exame, a constatação acerca da apreensão dos conteúdos desenvolvidos através do sistema de ensino—aprendizagem, converge para a construção de um juízo que implica tanto o caráter cultural quanto o aspecto moral dos sujeitos, aos quais se impõe uma exigência a respeito da conduta e do comportamento, como também do padrão intelectual, que não guarda correspondência senão com os valores praticados por um determinado tipo de socialização familiar[150].

---

[149] Bourdieu, 2007b, p. 218.

[150] Nesta perspectiva, cabe salientar a forma incorporada do capital cultural como fator determinante no que concerne ao destino escolar, sobrepondo—se à influência do capital econômico, à medida que a sua posse tende a facilitar a apreensão dos conteúdos e códigos vigentes no

Se o processo formativo—educacional não consiste senão na construção de um conjunto que reúne explicações ontológicas e abrange desde atribuições de sentido até criações de valores, o que se impõe como resultado é um arcabouço de conhecimentos, conteúdos de crenças, convicções, sentimentos e elementos de saber que se correlacionam na formação de uma estrutura relativamente coerente que possibilita o exercício de uma conduta e um comportamento compatível com o contexto histórico—cultural e econômico—social do sistema em vigor, o que implica a necessidade de corresponder à lógica do seu funcionamento, aos princípios da racionalidade científico—técnica, que tende à elaboração de uma noção de homem circunscrita ao conceito que envolve o *homo sapiens* e o *homo faber*, diante do qual se mantém irredutível em sua realidade concreta, seja no aspecto individual, seja no aspecto coletivo.

âmbito educacional, possibilitando a relação desenvolvida com o arcabouço que implica desde determinadas referências culturais até os conhecimentos institucionalizados, além da própria língua, que cumpre a função de estabelecer a transposição envolvendo as esferas familiar e escolar.

Sobrepondo—se à condição que envolve o exercício de uma força coerciva destinada a moldar os indivíduos, tanto quanto ao caráter inócuo que implica a transmissão de conteúdos que escapam à realidade concreta da vida histórico—cultural, não se lhe guardando correspondência, o que se impõe ao processo formativo—educacional, segundo Adorno, não é senão a produção de uma consciência verdadeira, que converge para as fronteiras que encerram a emancipação humana, razão pela qual emerge como uma exigência política, à medida que a construção da democracia a requer, conforme a pressuposição do seu conceito, visto que se trata de um fator fundamental para o seu funcionamento como tal. Dessa forma, eis os dois problemas identificados pela análise adorniana concernente à questão da emancipação:

> Em primeiro lugar, a própria organização do mundo em que vivemos e a ideologia dominante — hoje muito pouco parecida com uma determinada visão de mundo ou teoria —, ou seja, a organização do mundo converteu—se a si mesma imediatamente em sua própria ideologia. Ela exerce uma pressão tão imensa sobre as pessoas, que supera toda a educação. Seria efetivamente idealista no sentido ideológico se quiséssemos combater o conceito de emancipação sem levar em conta o peso imensurável do obscurecimento da consciência pelo existente.

> No referente ao segundo problema, deverá haver entre nós diferenças muito sutis em relação ao problema da adaptação. De um certo modo, emancipação significa o mesmo que conscientização, racionalidade. Mas a realidade sempre é simultaneamente uma comprovação da realidade, e esta envolve continuamente um movimento de adaptação.[151]

Se no âmbito da realidade social a relação de dominação, que perpassa da esfera pré–tecnológica ao âmbito tecnológico, impõe–se, em função da continuidade histórica que assinala um vínculo entre ambos, como a própria racionalidade do sistema, não é senão a forma mesma de organização do trabalho social que encerra a *erroneidade* em um sistema que converge para a integração de forças sociais caracterizadas pela negatividade e transcendência em um processo que se lhes atribui positividade e implica a constituição totalitária de seus fundamentos internos, segundo a teoria de Marcuse, que identifica a razão científica como princípio que rege a luta pela existência e o exercício da exploração que traz o homem e a natureza (ou a natureza, inclusive humana) como objeto, perfazendo um movimento que encerra a

---

[151] Adorno, 1995, p. 143.

reprodução da sociedade enquanto tal sob a égide de novas formas de controle social que, estabelecendo um padrão de pensamento e conduta, torna irrelevantes os seus aspectos destrutivos e opressivos, conferindo anticientificidade ao conteúdo concreto e crítico que se contrapõe à ordem instituída. Conclusão:

> Em plena sociedade repressiva, a emancipação do indivíduo não o beneficia, mas antes o prejudica. A liberdade perante a sociedade rouba-lhe a força de ser livre. Pois, por real que possa ser o indivíduo na sua relação com os outros, concebido como absoluto, é uma simples abstração. Nele não há conteúdo algum que não esteja socialmente constituído, nem movimento algum que prescinda da sociedade, que não esteja orientado de modo que a situação social o anule a ele.[152]

Contrapondo-se à concepção que relega a consciência e a possibilidade de sua apreensão às fronteiras que encerram a dimensão das representações em um processo que guarda correspondência com a percepção, a imaginação ou a razão (moral), a teoria adorniana atrela tal condição ao trabalho social que, sob a acepção de uma experiência objetiva instaurada através da complexidade

---

[152] Adorno, 2001, p. 142.

que abrange a interação social e a relação diante da natureza, converge para a produção e a reprodução da organização econômico–social enquanto resultado da articulação entre objetividade e subjetividade, o que implica uma identidade cuja formação não mais circunscreve-se ao sujeito e ao subjetivismo normativo para o qual tende mas demanda uma ética que mantenha raízes na conjugação envolvendo formação e trabalho e em seu movimento dialético em uma construção que longe de consistir em um progressivo aperfeiçoamento no sentido da universalidade perfaz uma experiência social objetiva que traz esta universalidade como totalidade acabada de caráter econômico e político–cultural.[153]

A realização da emancipação como conteúdo positivo da razão em um processo que guarda raízes nas fronteiras da Ilustração (Iluminismo, séc. XVIII), eis o que se impõe à correlação envolvendo sociedade e educação através de um movimento que tende à produção de uma realidade histórico–cultural e econômico–social que, contudo, converge para

---

[153] Maar In: Adorno, 1995.

assinalar a condição de impotência do trabalho formativo–escolar no sentido de possibilitar a sua transformação, segundo Adorno, que atribui a incapacidade da estrutura científico–técnica no que concerne à construção da autonomia, pressuposto da formação cultural, à correspondência que mantém com a formação político–social e as condições materiais da sua existência, cuja organização de forças e relações produtivas não implicam senão o paradoxo que encerra a "sobrevivência" da fome e da miséria em um mundo que em função do desenvolvimento científico torna esta justaposição plausível à medida que sobrepõe às soluções "racionais" as formas sociais.

Locus de uma experiência que se sobrepõe à objetividade que em face de uma lógica formalista omite os fatores motivadores dos fatos e dissimula a compreensão do mundo como uma construção humana, eis a função que cabe à instituição escolar em um universo que emerge da prática histórica em um contexto no qual a verdade consiste na realidade que da sua instauração resulta e implica uma condição irredutível à universalidade abstrata do pensamento e à concreção de uma relação imediata, tendo em vista que a racionalidade do real converge para a contradição, a oposição de forças e a contraposição de tendências e elementos, demandando a criação de um mecanismo de diagnóstico e transposição através da situação de ensino–aprendizagem que não permaneça sob a égide do operacionalismo científico–técnico determinante que em detrimento do humano incorre na reprodução de um *modus vivendi* baseado em uma racionalidade que, em virtude de um suposto viés anticientífico, subestima todo o conteúdo crítico e concreto que se lhe escapa, relegando–o a um simples ideal, confinado às fronteiras da ética ou da metafísica.

Escapando à condição se lhe atribuída pelo sistema como uma espécie de instrumento de caráter antianômico, que tende a cristalizar condutas e comportamentos em função de valores e práticas, necessidades e objetivos que não guardam correspondência senão com a lógica da organização que se lhe sobrepõe, o que se impõe ao processo formativo–educacional como *locus* de possibilidades no âmbito de uma realidade cuja construção, sujeita aos determinismos histórico–culturais e econômico–sociais, permanece circunscrita às fronteiras do "círculo vicioso", é a capacidade de se tornar a matriz de evidências existenciais ainda não manifestas que convergem para a criação eventual de relações sociais ou inter–humanas que, mantendo-se à margem do conhecimento, perfazem, no que tange à experiência coletiva, um conteúdo incontrolado ou indominado a emergência do qual não permite a redução da sociedade ao arcabouço que implica uma acumulação morta de fatos positivos que prescindem da ação dos homens.

Contradição e resistência, eis os princípios que devem perfazer a formação educacional para a emancipação em um processo que pressupõe o interesse do indivíduo e a canalização de suas forças através de práticas capazes de produzir a conscientização acerca do funcionamento dos mecanismos de manipulação cultural, convergindo para a instauração de uma crítica imanente em um sistema que tende a atribuir a esta condição – condição *sine qua non* da democracia – o caráter de uma manifestação ideológica unilateral, segundo Adorno, que à possibilidade de transformação que detém a referida ação contrapõe a repressão e a potência do existente em uma conjuntura que relega às fronteiras da impotência as tentativas de mudança da ordem instituída, o que implica a necessidade da conversão desta impotência geral, correlacionada à impotência individual, em um momento do exercício que envolve o pensar e o agir.

CAPÍTULO 5[154]

O SISTEMA EDUCACIONAL E O DESAFIO DA FUNDAÇÃO DE UM NOVO HOMEM ENTRE A ORGANIZAÇÃO CIENTÍFICO–TÉCNICA E A FORMAÇÃO ECONÔMICO–SOCIAL

Fingindo ignorar que a sua existência como tal não emerge senão através de uma determinada comunidade histórico–cultural e de uma formação econômico–social específica que perfaz a sua realidade concreta e se lhe está atrelada originariamente, à medida que é com o arcabouço das suas relações, processos e estruturas que cabe desenvolver a sua atividade e antes construir o seu projeto, à instituição escolar e à sua condição, que embora pressuponha transcendência não pode guardar raízes em outro mas apenas no solo onde atua e nas fronteiras que a

---

[154] O referido capítulo é constituído por trechos que integram o conteúdo do artigo intitulado *Do sistema educacional e o desafio da fundação de um novo homem entre a organização científico–técnica e a formação econômico–social*, publicado em **Cadernos Zygmunt Bauman / UFMA**, ISSN 2236–4099, v. 5, n. 10, pp. 19–41, 2015, São Luís – MA, Brasil.

detém, o texto em questão impõe uma análise crítica que converge para sublinhar o esvaziamento de sentido para o qual tende o seu funcionamento em um contexto que mostra que se lhe compete atender às demandas que envolvem os objetivos e as necessidades do sistema social o caráter da lógica que preside a sua organização implica, em função da irracionalidade dos efeitos que produz, na irreversível tensão que envolve a sua transposição, encerrando um paradoxo que reclama um movimento de superação que, abrangendo o seu aspecto conteudístico–formal, confira ao fenômeno educacional a possibilidade de escapar à desintegração ética e lógica (cultural) que, sintomatizando o "para quê?" adorniano [155], se lhe é imputada pela impotência científico–técnica no que concerne à transformação qualitativa da sociedade, cuja incapacidade concorre para a redução do seu trabalho e do

---

[155] "No instante em que indagamos: 'Educação — para quê?', onde este 'para quê' não é mais compreensível por si mesmo, ingenuamente presente, tudo se torna inseguro e requer reflexões complicadas. E sobretudo uma vez perdido este 'para quê', ele não pode ser simplesmente restituído por um ato de vontade, erigindo um objetivo educacional a partir do seu exterior." (Adorno, 1995, p. 140)

resultado que propõe, tendo em vista que o torna não menos do que um símbolo, um monumento que remete ao horizonte de "ídolos": "conhecimento–ídolo", "liberdade–ídolo", "igualdade–ídolo", entre outros.

Subjacente aos princípios envolvidos no exercício da prática didático–pedagógica, a exposição dos conteúdos conceituais, atitudinais e procedimentais não emerge senão como instrumento de dominação, à medida que impõe através da sua atividade os símbolos de um arcabouço ideológico que carrega os valores do poder político, socioeconômico e histórico–cultural que subjaz ao conceito de universalidade implantado pelo fenômeno que tende, em última instância, à polarização que implica civilização e barbárie, remetendo, dessa forma, ao "colonialismo", cuja noção, longe de se restringir às relações envolvendo as nações que, em virtude do vocabulário imperialista, encerram esta prática, não deixa de alcançar, obviamente, na esfera nacional, os grupos minoritários que, para além da questão étnica, permanecem relegados à margem da ordem sociopolítica, demandando uma integração que supõe a subtração *a fortiori* das diferenças em face da transformação da coesão em homogeneização cultural no âmbito do sistema.

Nesta perspectiva, pois, o texto se detém na crise do processo formativo—educacional que se na contemporaneidade emerge em virtude de questões histórico—culturais, não consiste senão na expressão mais desenvolvida da desestabilização social, ou, melhor dizendo, político—social, tendo em vista que, transpondo as fronteiras que encerram o acontecimento de ensino—aprendizagem à formação da consciência de si e ao aperfeiçoamento moral, em última instância, o que se impõe, escapando à interpretação "subjetivista" da subjetividade na esfera da organização social que traz o capital como fundamento, é uma construção que emerge do trabalho social sob a acepção de uma experiência objetiva desenvolvida através da interação social e da relação com a natureza, perfazendo a verdade, dessa forma, um fenômeno condicionado objetivamente, não subjetivamente.[156]

Sublinhando o racionalismo cientificista como princípio da atividade didático–pedagógica a leitura em questão mostra que, encerrando desde uma estrutura curricular até um paradigma avaliativo que implicam a noção de meritocracia[157], a sua aplicação converge para uma integração lógica (cultural) que nega a margem de ambiguidade e o campo das divergências que a dialética carrega, sobrepondo–se à tensão que não apenas a caracteriza mas envolve a própria vida e que, não por outra razão, tem um peso determinante no acontecimento formativo–educacional, perfazendo a sua negligência uma condição que, prometendo a emancipação humana, coloca à disposição dos sujeitos um arcabouço de recursos e

---

[156] Maar, 1995.

[157] "A ideologia carismática que imputa à *pessoa*, a seus dons naturais ou a seus méritos, a inteira responsabilidade por seu destino social, exerce seus efeitos para muito além dos limites do sistema escolar: não há relação hierárquica que não tenha uma parte da legitimidade, que os próprios dominados reconhecem, de sua participação, confusamente percebida, na oposição entre 'instrução' e ignorância." (Bourdieu, 2007a, p. 363, grifo do autor)

conteúdos que, circunscritos à dimensão lógico—metafísica, de cujas fronteiras a ordem social emerge, torna—se incapaz de promovê—la, à medida que a sua ideia permanece relegada ao campo da abstração, não alcançando a concreticidade dos homens como tais nas relações que desenvolvem entre si, tendo em vista que, guardando raízes nas fronteiras da dialética, não demanda senão a sua inserção no pensamento e na prática educacional, conforme a necessidade envolvendo a correspondência com a realidade que um processo de transformação qualitativa requer.[158]

Nesta perspectiva, na qual a eficácia dos determinismos sociais, especificamente no que tange aos que envolvem a dominação, não guarda correspondência senão com a ignorância no que se lhes respeita, constituindo—se, neste processo que encerra os "sujeitos" em condição de alienação, o conhecimento e a revelação elementos que intervêm para a superação desse estado em função da supressão da inconsciência, sobrepondo—se aos

---

[158] Adorno, 1995.

fundamentos da "violência simbólica"[159], convergindo para a sua libertação, se a identificação e a definição das possibilidades atreladas ao processo formativo–educacional e à situação de ensino–aprendizagem demanda não menos do que uma teoria crítica capaz de abstrair–se da organização e utilização práticas dos recursos da instituição escolar, a negação do universo de fatos que encerra o contexto final da validação que deve perfazê–la se contrapõe ao arcabouço da metafísica, tendo em vista que o que se impõe à transcendência não é senão um caráter rigorosamente histórico, não guardando as metas senão uma condição de aplicação, execução, realização, que corresponda à necessidade real do corpo social em questão, da comunidade educacional, em última instância.

Uma "realidade" passível de observação e normalização, cálculo, classificação e domínio, que não se

---

[159] "Todo poder de violência simbólica, isto é, todo poder que chega a impor significações e a impô–las como legitimas, dissimulando as relações de força que estão na base de sua força, acrescenta sua própria força, isto é, propriamente simbólica, a essas relações de força." (Bourdieu; Passeron, 1975, p. 19)

impõe senão como refém de um processo que, adequando meios a fins, encerra uma racionalidade instrumental, eis o papel relegado à "natureza" dos protagonistas da situação de ensino—aprendizagem, sintomatizando a incapacidade do sistema educacional de corresponder às necessidades da "humanidade verdadeira", cuja "essência", para além da utopia, se lhe cabe construir, tornando—se relevante, nessa perspectiva, a correlação envolvendo o "ser" e o "dever—ser" como fronteiras constitutivas da totalidade que implica a instituição educacional, consistindo a concreticidade histórico—cultural que representa aquela condição o fundamento através do qual o movimento de transcendência em direção ao último estado será realizado, perfazendo o processo formativo—educacional um projeto que não envolve senão o próprio homem que, a despeito do determinismo social, se sobrepondo à condição de sujeito livre imputada pelo pensamento filosófico e o seu elemento humanista espiritualista, converge para um horizonte que o caracteriza como um agente, uma "potência" determinante, conforme defende a leitura bourdieusiana.

Movimento, mudança, transformação e

desenvolvimento, eis a correlação que se impõe ao processo formativo—educacional, que longe de se caracterizar como um fenômeno que se circunscreve à monotonia sem fim de um ciclo constantemente repetido, não converge senão para as fronteiras que implicam na construção de uma verdadeira história.

I PARTE

DO SISTEMA EDUCACIONAL – ENTRE A ORGANIZAÇÃO CIENTÍFICO–TÉCNICA E A FORMAÇÃO ECONÔMICO–SOCIAL

Se "'racional' é um modo de pensar e de agir que está orientado para reduzir a ignorância, a destruição, a brutalidade e a opressão"[160], à relação envolvendo o processo formativo–educacional e a situação de ensino–aprendizagem o que se impõe não é senão uma abordagem político–social, à medida que os efeitos da desordem do sistema (tal qual, dentre outros, a fome, por exemplo), ameaçando a própria existência humana, a despeito do desenvolvimento científico, ainda se caracterizam como uma realidade concreta, sobrepondo–se à organização científico–técnica e às possibilidades que se lhe permanecem atreladas no tocante à sua superação, tendo em vista o predomínio das formas sociais em detrimento

---

[160] Marcuse, 1967, p. 140.

das soluções "racionais", convergindo para a perspectiva que assinala que a incapacidade da ciência de engendrar através da sua atividade a emancipação, pressuposta em sua construção, guarda correspondência com os liames que mantém com a formação econômico–social prevalecente, que se lhe torna determinante, condicionando também o sistema educacional em um contexto que traz como fundamento uma racionalidade produtivista que submete o sentido ético do seu funcionamento à influência das questões econômicas.

> A união da produtividade crescente e da destruição crescente; a iminência de aniquilamento; a rendição do pensamento, das esperanças e do temor às decisões dos poderes existentes; a preservação da miséria em face de riqueza sem precedente, constituem a mais imparcial acusação – ainda que não sejam a razão de ser desta sociedade, mas apenas um subproduto, o seu racionalismo arrasador, que impele a eficiência e o crescimento, é, em si, irracional.[161]

Determinada pelo arcabouço de valores e práticas, condutas e comportamentos, necessidades e objetivos, que se impõe à cultura material e intelectual que faz parte da

---

[161] Marcuse, 1967, pp. 16–17.

sua herança, eis a conclusão para a qual converge a maneira pela qual a instituição educacional estabelece a organização da vida de seus "membros" no que tange à tendência que desenvolve na esfera das alternativas históricas que lhe são propostas no âmbito do sistema social, o que implica não menos do que um resultado que emerge do jogo dos interesses dominantes, perfazendo um projeto que, moldando totalmente o universo da palavra e da ação, conforme defende Marcuse, encerra a especificidade de atribuir, através de uma dinâmica que abrange a experiência, a transformação e a organização da natureza, inclusive "humana", a condição de um mero material de dominação.

Termos descritivos, ilusórios ou operacionais — eis as fronteiras para as quais tendem as categorias da teoria social crítica que, caracterizando-se como essencialmente negativas, não perfaziam senão originariamente conceitos oposicionistas, à medida que a sua emergência guarda correspondência com a necessidade de recusa e subversão que foram corporificadas pelas forças sociais no contexto da sociedade europeia do século XIX, cujas contradições reais coube definir, tal como o fez através da construção de "sociedade", que identificava o antagonismo envolvendo as esferas social e política, conforme "indivíduo", "classe" e "família" designavam zonas de tensão e forças que se sobrepunham às condições então estabelecidas, se lhes mantendo, enfim, à margem.[162]

Nessa perspectiva, o que se impõe é a condição da instituição escolar no âmbito da organização social na qual se carrega a conotação de *locus* de reprodução em função de um "totalitarismo" que emerge da coordenação técnico–econômica, cuja operação não se desenvolve senão através da manipulação das necessidades que guardam raízes nas fronteiras dos interesses adquiridos, para cumprir o papel que paradoxalmente a sua construção identitária se lhe destina, tornando–se também um *locus* de possibilidades, o que se lhe cabe, através do processo formativo–educacional e da situação de ensino–aprendizagem, de acordo com a concretude histórico–social, é a objetivação do conhecimento sob a forma de conscientização acerca das

---

[162] Marcuse, 1967.

forças que convergem para perfazer os determinismos da vida histórico—cultural e a neutralização dos fatores que os engendraram, implicando na libertação do indivíduo (agente, no caso) de tudo aquilo que na referida esfera se lhe escapa ao controle eficaz, consistindo esse fenômeno obviamente não em uma realidade absoluta, à medida que pressupõe não um fato acabado, mas um "projeto".

    Ciência e tecnologia, mercados e burocracias, disciplina e autodisciplina – eis as forças de racionalização que, entre outras, se correlacionam no desenvolvimento de todas as esferas da existência sócio—histórica, perpassando desde a produção econômica até a cultura, além da sexualidade e da própria personalidade, como também a guerra, o direito e a administração, convergindo para uma concepção civilizatória cujo modelo sobrepõe, em suma, o aspecto formal à parte substantiva, à medida que em detrimento dos fins e valores da ação prioriza a sua calculabilidade, guardando a especificidade que assinala que a finalidade que se impõe ao processo de racionalização da ordem social não perfaz um fim em si senão um meio generalizado que viabiliza indiscriminadamente, no que concerne a todos os fins substantivos, não menos do que a sua procura deliberada.

"Toda libertação depende da consciência de servidão e o surgimento dessa consciência é sempre impedido pela predominância de necessidades e satisfações que se tornaram, em grande proporção, do próprio indivíduo"[163]. Se o que se impõe ao processo formativo–educacional é a necessidade de se sobrepor ao sentido que restringe a ação no âmbito das relações sociais para as quais converge sob a acepção de uma mera concretização de regras preestabelecidas, se lhe negando a condição de abertura que se caracteriza como essencial na emergência do acontecimento que envolve o ensino e a aprendizagem, encerrando–o nas fronteiras do determinismo, simultaneamente se lhe cumpre superar uma concepção do universo social que atribui aos sujeitos uma autonomia e uma consciência sem medida no que tange ao exercício de suas ações e interações, que implica uma interpretação que não alcança a realidade concreta, que se lhe escapa,

---

[163] Marcuse, 1967, p. 28.

assumindo um caráter ilusório, tendo em vista que, além disso, a perspectiva subjetivista, circunscrevendo-se à experiência imediata do ator como indivíduo, se sobrepõe às condições objetivas que justificam o desenvolvimento do ensaio prático subjetivo.

À questão que envolve a possibilidade de criação da liberdade no âmbito de uma ordem de produção caracterizada pela transformação do homem em objeto de dominação, o que se impõe não é senão o modo como tal processo será instaurado, o qual não emerge por si mas guarda correspondência com o próprio que se mantém sob sujeição, à medida que vivencia uma carga de necessidades que traz como fundamento um conteúdo e uma função sociais engendradas através da determinação de forças externas que escapam ao controle do indivíduo, convergindo o seu desenvolvimento e a sua satisfação para as fronteiras da heteronomia, independentemente do fato de que a sua reprodução e consequente incorporação e identificação não se lhes destitui a condição de produtos de uma organização social no âmbito da qual o interesse dominante demanda não menos do que um sistema de repressão.

A instituição escolar emerge, dessa forma, como eixo de uma ordem cujo arcabouço guarda correspondência com um sistema de precondicionamento no que concerne às necessidades humanas e a sua satisfação, à medida que, transpondo as fronteiras biológicas, a sua intensidade e até o seu caráter se impõem nesta perspectiva, tendo em vista que a possibilidade envolvendo a sua existência ou não como tal, sob a referida condição, não depende senão dos interesses da organização social, convergindo para um contexto que implica na distinção entre aquelas que mantêm relação com a superimposição determinada ao indivíduo através de um processo de repressão que encerra interesses sociais particulares e aquelas que têm direito indiscutível à satisfação (vitais), as quais, respectivamente, perfazem as categorias que, designando condições objetivas no que tange ao padrão em questão, definem "veracidade" e "falsidade".[164]

Nesta perspectiva, se a estereotipocidade e a

---

[164] Marcuse, 1967.

repetitividade caracterizam as atividades desenvolvidas no âmbito da situação de ensino—aprendizagem, que converge para reduzir o processo formativo—educacional ao formalismo de um exercício que atribui preeminência ao "conteúdo morto" do saber, encerrando uma condição que não transpõe as fronteiras da informacionalidade e alcança uma integração que não emerge senão através da manipulação e da doutrinação, ao dimensionamento do processo avaliativo o que se impõe, sobrepondo—se ao vazio conceitual que se lhe atribui estado de neutralidade, não é senão um arcabouço paradigmático de valores e práticas, condutas e comportamentos, necessidades e objetivos, que concorre para uma concepção de mundo e educação que a atividade pedagógica inescapavelmente encarna, a despeito da compreensão ou não do agente que a desenvolve, cujo exercício guarda ecos e latências que assinalam a pura formalidade das noções que envolvem liberdade e igualdade, as quais, implicando na pressuposição de cidadania, emergem sob a acepção de categorias que existem em e por si mesmas, dissociadas dos homens e da sua concretude sócio—histórica, perfazendo um contexto que na situação de ensino—aprendizagem confere ao indivíduo "abstrato", no sentido de um sujeito autônomo, e às suas capacidades, independentemente da coletividade, a conquista de um resultado que não ultrapassa o horizonte da autorrealização pessoal, à altura do horizonte ideológico que circunscreve a referida relação que, por essa razão, se disponibiliza recursos e instrumentos para a transformação social não possibilita que a sua eficácia supere a esfera da vida privada, mantendo—se no âmbito de controle do sistema, que cumpre a responsabilidade de satisfazer as necessidades em virtude do fato de que estas trazem como origem a sua própria lógica e funcionamento, constituindo—se, em suma, produtos de forças externas que, dessa forma, encerram a conotação de falsidade.

À perspectiva em questão, concernente à alienação, o que se impõe não é senão a capacidade da ordem em referência de colocar em crise a sua noção e as implicações que carrega, tendo em vista a sua produtividade e eficiência, que não converge senão, aumentando e disseminando comodidades, para a transformação do resíduo em necessidade, tanto quanto da destruição em construção, segundo a leitura de Marcuse, perfazendo um contexto que atribui ao mundo objetivo a condição de uma extensão da mente e do corpo, encerrando uma identificação entre os indivíduos e a existência que o sistema se lhes obriga a ter que, possibilitando o seu desenvolvimento e satisfação, configura uma "realidade" que, neste sentido, se torna uma etapa mais progressiva do fenômeno, que alcança, integralmente, o caráter objetivo, sobrepondo—se os resultados positivos do progresso à "falsa consciência" de sua racionalidade que, em face disso, emerge, enfim, como verdadeira.[165]

---

[165] Marcuse, 1967.

II PARTE

DETERMINISMO *VERSUS* CONHECIMENTO: DA FORMA ABSTRATA E GERAL DE OBJETIVIDADE E A LÓGICA DIALÉTICA

Defendendo que a ação das estruturas sociais sobre o comportamento individual obedece ao movimento que se desenvolve da interioridade para a exterioridade, a leitura bourdieusiana assinala um processo, no tocante aos indivíduos, que envolve a incorporação de um conjunto de disposições que guarda correspondência com a conduta característica da posição específica na estrutura social que se impõe à sua formação inicial no âmbito social e familiar, cujo *habitus*, derivado do ambiente familiar ou oriundo da classe social, determina os sujeitos, condicionando—os, à medida que, embora escapem à influência exercida do exterior para o interior das normas e constrangimentos típicos do arcabouço em questão, tendem, contudo, a atualizá—lo, não perfazendo um direcionamento mecânico, mas constituindo—se princípios de orientação passíveis de adaptação segundo as circunstâncias implicadas, concorrendo para uma articulação dinâmica entre as condições estruturais originais que formam o sistema de disposições do indivíduo e se perpetuam por meio deste no relacionamento que mantém com o contexto no qual a sua aplicação demanda e o seu exercício acontece, convergindo, em suma, para um processo que encerra a sua reprodução.[166]

Contrapondo-se ao subjetivismo, que sublinha o indivíduo circunscrito a si, o qual, caracterizado pela consciência, pela capacidade de reflexão, não se impõe senão através do exercício da autonomia, a leitura bourdieusiana, escapando também ao objetivismo, que estabelece uma relação mecânica entre as condições objetivas e o sujeito em um processo no qual aquelas se tornam determinantes para a ação deste último, defende uma concepção que assinala a preeminência da estrutura social cujo arcabouço, se lhe transmitido como herança, do núcleo familiar ou da classe social de origem, perfaz um

---

[166] Bourdieu, 1983.

patrimônio constituído pelo capital econômico, pelo capital social e pelo capital cultural, alcançando relevância, nesta última forma, o legado familiar, que converge, por intermédio da "cultura geral", especificamente, para a construção da própria subjetividade.

Condensada em conceitos tais como *habitus*, campo, capital, a filosofia da ação que a construção bourdieusiana implica, que não se caracteriza senão como "disposicional", atualizando as potencialidades que se impõem tanto aos corpos dos agentes quanto à estrutura das situações que encerram a sua atuação, traz como fundamento a relação que se desenvolve, nos dois sentidos, entre as estruturas que envolvem os campos sociais (objetivas) e o *habitus* ("subjetivas", porquê incorporadas, interiorizadas), convergindo para uma leitura que se contrapõe radicalmente aos pressupostos antropológicos que, baseados na linguagem, no que tange à prática, circunscrevem ao âmbito da irracionalidade qualquer ação ou representação que se sobreponha às raízes que guardem correspondência com um indivíduo autônomo, cuja consciência de suas motivações seja total, plena, absoluta.[167]

Se os agentes não alcançam a condição de "sujeitos", segundo a perspectiva bourdieusiana, nem por essa razão se lhes escapam um caráter ativo e atuante, tendo em vista a impossibilidade da sua redução à esfera que envolve os epifenômenos da estrutura, conforme a interpretação imposta pelo estruturalismo, sob a acepção mais radical desta visão, à qual se contrapõe, sobrepondo-se também a sua filosofia da ação ao arcabouço de noções que o discurso acadêmico incorpora superficialmente (a saber, "sujeito", "motivação", "ator", "papel", etc.), tanto quanto às oposições socialmente institucionalizadas (tais como indivíduo/sociedade, individual/coletivo, consciente/inconsciente, interessado/desinteressado, objetivo/subjetivo).[168]

Nessa perspectiva, o que se impõe é a necessidade do processo formativo-educacional e da situação de ensino-aprendizagem superarem a perspectiva que atribui ao

---

[167] Bourdieu, 2008.

[168] Bourdieu, 2008.

homem como indivíduo concreto a condição de "sujeito" no sentido rigoroso que envolve o termo, que não implica senão a noção que, caracterizando-o como livre, converge para a sua identificação como uma potência originária que, guardando transparência para si, encerra a posição dos seus atos, mantendo raízes nas fronteiras que abrangem o pensamento filosófico e o seu elemento humanista espiritualista, cuja construção interpreta sob a acepção de contingência (liberdade, no caso) o que se circunscreve ao horizonte da necessidade social, não escapando a essa situação de não—liberdade nem mesmo a própria crença na liberdade.[169]

Se o que cabe à dialética marxista não é senão a necessidade de conceber a essência do real no sentido que envolve a verdade concreta da existência humana em uma acepção que encerra uma *práxis* histórica que carrega um caráter não—espiritualizado, compreendendo, pois, o pensamento dialético a tensão crítica entre "é" e "deve", que se mantém primeiramente como uma natureza

---

[169] Quiniou, 2000.

ontológica que guarda correspondência com a própria estrutura do ser, cujo estado supõe um reconhecimento que converge para uma prática concreta, à medida que os fatos emergem através de uma aparência de falsidade e negatividade sob o horizonte de uma verdade que se manifesta neles próprios na condição de falsificação ou negação, o que a referida situação demanda é uma avaliação, no tocante à sua verdade, que depende necessariamente de outro universo da locução e de uma lógica que, abrangendo o projeto de uma modalidade de existência distinta, implica a realização da verdade nas palavras e nos atos, consistindo em uma operação que, contradizendo as instituições e os seus valores e práticas, condutas e comportamentos, necessidades e objetivos, carrega um conteúdo político–social, tornando–se um empreendimento subversivo.

Ao processo formativo–educacional e à situação de ensino–aprendizagem o que se impõe é um paradigma didático–pedagógico que guarde correspondência com a "natureza do pensamento", tanto quanto do seu objeto, a realidade, que não trazem em sua constitutividade senão a contradição, cuja racionalidade implica desde a tensão entre o "é" e o "deve" que caracteriza o pensamento até a oposição de forças, tendências, elementos, que compreende o movimento do real, perfazendo uma construção que, no tocante às coisas, se desenvolve daquilo que elas não são para aquilo que elas são, sobrepondo–se às abstrações que envolvem a lógica formal e a filosofia transcendente, contrapondo–se também à concreção da experiência imediata que, sujeita à limitações, não escapa à possibilidade de permanecer sob a égide da falsidade[170].

Sobrepondo–se à forma abstrata e geral de objetividade, tanto quanto de pensamento, como também do arcabouço de dados da experiência imediata, o que se impõe à lógica dialética é a correlação envolvendo o conteúdo histórico e o conceito que a implica, que não

---

[170] À limitação que caracteriza a experiência imediata, tanto quanto à falsidade para a qual, em função disso, tende, o que se impõe é a compreensão do mundo como um universo histórico cujos fatos estabelecidos não emergem senão da prática histórica do homem, constituindo–se, pois, a sua produção, convergindo para uma verdade que demanda a superação da objetividade que oculta a correlação dos fatores que a motivaram, perfazendo a referida prática, intelectual e material, a própria realidade, seja nas fronteiras que abrangem os dados experienciais, seja no âmbito da lógica dialética. (Marcuse, 1967)

converge senão para a determinação metodológica que abrange do seu desenvolvimento à sua função, possibilitando ao pensamento alcançar a concreção que estabelece o liame entre a sua estrutura e a estrutura da realidade, atribuindo condição histórica à verdade e à razão, que contradiz a ordem instituída em nome das forças sociais existentes, tendo em vista a irracionalidade que estas últimas expõem no que concerne à organização estabelecida, consistindo a contradição na "necessidade" que emerge da própria "natureza do pensamento", se lhe pertencendo, pois, segundo a dialética, que dessa forma corresponde à natureza da realidade, que se configura como objeto do pensamento e assinala um arcabouço no qual "a razão é ainda antirrazão, e o irracional ainda racional"[171].

A manutenção das formas de vida estabelecidas, eis o que se impõe aos modos de pensamento para os quais converge a realidade instituída, cujas estruturas não guardam capacidade senão de proporcionar condições adequadas para o desenvolvimento de valores e práticas, condutas

---

[171] Marcuse, 1967, p. 141.

e comportamentos, que os reproduzem e aperfeiçoam [172], perfazendo um contexto que se contrapõe à lógica das contradições, à medida que detém a sua própria lógica e a sua própria verdade, consistindo o esforço de compreensão que a implica como tal e possibilita a sua transcendência na pressuposição daquela, que se caracteriza como diferente, encerrando uma verdade contraditória.

Nessa perspectiva, o que se impõe é a ambiguidade que caracteriza a natureza da instituição educacional[173], cuja função, no âmbito da organização social, correlaciona

---

[172] A "conservação da ordem social", segundo a leitura bourdieusiana, não emerge senão através da "orquestração das categorias de percepção do mundo social que, por estarem ajustadas às divisões da ordem estabelecida — e, por conseguinte, aos interesses daqueles que a dominam — e por serem comuns a todos os espíritos estruturados em conformidade com tais estruturas, se impõem com toda a aparência da necessidade objetiva." (Bourdieu, 2007a, p. 438)

[173] "A educação seria impotente e ideológica se ignorasse o objetivo de adaptação e não preparasse os homens para se orientarem no mundo. Porém ela seria igualmente questionável se ficasse nisto, produzindo nada além de *well adjusted people*, pessoas bem ajustadas, em consequência do que a situação existente se impõe precisamente no que tem de pior. Nestes termos, desde o início existe no conceito de educação para a consciência e para a racionalidade uma ambiguidade." (Adorno, 1995, pp. 143–144, grifos do autor)

necessidades antagônicas, convergindo simultaneamente para a instauração de um processo de adaptação do sujeito às estruturas do sistema em vigor e para o desencadeamento de reações que, guardando raízes no acontecimento que envolve a construção do conhecimento e as relações que implica, não tendem senão a desnudar para o indivíduo um reino de possibilidades no que tange à transformação da realidade, tendo em vista a responsabilidade do fenômeno de ensino—aprendizagem tanto de corresponder às demandas do arcabouço econômico—social (que assumem caráter ideológico à medida que dissimulam o concreto em nome da abstração) quanto de disponibilizar recursos para a sua superação.

III PARTE

DA RELAÇÃO ABSTRATA À RELAÇÃO DIALÉTICA E A CONSTRUÇÃO DO "HUMANISMO CONCRETO" E DA "HUMANIDADE VERDADEIRA" ATRAVÉS DO PROCESSO FORMATIVO–EDUCACIONAL

> Cabe àqueles que, em sua formação espiritual, tiveram a felicidade imerecida de não se adaptar completamente às normas vigentes – uma felicidade que eles muito frequentemente perderam em sua relação com o mundo circundante –, expor com um esforço moral, por assim dizer por procuração, aquilo que a maioria daqueles em favor dos quais eles o dizem não consegue ver ou se proíbe de ver por respeito à realidade.[174]

Longe de qualquer tipo de paternalismo subjacente à relação de ensino–aprendizagem ou qualquer viés assistencialista para o qual se incline o processo formativo–educacional no âmbito de um sistema que traz como características a desigualdade social e a injustiça, o que se impõe à instituição escolar não é senão a possibilidade acerca da construção de um arcabouço de valores e práticas,

---

[174] Adorno, 2009a, p. 43.

condutas e comportamentos, necessidades e objetivos, que se torne capaz de produzir, entre aqueles indivíduos cuja realidade concreta demonstra uma condição que implica a expropriação da pátria, do trabalho e da sua própria vida, o reconhecimento envolvendo o próximo, uns aos outros, no caso, que se sobreponha às particularidades e contribua para a fundação de uma humanidade que não se circunscreva às raízes do humanismo teórico, e que, concomitantemente, promova a conscientização dos sujeitos que, escapando às fronteiras da situação em questão, se lhe guardam "imunidade" estrutural, no sentido de que somente a igualdade e a justiça autorizam a sua verdadeira criação, a saber, aquela que não se submeta à égide de uma universalidade abstrata e, por essa razão, prenhe de alienação, e que tenha como matéria-prima os homens na sua concretude histórico-cultural, convergindo, conforme pressupõe a noção que carrega, para estabelecer a identificação[175] entre todos, não menos do que por todos.

---

[175] Torna-se relevante lembrar a advertência de Adorno acerca da necessidade, do valor, que carrega o referido fenômeno, tanto quanto

Nessa perspectiva, pois, cada novo indivíduo que com toda a concretude que, correlacionando valores e práticas, condutas e comportamentos, caracteriza a sua vida, não se impõe senão como uma possibilidade, no âmbito da relação de ensino—aprendizagem, no que concerne à manifestação da "essência" do processo formativo—educacional, se o seu exercício corresponde ou não à pureza dos princípios que professa e defende, tendo em vista que a "substância" humana da qual é feita a instituição escolar guarda raízes nas fronteiras que encerram a prática didático—pedagógica, como também a maneira de amar e compreender, sofrer e viver, em suma, que traz em sua instauração e que denuncia se está ou não no caminho das suas intenções humanistas.

Envolvendo as intenções e a ação, os pensamentos e a conduta, o que se impõe, no âmbito do processo formativo—educacional, no que tange ao corpo docente, não é senão uma tensão crescente, à medida que a realidade concreta

---

das consequências da sua ausência: "A incapacidade para a identificação foi sem dúvida a condição psicológica mais importante para tornar possível algo como Auschwitz em meio a pessoas mais ou menos civilizadas e inofensivas." (Adorno, 1995, p. 134)

que se impõe ao exercício da professoralidade resiste à aplicação dos princípios e normas que regem a sua formação e guardam raízes no "estado puro" da relação de ensino—aprendizagem, que converge para as fronteiras que circunscrevem ao "homem interior" ou à interioridade a construção da consciência e dos valores [176], se lhe submetendo a vida, o destino, a história, como se o que ora se designa como exterior, perfazendo as forças que interagem na constitutividade do mundo social e escapam ao controle humano, representasse tão somente um reflexo e não a estrutura determinante, tendo em vista que além de configurar uma totalidade que o encerra como indivíduo, pressupõe que a possibilidade da sua existência como tal dela depende, tanto quanto que a sua realização demanda com ela correspondência, implicando a sua materialidade

---

[176] Nesta perspectiva, à adequação do pensamento (filosófico) ao idealismo, que não converge senão para a noção que defende a supremacia da consciência, segundo o sentido se lhe atribuído no âmbito em questão, o que se impõe é a sua impotência em um mundo empírico cuja condição reclama transcendência e correção em nome de uma racionalidade que, dessa forma, alcança um estado de "pureza" abstrata e geral que, em última instância, se lhe confere imunidade em relação à existência humana e as suas aflições. (Marcuse, 1967)

um peso de influência e condicionamento que tende a se sobrepor a qualquer outro dentre os fatores que engendram a sua experiência na esfera da coletividade.

Nesta perspectiva, pois, o que alcança relevância é a educação em ideia, que se fixa como tal e de cuja condição assume a defesa da educação em detrimento de homens livres, conforme a perspectiva que se impõe também à própria liberdade, convergindo para uma discussão que pretende a sua realização na vida de todos indistintamente, sobrepondo-se ao caráter formal que, circunscrevendo os valores ao homem interior e prescindindo do trabalho que implica a sua construção na concretude das relações humanas, induz à sua mistificação, à medida que a sua inscrição em um texto constitucional ou nos símbolos de uma pátria não os transformam senão em "ídolos" ("educação–ídolo", "liberdade–ídolo", entre outros), visto que apenas servem para santificar os meios clássicos da repressão que, longe de tomar os outros indivíduos onde estão e como são, procura *a fortiori* doutriná-los, se lhes julgando abstratamente, à revelia das condições dadas e a partir das quais se desenvolvem, configurando a aplicação dos referidos princípios uma "violência" em todos os sentidos que, emergindo do empirismo daqueles, perfaz, sim, um dogma, uma ideologia de guerra contra a barbárie[177]!

Ao conhecimento o que se impõe não é senão existir somente em ato, tal como se torna essencial à liberdade um exercício que se desenvolva através do movimento sempre imperfeito que mantém uns e outros, todos, enfim, atrelados aos demais, tanto quanto às coisas do mundo, assim como também às tarefas que cabe cada qual cumprir, tudo isso perfazendo uma combinação que não deixa de emergir dos acasos da situação dos indivíduos, tendo em vista que uma concepção negativa, que a circunscreve a si, isolando–a, contribui para transformá–la em um princípio de discriminação[178].

---

[177] "Se a barbárie encontra–se no próprio princípio civilizatório, então pretender se opor a isso tem algo de desesperador." (Adorno, 1995, p. 120)

[178] Convergindo para uma perspectiva que assinala que, escapando aos processos teórico–práticos por intermédio dos quais, no tocante ao real,

Sobrepondo-se à necessidade de que os agentes sociais enquanto novos indivíduos se ajustem absolutamente ao formato proposto pela instituição escolar, portadora simbólica da noção de humanidade da civilização que representa e diante da qual assume o encargo de produzir a integração ética e lógica que demanda, e distinguindo-se da ideia inviável que assinala a responsabilidade de adaptação da escola às necessidades e desejos dos indivíduos, o que se impõe é uma relação que implica na construção de uma humanidade propriamente dita, de um humanismo concreto que escape às forças deterministas do sistema em vigor e possibilite a consciência da sua atuação e influência, bem como, a partir do conhecimento dos seus mecanismos, o seu controle, convergindo para uma historicidade que transponha as fronteiras que envolvem a interpretação de uma simples soma de fatos justapostos para a concepção que a encerra

---

instaura o seu conhecimento e exerce o seu domínio, a liberdade emerge como uma forma de relação que, prescindindo de base metafísica, cabe ao homem desenvolver com o determinismo da experiência, segundo a leitura de Engels. (1976)

sob a acepção de uma totalidade que emerge no instante e na sucessão e que, em movimento, se dirige para um estado que confere ao conjunto o sentido.

"Nenhuma sociedade que contradiga o seu próprio conceito, o de humanidade, pode ter plena consciência de si mesma"[179]. A construção do "humanismo concreto" e da "humanidade verdadeira" no âmbito do processo formativo—educacional emerge como uma possibilidade de conferir à instituição escolar, sob a acepção que a encerra como uma organização social, um determinado grau de autonomia no que tange ao Estado [180] e à sociedade, convergindo para reduzir a influência e os liames de dependência que se impõem envolvendo a relação que implica a instância educacional e o arcabouço sociopolítico, à medida

---

[179] Adorno, 2009b, p. 53.

[180] "Nas nossas sociedades, o Estado contribui de maneira determinante na produção e reprodução dos instrumentos de construção da realidade social. Enquanto estrutura organizacional e instância reguladora das práticas, ele exerce permanentemente uma ação formadora de disposições duradouras, através de todos os constrangimentos e disciplinas corporais e mentais que impõe, de maneira uniforme, ao conjunto dos agentes." (Bourdieu, 2008, p. 116)

que a demanda no que concerne à transformação conteudístico–formal da situação de ensino–aprendizagem não tende senão a promover a superação da condição que se lhe é atribuída no sistema capitalista, concernente ao poder dominante, como instrumento de veiculação e renovação da sua ideologia[181].

Se a "missão" do processo formativo–educacional não envolve senão a pretensão de submeter à essência universal e imutável do homem a existência particular e concreta, singular e real, do indivíduo, segundo a perspectiva essencialista, tendo em vista o objetivo para o qual converge e que não encerra senão a possibilidade que implica no alcance da "perfeição", o que se impõe é a necessidade de superação da tendência "essencialista" ou "substancialista" que caracteriza a dinâmica que se impõe à situação de ensino–aprendizagem e concorre para a noção

---

[181] "Os indivíduos sentem–se, desde o começo, peças de um jogo e ficam tranquilos. Mas, como a ideologia já não garante coisa alguma, salvo que as coisas são o que são, até a sua inverdade específica se reduz ao pobre axioma de que não poderiam ser diferentes do que são." (Adorno; Horkheimer, 1973, p. 203)

que defende uma natureza humana pré–fixada que, correspondendo ao sentido que envolve a "perfectibilidade" iluminística, se mantém subjacente à referida relação, perfazendo a base da estrutura curricular e do tipo de avaliação proposta, sobrepondo–se, em última instância, à leitura que atrela o desenvolvimento humano à esfera da sociabilidade, encerrando a possibilidade de perfeição que carrega, a sua real e concreta perfectibilidade, sob a acepção de um produto histórico.

Sobrepondo–se à definição "substancialista" que caracteriza a relação de ensino–aprendizagem, o que se impõe ao processo formativo–educacional é a instauração de um sistema didático–pedagógico que, tendo como fundamento a noção de que o homem não é, mas se faz, o que implica um processo que envolve comércio e conflito no que concerne à série aberta que emerge das circunstâncias exteriores, não o circunscreva, contudo, às fronteiras do *homo faber*, convergindo para um antiessencialismo que, superando a construção "prometeica" na qual tende a se esgotar, guarde a condição dialética no âmbito de uma operação que não conjuga senão o aspecto passivo (a saber, de que o homem é feito) e o viés ativo (no caso, de que simultaneamente o homem se faz).

Nessa perspectiva, pois, se o que cabe à relação de ensino–aprendizagem é a disponibilização de recursos que implicam da percepção de conceitos (inteligência) à sensibilidade aos valores morais (consciência ética), da sensibilidade aos valores estéticos (consciência estética) à sensibilidade aos valores sociopolíticos (consciência política), perfazendo um arcabouço simbólico que converge para a reprodução da ordem em vigor, à medida que nas suas fronteiras guarda raízes, delas emergindo, a possibilidade de transformação da realidade concreta, no tocante ao contexto que a encerra, não se impõe senão através de agentes que, sob a condição de portadores sociais das referidas forças, dependem, contudo, concernente à sua formação, do próprio curso do processo em questão, que se sobrepõe à noção de mobilidade social que a expectativa gerada pelo horizonte ideológico descortina e demanda não menos do que a negação do sistema de precondicionamento concernente às necessidades humanas e à sua satisfação no âmbito do arcabouço social, tendo em vista a perspectiva que implica na conscientização de que se há, em sua constitutividade, poderes materiais e intelectuais para a instauração de uma sociedade justa e igualitária e a sua viabilização técnica, é a organização da estrutura produtiva, segundo a racionalidade para a qual tende desde a sua fundação e a lógica que a caracteriza, que, permanecendo atrelada à concepção do homem sob a égide do individualismo possessivo, guarda raízes na leitura de um humanismo que originariamente advém da esfera metafísica e que, escapando à vida dos homens e ao solo da sua concretude histórico—social, torna—se refém do arcabouço teórico e do seu movimento especulativo.

IV PARTE

IMANÊNCIA E TRANSCENDÊNCIA NA DIALÉTICA DA FUNDAÇÃO DE UM NOVO HOMEM

Haja vista a profunda transformação que perpassa o momento histórico atual, cuja condição mantém relação com o horizonte da "compreensão herdada do humano", à medida que o conceito metafísico de natureza humana não mais guarda possibilidade de corresponder às demandas da realidade humana, à questão que envolve a mudança de valores o que se impõe à autocompreensão do homem como ser humano simultaneamente não é senão um processo de transmutação radical que, não se circunscrevendo ao âmbito da engenharia genética, da decodificação do genoma, da produção industrial de seres humanos, da instrumentalização da base somática da personalidade, contém um risco que se manifesta como um resultado que dialoga com a instauração do Iluminismo, o qual, exaltando a capacidade humana de conhecer o mundo através das fronteiras da ciência e do rigor, da objetividade e da previsibilidade que a caracterizam, converge para uma prática reducionista que implica desde o objeto próprio das ciências (reduzido à natureza passível de observação, ao fato positivo), até a própria filosofia (reduzida às constatações científicas, aos resultados das ciências), além das ciências humanas (reduzidas às ciências da natureza), perfazendo um modo de racionalidade que guarda correspondência com uma lógica desvinculada de fins humanos, que se detém nos meios, qual seja, a razão instrumental, característica do positivismo, que carrega um viés predominantemente técnico e objetiva a dominação das forças da natureza, consistindo a sua utilização na possibilidade de alcançar altos níveis de produtividade e competitividade em uma conjuntura que se lhe atribui, dessa forma, a função referente à organização das forças produtivas.

Consistindo na possibilidade de emancipação do gênero humano através do intelecto, o progresso da razão converge, **por** meio do desenvolvimento da ciência e da técnica, para o horizonte que encerra o domínio da natureza (interna e externa) e a solução de todos os seus problemas, o que implica na humanização da natureza e na naturalização das relações humanas e culmina na elevação moral e política do gênero, alcançando, em suma, os seus limites, cuja experiência a humanidade vivencia no momento atual, que reflete o esgotamento de um processo cultural e a sua capacidade de extrair as últimas consequências da sua própria dinâmica, da lógica dos seus valores.

Ao contexto que envolve um processo social objetivo que encerra um movimento de regressão que guarda correspondência com a noção de "progresso", que converge para uma "coisificação" que, impedindo a experiência formativa, se lhe sobrepõe uma reflexão afirmativa no tocante à situação em vigor, a "semiformação" (*Halbbildung*) não consiste senão simultaneamente em convencimento e obscurecimento, visto que a consciência de si emerge como um fenômeno que se mantém sob a égide do condicionamento cultural, redundando em uma falsa experiência, à medida que resulta de uma satisfação que, embora atrelada a interesses objetivos, tem como motivação o consumo (dos bens culturais), comprometendo o exercício das possibilidades que carrega.

> A formação cultural agora se converte em uma semiformação socializada, na onipresença do espírito alienado, que, segundo sua gênese e seu sentido, não antecede à formação cultural, mas a sucede. Deste modo, tudo fica aprisionado nas malhas da socialização. Nada fica intocado na natureza, mas, sua rusticidade – a velha ficção – preserva a vida e se reproduz de maneira ampliada. Símbolo de uma consciência que renunciou à autodeterminação, prende–se, de maneira obstinada, a elementos culturais aprovados. Sob seu malefício gravitam como algo decomposto que se orienta à barbárie. Isso tudo não encontra explicação a partir do que tem acontecido ultimamente, nem, certamente, como expressão tópica da sociedade de massas, que, aliás, nada consegue explicar mesmo, apenas assinala um ponto cego ao qual deveria se aplicar o trabalho do conhecimento. Apesar de toda ilustração e de toda informação que se difunde (e até mesmo com sua ajuda) a semiformação passou a ser a forma dominante da consciência atual, o que exige uma teoria que seja abrangente.[182]

Uma relação de correspondência envolvendo as relações sociais e as forças antagônicas que as perfazem, eis o que caracteriza os fatos históricos em seu processo de constituição, sobrepondo–se à perspectiva que os encerra como acontecimentos sequenciais, que se esgotam em e por

---

[182] Adorno, 1996, pp. 388–389.

si mesmos, à medida que não traz senão o princípio de identidade como fundamento, além da concepção de "liberdade" como livre arbítrio, que se mantém sob a égide de "causa" em um contexto que propaga um individualismo que tende a priorizar a interioridade e um tipo de vivência que se mantém imune à qualquer influência externa, circunscrevendo às suas fronteiras, consequentemente, o exercício da autonomia. Tal condição implica uma noção que guarda raízes nas fronteiras da metafísica, convergindo para relegar a um plano secundário a ação e o mundo objetivo cuja construção a demanda em um processo que escapa ao princípio de identidade e encerra forças antagônicas, fingindo ignorar que a negação de forma nenhuma se lhe sobrepõe, não sendo capaz de resistir ao seu desenvolvimento e aos efeitos que produz, antes, no caso, concorrendo para engendrá–los precisamente do modo peculiar como, enfim, se manifestam.

À impossibilidade do sistema educacional e da situação de ensino–aprendizagem estabelecerem uma relação com a história que seja capaz de caracterizá–la como uma *gestalt* o que se impõe é uma concepção cujo sentido tenha como base um processo total em movimento que não converge senão para um estado de equilíbrio que não pode deixar de supor, em virtude da sua lógica, a superação dos antagonismos sociais, das desigualdades e injustiças, em suma, cujo objetivo demanda o esforço e a ação dos homens diante das crises que as contradições instauram e que exigem a readequação do poder do homem sobre a natureza e a reconciliação do homem com o homem, tendo em vista que

> a supressão dessa dimensão [*histórica*] no universo social da racionalidade operacional é uma *supressão da história*, e isso não constitui assunto acadêmico, mas político. É a supressão do próprio passado da sociedade – e do seu futuro, visto que esse futuro invoca a transformação qualitativa, a negação do presente. Um universo da locução em que as categorias de liberdade se tornaram intercambiáveis e até idênticas aos seus opostos está não apenas praticando a linguagem orwelliana e de Esopo, mas repelindo e esquecendo a realidade histórica – o horror do fascismo; a ideia de socialismo; as precondições da democracia; o conteúdo de liberdade.[183]

Nesta perspectiva, à história humana impõe–se a

---

[183] Marcuse, 1967, p. 103, grifos do autor.

necessidade de uma noção que se sobreponha às fronteiras que assinalam uma simples adição de fatos justapostos que correlaciona decisões e aventuras individuais, ideias, interesses, instituições, à medida que não emerge senão, no tocante ao instante e à sucessão, como uma totalidade, cujo movimento tende a um estado que carrega a capacidade de conferir ao conjunto o sentido, o que implica uma espécie de lógica da coexistência humana que converge para as fronteiras que encerram um liame interior envolvendo as morais, as concepções do direito e do mundo, os modos da produção e do trabalho, que se exprimem um no que concerne ao outro através de uma correspondência que mostra todas as atividades humanas constituindo um sistema cujos problemas permanecem interligados, tendo em vista que guardam entre si raízes em uma estrutura caracterizada pela significação cultural das forças produtoras da economia, tanto quanto, inversamente, pela incidência econômica das ideologias.

Ao processo formativo—educacional o que cabe, no âmbito da organização social, não é senão uma função histórica que implica simultaneamente a condição de força motriz da sociedade nova e a condição de detentora dos valores da humanidade, convergindo para um contexto que assinala a necessidade da superação de uma noção de liberdade, virtude e razão que, correlacionando-se na concepção de verdade que fundamenta a construção da realidade, guarda raízes no horizonte de uma *falsa abstração*[184], exercendo, por esse motivo, uma influência coercitiva no que concerne a aplicação dos princípios que se lhe estão atrelados, tendo em vista conservarem uma "pureza" que os subtrai da dialética que preside ao movimento de constituição do real.

Se a dialética marxista encerra a necessidade de conceber a essência do real no sentido que envolve a verdade concreta da existência humana, sob a acepção que

---

[184] Se a abstração consiste na própria vida do pensamento, caracterizando-se como uma espécie de sintoma de sua autenticidade, segundo a perspectiva de Marcuse, eis o esclarecimento que se impõe ao referido conceito: "Mas há abstrações verdadeiras e falsas. Abstração é uma ocorrência histórica num contínuo histórico. Desenrola-se em bases históricas e permanece relacionada com as próprias bases das quais se inicia: o universo social estabelecido. Até mesmo quando a abstração crítica chega à negação do universo da locução estabelecido, as bases sobrevivem na negação (subversão) e limitam as possibilidades do novo ponto de vista." (Marcuse, 1967, p. 135)

implica uma *práxis* histórica que carrega um caráter não—espiritualizado em um processo que implica a superação da mistificação produzida pelo sistema de produção que traz como fundamento a propriedade e a divisão do trabalho, alcança relevância a possibilidade da emergência de uma moralidade que, sobrepondo—se ao caráter falso que se detém no fenômeno que envolve o pensamento ou a vontade (querer), converge para sublinhar a ação (fazer), não mantendo a consciência senão sob suspeita em um contexto caracterizado pelo jogo das forças antagonistas.

> Não se pode reduzir a dialética nem à reificação, nem a qualquer outra categoria isolada, por mais polêmica que ela seja. Por outro lado, o lamento sobre a reificação evita mais do que denuncia aquilo que produz o sofrimento dos homens. O mal está nas relações que condenam os homens à impotência e à apatia, e que, no entanto, teriam de ser alteradas por eles; e não primariamente nos homens e no modo como as relações aparecem para eles. Ante a possibilidade da catástrofe total, a reificação é um epifenômeno; e isso exatamente do mesmo modo que a alienação corporificada por ela e o estado de consciência subjetivo que lhe corresponde.[185]

Nesta perspectiva, o que se impõe ao processo formativo—

---

[185] Adorno, 2009a, p. 163.

educacional no tocante à razão que a preside, é a superação da violência que o seu poder encerra sob a forma científico–técnica, que abrange desde a formação econômico–social até o arcabouço histórico–cultural, convergindo para as fronteiras que implicam um *humanismo abstrato* que dissimula os seus efeitos na existência concreta dos homens enquanto indivíduos, a unidade dos quais não emerge senão através de uma noção de liberdade e igualdade de caráter formal que remete a valores e práticas, condutas e comportamentos, necessidades e objetivos que guardam correspondência com o sistema em vigor, contemplando na prática a adaptação e relegando à interioridade a resistência que, dessa forma, se resume à condição teórica do jogo romântico que envolve as capitulações e a consciência infeliz de uma vida cuja pretensão carrega o estigma da inviabilidade, mantendo–se a sua materialização no horizonte da impossibilidade.

> A adaptação não ultrapassa a sociedade, que se mantém cegamente restrita. A conformação às relações se debate com as fronteiras do poder. Todavia, na vontade de se organizar essas relações de uma maneira digna de seres humanos, sobrevive o poder como princípio que se utiliza da conciliação. Desse modo,

a adaptação se reinstala e o próprio espírito se converte em fetiche, em superioridade do meio organizado universal sobre todo fim racional e no brilho da falsa racionalidade vazia. Ergue–se uma redoma de cristal que, por se desconhecer, julga–se liberdade.[186]

Monopolista e autoritário, eis o *modus operandi* do capitalismo no âmago da organização social pós–moderna, tendo em vista a incapacidade dos sujeitos que, em virtude de uma condição que possibilita o reconhecimento mútuo dos homens como homens e a fruição do humanismo que advém desta correlação, "natural" e "organicamente" se lhe opõe no sentido de construir no curso do desenvolvimento histórico uma ordem alternativa baseada em um programa que guarde raízes nas condições internas do sistema em vigor, sobrepondo–se ao caráter utópico se lhe atribuído pela impossibilidade da instauração de uma noção que correlacione ideia humanista e produção coletiva nas fronteiras da formação econômico–social, convergindo para um tipo de socialismo ("humanista"?) que supere o *humanismo abstrato* ao qual o contexto histórico–cultural tende e que se lhe torna inescapável em face da situação

---

[186] Adorno, 1996, p. 391.

vigente[187].

Se a dissociação envolvendo o pensamento (teoria) e a prática material atribui necessariamente ao pensamento crítico a condição de transcendência e o caráter abstrato, convergindo para distingui–lo como um fenômeno genuíno, o que alcança relevância, concernente ao que consiste na própria vida do pensamento, a saber, a abstração, é a sua veracidade ou a sua falsidade, à medida que o seu desenvolvimento permanece atrelado ao universo social, que perfaz o fundamento histórico do qual emerge e no qual mantém raízes, tendo em vista que até a contraposição referente ao arcabouço de locução não escapa ao mundo social instituído, representando um

---

[187] Nesta perspectiva, alcança relevância a observação de Marcuse acerca do conceito de utopia: "O conceito de utopia é um conceito histórico e se refere a projetos de transformação social cuja realização é considerada impossível. Mas por quais razões são tais projetos considerados como irrealizáveis? Geralmente, quando se discute sobre o conceito de utopia, fala–se de irrealizabilidade como impossibilidade de traduzir em fatos concretos o projeto de uma nova sociedade, na medida em que os fatores subjetivos e objetivos de uma dada situação social se opõem à sua transformação. Trata–se da chamada imaturidade das condições sociais, que obstaculiza a realização de um determinado fim." (Marcuse, 1969, p. 15)

horizonte crítico que, corporificando a sua negação, no sentido de subversão, ainda carrega aquela base que, guardando correspondência com a referida realidade, não deixa de conferir limites às possibilidades da construção ora em gestação.

Nessa perspectiva, à validade do conhecimento o que se impõe não é senão a possibilidade para a qual converge a distância que se estabelece, na situação de ensino–aprendizagem, entre o sujeito e a realidade concreta, o que confere ao processo formativo–educacional a condição que implica a utilização dos princípios do seu arcabouço em momentos, lugares e circunstâncias diversas, tendo em vista que se primeiramente emerge como especulativa, capacitando o agente a desenvolver uma reflexão abrangente envolvendo os conteúdos, tende a descortinar um horizonte de relações passíveis de construção e prenhes de zonas de transformação qualitativa que encerram mecanismos organizacionais, os quais, guardando correspondência com os fundamentos que consubstanciam uma determinada estrutura teórica, não se circunscrevem às fronteiras da explicabilidade mas, em virtude do seu viés evolutivo, se dispõem à constante superação, desde que, tal como nas etapas precedentes à sua constituição atual, o grau de profundidade seja suficiente para a instauração da abertura necessária para o diálogo com o que se lhe transpõe.

Se o caráter especulativo encerra a noção que supõe um movimento de aproximação do arcabouço teórico no que concerne à realidade como objeto de investigação no processo de construção de um campo de saber, a relação para a qual converge através das raízes das asserções, argumentos e inferências dos conteúdos específicos que perfazem o referido horizonte, sobrepondo-se à explicabilidade, não tende senão a promover uma transformação que não se restringe à sua origem e fundamento, nem se detém na interiorização dos conceitos e princípios que o constituem, na sua internalização, mas tende, no seu desenvolvimento, à diluição das fronteiras envolvendo o abstrato e o concreto, o ideal e o real, o subjetivo e o objetivo, o interior e o exterior, encerrando a possibilidade de superação do determinismo que se impõe aos eventos humanos e se lhes atribui a condição de fenômenos acabados, ossificados, por intermédio de um viés de apreensão que os fossiliza no sítio arqueológico do conhecimento sob a lápide de um contexto histórico, à medida que representa a possibilidade de um diálogo que, menos do que um somatório de respostas resultantes de constatações imediatas incapazes de desestabilizar o existente, acena com o desvelamento do sentido dos liames da trama dos acontecimentos, desmascarando a carga de motivos que preside a sua gestação e desocultando a subversão que assinala o seu engendramento.

    A superação do caráter estático da estrutura lógico—formal que, sob o método metafísico de especulação, converge para as fronteiras de um "conhecimento—morto", eis o que se impõe à situação de ensino—aprendizagem em uma correlação que, envolvendo sentido e "liberdade", guarda correspondência com o processo de construção do conhecimento e não demanda senão a transposição das fronteiras que circunscrevem ambos a si mesmos, sob a acepção que os subtrai à concatenação do todo, se lhes atribuindo uma condição que, escapando ao *status* de "realidades" substancialmente variáveis, se lhes encerram como consistências fixas, desde sempre existentes. Dessa forma, não implicando senão uma estrutura de representações que se impõe através de uma aplicação que se circunscreve ao caso concreto, a correlação envolvendo causa e efeito tende a uma investigação que encerra a sua concatenação no âmbito da totalidade na qual guarda raízes e que converge, contudo, para uma trama universal de ações e reações que assinala uma incessante transposição entre ambos os fenômenos em uma construção que pressupõe que uma definição que pretenda lhes subtrair a referida dinâmica, embora compatível com a experiência imediata, torna-se imprópria no que concerne à esfera científica.

Ao saber fragmentado corporificado através do sistema educacional, o que se impõe, diante da percepção que, como o *modus essendi* e o *modus vivendi*, se lhe corresponde, é um horizonte que envolve realidades, problemas e questões transversais, planetárias e globais, tais como aquelas que implicam o meio-ambiente (aquecimento global), a comunicação (internet), o terrorismo (violência), dentre outras cujos efeitos tendem a se inter—relacionar e a se sobrepor à capacidade humana, denunciando uma impotência que guarda raízes no tipo de relação desenvolvida entre o homem e o mundo em virtude do viés instaurado pelo processo de construção do conhecimento, que perfaz uma encruzilhada que demanda a criação de novas possibilidades de vida em sociedade, tendo em vista a necessidade que implica uma "mudança conceitual", qual seja, o exercício de um pensamento que, baseado em conteúdos de "mediação" imprevistos e correlacionados às fronteiras que encerram faculdades e forças incontroláveis, converge para superar a "funcionalização" que determina a racionalidade do sistema em vigor e engendra uma ruptura entre o homem e a própria vida, tornando—se um *pensamento crítico* que em seu movimento de contraposição à organização em vigor transforma—se em uma *consciência histórica*[188].

---

[188] Nesta perspectiva, cabe recorrer à explicação de Marcuse, que afirma: "Se a racionalidade que progride na sociedade industrial desenvolvida

Nessa perspectiva, ao dualismo envolvendo o abstrato e o concreto, o ideal e o real, o subjetivo e o objetivo, o interior e o exterior, o que cabe, no tocante à construção dos valores, não é senão a concepção que, tomando os homens em sua concreticidade histórico–cultural, em sua formação econômico–social e em suas relações produtivas, se lhe sobrepõe, à medida que é nas fronteiras do antagonismo que emergem, convergindo para a superação do existente e da sua ordem através de um movimento que, embora circunscrito aos limites do sistema, guarda possibilidade de transpor as interdições que encerra, mantendo–as sob a referida condição.

Se ao determinismo não implica, por uma razão de princípio, a condição de fatalidade, ao conhecimento das leis o que se impõe não é senão a transformação do

---

tende a liquidar, como uma 'pausa irracional', os elementos perturbadores do Tempo e da Memória, tende também a liquidar a racionalidade perturbadora contida nessa pausa irracional. O reconhecimento e a relação com o passado como sendo presente age contra a funcionalização do pensamento pela realidade estabelecida e nela. O pensamento milita contra o fechamento do universo da locução e do comportamento; possibilita o desenvolvimento dos conceitos que desestabilizam e transcendem o universo fechado ao compreendê–lo como universo histórico." (Marcuse, 1967, pp. 104–105)

resultado dos mecanismos no sentido dos desejos humanos, a saber, o seu domínio, o seu controle, convergindo para uma construção teórica que se caracteriza como a única possibilidade para uma concepção da liberdade que se sobreponha à esfera mitológica para a qual tende e que encerra a negação mágica da necessidade, contrariamente lhe concedendo o que pretendia subtrair, reforçando—a, em última instância, ou seja, a leitura que traz como fundamento o seu conhecimento e a sua dominação prática.

O esgotamento da concepção essencial que implica a noção de que a história detém inteligibilidade e possui, pois, um sentido, eis o que se impõe ao processo formativo—educacional no âmbito da pós—modernidade, que converge para assinalar a impossibilidade da superação das contradições da ordem em vigor, à medida que torna rarefeita a condição dos homens enquanto indivíduos em sua concreticidade histórico—cultural e econômico—social como fator fundamental das relações produtivas, caracterizando como utópica a sua capacidade de organizar a apropriação humana da natureza e a sua habilidade no que concerne à resolução dos antagonismos sociais e nacionais e o domínio do conflito do homem com o homem.

Nesta perspectiva, sobrepondo-se ao cinismo que encerra a noção que envolve o recurso baseado em não menos do que "todos os meios" e "por todos eles" no que tange ao que se propõe obter e que não se caracteriza senão como um resultado a vir que emerge como objeto de representação, assumindo a condição de um fim, o que se impõe ao processo formativo-educacional é a superação das categorias em questão (a saber, de "fins" e de "meios"), à medida que a ação que implica o referido acontecimento, longe de se circunscrever às fronteiras utópicas que se detêm e se esgotam sob a acepção de uma posição que guarda raízes na correlação que abrange entendimento e vontade de um determinado número de finalidades, converge, no que concerne à prática e ao seu exercício na história, para um tipo de desenvolvimento que, no sentido de uma simples extensão da atividade retromencionada, envolve uma existência totalmente comprometida com o movimento de sua realização[189].

Ao argumento envolvendo os "fins", o que se impõe, se o seu recurso se mantém à margem do processo, lhe sendo dispensado, é a impossibilidade de admissão de "todos os meios", à medida que se lhe escapa a descrição que implica um futuro edênico, paradisíaco, para o qual a referida noção tende a convergir, requerendo, pois, uma

---

[189] "À redução ao cálculo consciente, oponho a relação de cumplicidade ontológica entre o *habitus* e o campo. Entre os agentes e o mundo social há uma relação de cumplicidade infraconsciente, infralinguística: os agentes utilizam constantemente em sua prática teses que não são colocadas como tais. Uma conduta humana tem sempre como objetivo, como finalidade, o resultado que é o fim, no sentido de termo, dessa conduta? Acho que não. Então, que relação bizarra é essa, com o mundo social ou natural, na qual os agentes visam certos fins sem colocá–los como tais? Os agentes sociais que tem o sentido do jogo, que incorporaram uma cadeia de esquemas práticos de percepção e de apreciação que funcionam, seja como instrumentos de construção da realidade, seja como princípios de visão e de divisão do universo no qual eles se movem, não tem necessidade de colocar como fins os objetivos de sua prática. Eles não são como *sujeitos* diante de um objeto (ou, menos ainda, diante de um problema) que será constituído como tal por um ato intelectual de conhecimento; eles estão, como se diz, envolvidos em seus *afazeres* (que bem poderíamos escrever como seus *a fazeres*): eles estão presentes no *por vir*, no a fazer, no afazer (*pragma*, em grego), correlato imediato da prática (*práxis*) que não é posto como objeto do pensar, como possível visado em um projeto, mas inscrito no presente do jogo." (Bourdieu, 2008, p. 143, grifos do autor)

ação que justifique a sua aplicação, tendo em vista que o que se torna necessária é uma prática que, sobrepondo-se às regras formais e "universais" institucionalizadas (a saber, sinceridade, objetividade, entre outras), carregue a capacidade de engendrar uma moralidade "verdadeira" sob a acepção de um poder polarizado que em função da própria lógica da situação que vive se detenha nas fronteiras de determinados valores e práticas, condutas e comportamentos que não guardam correspondência senão com a única experiência de vida capaz de possibilitar a construção de uma humanidade concreta.

> Mas como a verdade é tanto um estado de ser como do pensamento, e como este é a expressão e manifestação do outro, o acesso à verdade permanece mera potencialidade enquanto não vive na verdade e com ela. E essa modalidade de existência é fechada ao escravo – e a todo aquele que tem de passar a vida buscando as necessidades da vida. Consequentemente, se o homem não tivesse mais de passar a vida no domínio da necessidade, a verdade e uma existência humana verdadeira seriam *universais* em sentido estrito e real.[190]

Se os homens que, segundo a lógica da histórica,

---

[190] Marcuse, 1967, p. 130, grifo do autor.

correlacionam a força do trabalho e a experiência verdadeira da vida humana, emergem sob a condição que envolve simultaneamente um fator objetivo da economia política e um sistema de consciência, um fato e um valor, o que se impõe não é senão a conjugação que implica o útil e o válido, à medida que a utilidade que atribui aos sujeitos a posição que ocupam, independentemente da designação se lhes imputada, converge, conforme a interpretação de Merleau–Ponty, para a noção que encerra "na história o válido em ação"[191].

Nesta perspectiva, se não cabe nenhuma representação envolvendo uma "sociedade a vir", o que torna–se inescapável, diante de um mundo caracterizado pela contradição e pela decomposição, é a constatação da impossibilidade para a qual tende a sua constituição como tal, que se sobrepõe à consciência de um fim e a concepção que encerra a sua transformação em um arcabouço edênico, paradisíaco, implicando, através de uma investigação que tenha como fundamento a forma histórica da contradição,

---

[191] Merleau–Ponty, 1968, p. 133.

a saber, a luta de classes, em uma ação que, guardando a possibilidade de desenvolvimento, escapa à condição de se lhe atribuir "fins" que, no tocante à concreticidade histórico—cultural e econômico—social, detêm—se no campo do imaginário, não tendo valor para o pensamento se de algum modo não for objeto da vivência dos homens.

Alcança relevância, dessa forma, a necessidade de se sobrepor ao conflito envolvendo as exigências do realismo e as demandas da moral, à medida que não se caracteriza senão como uma mistificação a suposta "moral" que emerge da ordem capitalista, produto das relações que vigoram no sistema, constituindo—o, convergindo para uma perspectiva que, longe de configurar um imoralismo propriamente dito, perfaz uma abordagem que, no que concerne às virtudes e à moral, escapa às fronteiras da subjetividade dos homens enquanto indivíduos, não se circunscrevendo à sua interioridade mas guardando raízes na realidade concreta da sua coexistência.

Escapando à possibilidade de se deter em um além do presente, ao qual se lhe permaneça circunscrito, o que se impõe, no tocante aos fins últimos, é a necessidade de se sobrepor às iniciativas que trazem um conteúdo que, em função da tendência imprópria se lhe atribuída, demanda, em nome dos objetivos em questão, justificativa, permanecendo sob a égide das "boas intenções", convergindo para as fronteiras que encerram uma contradição que implica os seus próprios princípios de gestão, à medida que o que corresponde à realidade é uma relação baseada na interdependência dialética abrangendo o fim e os meios[192], tendo em vista a relativização das referidas noções em um contexto que assinala a alteração dos papéis que cumprem em um processo que confere caráter indispensável a cada momento, que carrega, pois, um valor que supera qualquer definição estrutural nestes termos no sentido que os isola e os torna autoexcludentes, se lhes atribuindo uma condição inferior no que concerne ao instante "final".

---

[192] Ideia essencial expressa por Leon Trotsky, segundo Merleau–Ponty, que esclarece: "Na realidade, não há o fim e os meios, só há meios ou fins, como se queira dizer, em outros termos há um processo revolucionário do qual cada momento é tão indispensável, tão válido quanto o utópico momento 'final'. *O materialismo dialético não separa o fim dos meios.*" (Merleau–Ponty, 1968, p. 133–134, grifos meus)

Isolar meios e fins, atribuindo um valor positivo a cada um desses momentos em um movimento que transforma um em relação ao outro em uma determinação que converge para as fronteiras que encerram um caráter arbitrário, circunscrito à esfera de uma individualidade abstrata, torna-se um pressuposto para impor à mediação uma condição instrumental, que detém um poder que permanece relegado à exterioridade de um processo que implica a produção de uma objetividade que não guarda raízes senão na tendência do seu próprio conteúdo constitutivo[193], o qual, por sua vez, sob a acepção de meios, consiste no resultado de um conjunto de elementos da totalidade do sistema que, em face de uma específica organização na ocasião antecedente, teve o *status* de fins,

---

[193] Torna-se relevante, neste sentido, a exposição hegeliana acerca da dialética entre os meios e os fins: "É também aqui que se encontra o conhecido princípio: o fim justifica os meios. A primeira vista e em si mesma, esta expressão é trivial e nada significa. E logo se pode acrescentar com segurança que um fim justo sem dúvida justifica os meios, o que não acontece com um fim injusto. Se o fim é justo, também os meios o são: eis uma proposição tautológica, pois um meio é precisamente o que por si nada é e que para ser carece do fim que lhe confere, se é verdadeiramente um meio, a sua determinação e o seu valor." (Hegel, § 140, 1997, p. 131)

"cumprindo" a referida função em uma estrutura em constante mutação, haja vista a impossibilidade da transposição de um paradigma positivista baseado na distinção entre sujeito e objeto para a vitalidade ética da relação que abrange a vontade e o mundo.

A impossibilidade de separação envolvendo o fim e os meios, eis o que se impõe ao materialismo dialético, que converge para as fronteiras que encerram a subordinação orgânica dos meios em relação aos fins, deduzidos naturalmente do futuro histórico em um processo que implica a transformação do fim imediato no meio que emerge no que concerne ao fim ulterior, sobrepondo-se aos extremismos que defendem, seja o recurso à noção que admite a utilização de "todos os meios", seja a perspectiva que sublinha o dever de agir, independentemente das consequências, escapando à leitura em questão a possibilidade quanto ao alcance de determinados fins através de meios que não se lhes guardem correspondência, tendo em vista o fundamento que, caracterizando a referida interpretação, assinala, no tocante à história, uma lógica tal que atrela "meios" a "fins" e "fins" a "meios" sob a acepção que mostra que não são quaisquer "meios" que encaminham aos "fins" propostos, à medida que detém em si mesma uma dinâmica que abrange da contingência das coisas à liberdade dos indivíduos, transformando—as em razão.

> Apesar de toda ética da reflexão, o "princípio da humanidade enquanto fim em si mesmo" não é nada meramente interior, mas uma indicação para a realização de um conceito do homem que, enquanto princípio social, ainda que interiorizado, não tem seu lugar senão em cada indivíduo. Kant precisa ter observado o sentido duplo da palavra "humanidade", enquanto ideia do ser—humano e da suma conceitual de todos os homens. Com perspicácia dialética, mesmo que jogando com as palavras, ele introduziu esse duplo sentido na teoria. Por conseguinte, sua terminologia continua oscilando entre expressões ônticas e expressões ligadas à ideia. Os sujeitos humanos viventes são tão certamente os "seres racionais" quanto "o reino universal dos fins em si mesmos": que deve ser idêntico aos seres racionais, transcende em Kant esses seres. Ele não gostaria nem de conceder a ideia de humanidade à sociedade estabelecida, nem de deixá—la se volatilizar até se transformar em fantasma.[194]

Se enquanto indivíduos em sua concreticidade histórico—cultural e econômico—social, os homens que correlacionam, segundo a lógica da história, a força do trabalho e a experiência verdadeira da vida humana,

---

[194] Adorno, 2009a, p. 216—217.

emergem sob a égide que envolve simultaneamente um fator objetivo da economia política e um sistema de consciência, um *fato* e um *valor*, no âmbito de uma sociedade em estado de decomposição propriamente dito e em cuja organização detém o máximo de humanidade alcançável ou a humanidade concreta ou "verdadeira", o que cabe à sua ação é uma relação de cumplicidade que se sobrepõe à qualquer outro vínculo, tendo em vista a sua capacidade de aglutinar as forças de oposição ao existente através do envolvimento para o qual converge a condição que ocupam e a situação que compartilham os seus agentes em um processo que encerra uma identificação entre os tais que não se desenvolve senão em função do sofrimento e da dor que se lhes irmana.

ASPECTOS CONCLUSIVOS[195]

(A CONDIÇÃO HUMANA

ENTRE OS MUROS DA ESCOLA)

Longe de ter por objeto único ou principal o indivíduo e seus interesses, a educação é, acima de tudo, o meio pelo qual a sociedade renova perpetuamente as condições de sua própria existência.[196]

---

[195] A referida conclusão é constituída por trechos que integram o conteúdo publicado em forma de artigo nas seguintes revistas científicas: **Cadernos Zygmunt Bauman / UFMA**, ISSN 2236–4099, v. 6, n. 12, p. 51–85, 2016, São Luís — MA, Brasil, sob o título O *processo formativo–educacional entre a integração durkheimiana e a alienação marxiana*; **Saberes — Revista Interdisciplinar de Filosofia e Educação / UFRN**, ISSN 1984–3879, v. 1, n. 14, pp. 81–107, out. 2016, Natal - RN, Brasil, sob o título O *sistema educacional e a racionalização burocrática entre a tipologia das ações humanas e a teoria da dominação de Weber*; **Revista Eletrônica de Educação da Faculdade Araguaia — RENEFARA**, ISSN 2236–8779, v. 11, n. 1, jun. 2017, Goiânia - GO, Brasil, sob o título O *sistema escolar entre o espaço social e o habitus segundo o estruturalismo construtivista de Bourdieu*; **Revista da Faculdade de Educação da UNEMAT**, ISSN 2178–7476, v. 23, n. 1, ano 13, pp. 75–97, jan./jun. 2015, Cáceres — MT, Brasil, sob o título *Determinismo e liberdade no processo de construção do conhecimento: da condição humana entre os muros da escola*; **Cadernos Zygmunt Bauman / UFMA**, ISSN 2236–4099, v. 5, n. 10, pp. 19–41, 2015, São Luís — MA, Brasil, sob o título *Do sistema educacional e o desafio da fundação de um novo homem entre a organização científico–técnica e a formação econômico–social*.

[196] Durkheim, 1965, p. 82.

Se o processo formativo—educacional sobrepõe—se ao indivíduo e aos interesses que se lhe estão atrelados como tal, não se lhes circunscrevendo, guardando liames de correspondência que envolvem a adequação dos sujeitos às necessidades da sociedade tende para a reafirmação das condições organizativas preexistentes, das condicionalidades organizantes aos condicionantes organizacionais que se inter—relacionam em um arcabouço estrutural que converge para as fronteiras que encerram a homogeneização (relativa[197]).

Nessa perspectiva, correlacionando as noções que encerram consenso, ordem e coesão social, a teoria de Durkheim, como sublinha o Capítulo 1, concebe a sociedade política como uma organização caracterizada pelo equilíbrio e pela harmonia, convergindo para a transposição do conflito social, que escapa ao *estado*

---

[197] Tendo em vista que a diferenciação e a solidariedade que se inter—relacionam na constituição da sociedade caracterizada pela divisão do trabalho social converge para a necessidade acerca de um determinado grau de heterogeneidade em sua formação.

normal[198], carregando a situação de ensino–aprendizagem, dessa forma, uma condição que implica uma relação de correspondência envolvendo os valores, as necessidades e os objetivos de uma determinada sociedade, constituindo-se o postulado de uma "educação ideal" uma abstração contraproducente, que tende a negar a realidade de um arcabouço de atividades e de instituições que, em um contexto histórico–cultural e econômico–social específico, contempla um sistema educacional que não pode senão guardar correspondência com a estrutura da qual emerge e expressa, haja vista que tal concepção atribui um caráter voluntário à organização dos homens em sociedade e se

---

[198] "O *continuum* parte daqueles que veem qualquer grupo social, qualquer sociedade e qualquer organização como algo de harmônico e de equilibrado; harmonia e equilíbrio constituiriam o *estado normal* (Comte, Spencer, Pareto, Durkheim, e entre os contemporâneos, Talcott Parsons). Todo o Conflito, então, é considerado uma perturbação; mas não é somente isso; já que o equilíbrio e uma relação harmônica entre os vários componentes da sociedade constituem o estado normal, as causas do Conflito são meta–sociais, isto é, devem ser encontradas fora da própria sociedade, e o Conflito é um mal que deve ser reprimido e eliminado. O Conflito é uma patologia social." (Bobbio; Matteucci; Pasquino, 1998, p. 226, grifos do autor)

detém na questão da natureza dos meios e dos fins escolhidos para a sua realização como tal.

> Se se começa por indagar qual deva ser a educação ideal, abstração feita das condições de tempo e lugar, é porque se admite, implicitamente, que os sistemas educativos nada têm de real em si mesmos. Não se vê neles um conjunto de atividades e de instituições, lentamente organizadas no tempo, solidárias com todas as outras instituições sociais, que a educação exprime ou reflete, instituições essas, por consequência, que não podem ser mudadas à vontade, mas só com a estrutura mesma da sociedade.[199]

Se as maneiras de agir e de pensar preestabelecidas caracterizam-se como *sociais*, consistindo em *fatos especiais* que convergem para as fronteiras que encerram a coercibilidade, a exterioridade e a generalidade, o que se impõe aos valores e práticas, condutas e comportamentos é uma instituição que, no desenvolvimento das relações sociais, implica um processo que não guarda correspondência com a psicologia individual, sobrepondo-se à personalidade, à medida que consistem em fenômenos impessoais, coletivos, que constituem, em última instância,

---

[199] Durkheim, 1965, p. 36.

uma herança de modelos culturais que, mantendo—se irredutível à dinâmica da luta de classes e ao antagonismo das forças produtivas, perfaz um dos efeitos do sistema educacional, configurando um patrimônio que se lhe cabe transmitir na situação de ensino—aprendizagem, reproduzindo o seu conteúdo em função da necessidade da conservação da organização político—social enquanto tal e da renovação da sua existência, tendo em vista que

> uma sociedade integrada será a que assegurar a todos os seus membros a possibilidade de realizar sua vocação própria, de maneira que haja coincidência entre os fins procurados pelos indivíduos e os fins coletivos.[200]

Instaurando o materialismo histórico e dialético, a teoria de Marx, por sua vez, definindo a diferencialização do ser humano em relação aos animais através da condição que assume na produção dos seus meios de existência, concebe a sua essência como o conjunto das relações sociais, identificando a sua capacidade de construir—se a si mesmo, tendo em vista que escapa ao nicho conceitual de

---

[200] Pizzorno, 2005, p. 68.

fenômeno acabado e emerge como um "processo", em suma, um "ser—em—*devir*", enfim, cuja constituição e realização não acontece senão na própria história, convergindo para uma perspectiva que atribui ao processo formativo—educacional, na circunscrição do capitalismo, o caráter de um instrumento de manutenção da hierarquizacionalidade social, engendrando, em nome da unilateralidade, a alienação, à medida que tende a institucionalizar o abismo que caracteriza a relação envolvendo o aprendizado que encerra a necessidade acerca do conteúdo científico—técnico atrelado ao cumprimento de uma função no sistema produtivo e uma formação que possibilite ao ser humano o desenvolvimento e o exercício de suas potencialidades. Tal condição implica a proposta marxiana de uma educação *omnilateral*, que, guardando distinção concernente à visão de educação "integral" e a sua conotação moral e afetiva, mantém—se sob a acepção de múltipla, escapando, enfim, à redução acarretada pela tendência "profissionalizante" que diferencia o trabalho das escolas industriais da época, tendo em vista a sua capacidade de convergir para o aperfeiçoamento do ser humano numa perspectiva abrangente, concorrendo, dessa forma, para o aprimoramento de todos os aspectos da sua existência.

À dialética envolvendo homem e ambiente socioprodutivo, que emerge como um sistema cuja existência se mantém sob a égide de uma criação humana "reificada", o que se impõe ao *homo faber* como condição resultante da concepção positiva atribuída a sua natureza em função da atividade que estabelece a distinção entre os seres humanos e a animalidade, segundo a leitura marxiana, é a superação da passividade que perfaz a sua existência na esfera de uma formação econômico–social que se lhe determina e cuja transformação torna–se fundamental para a recuperação do movimento que implica a sua autoformação através de um processo que encerra o equilíbrio entre a capacidade de *formação* e a possibilidade de *abertura*, tendo em vista o *essencialismo* que subjaz ao conceito em questão (a saber, referente ao *homo faber*), e o caráter da relação dialética que este carrega e que permanece circunscrita, pois, às suas fronteiras.

> A doutrina materialista que pretende que os homens sejam produtos das circunstâncias e da educação, e que, consequentemente, homens transformados sejam produtos de outras circunstâncias e de uma educação modificada, esquece que são precisamente os homens que transformam as circunstâncias e que o próprio educador precisa ser educado. (...) A coincidência da mudança das circunstâncias e da atividade humana ou automudança só pode ser considerada e compreendida racionalmente como práxis *revolucionária*.[201]

Se a "humanização" do homem depende da transição do "reino da necessidade", que caracteriza a organização das relações e das forças produtivas em um sistema baseado na divisão de atividades e classes, a saber, a ordem capitalista, para o "reino da liberdade", o que implica a eliminação do trabalho como fonte de alienação, recurso de exploração e fundamento da desigualdade, ou seja, a apropriação dos meios de produção pela humanidade em sua totalidade concreta através de um processo que, instaurando a verdadeira universalidade, converge para estabelecer o movimento de reconciliação do ser humano consigo

---

[201] Marx In: Marx; Engels, 2002, p. 100, grifo do autor.

próprio, o que emerge como fundamental é o movimento de transição envolvendo ambos os estágios históricos em um processo no qual o viés ético atrelado à *práxis* educativa tende a conferir aos sujeitos da situação de ensino–aprendizagem a possibilidade de instituírem conscientemente seus fins no sentido de contribuir para a superação do sistema baseado no "igualitarismo da ideologia capitalista", isto é, na mitologia da igualdade, e no "individualismo possessivo", tendo em vista que se o trabalho guarda a acepção de uma unidade que encerra o pôr capaz de produzir um efeito real de uma dada objetividade e a atividade ideal anterior orientada e mediada por um propósito específico, a ação imbricada na formação consiste em uma disposição objetiva de um fim preestabelecido, tornando–se uma "causalidade posta" o seu resultado.

> Portanto, o trabalho introduz no ser a unitária inter–relação, dualisticamente fundada, entre teleologia e causalidade; antes de seu surgimento havia na natureza apenas processos causais. Em termos realmente ontológicos, tais complexos duplos só existem no trabalho e em suas consequências sociais, na práxis social. O modelo do pôr teleológico modificador da realidade torna–se,

assim, fundamento ontológico de toda práxis social, isto é, humana.[202]

Nessa perspectiva, alcança relevância a questão que envolve a origem e o processo de desenvolvimento da educação como uma totalidade histórico—cultural, em cuja perspectiva o conceito de prática pode emergir através de sua unidade com a teoria, que implica interdependência e autonomia (relativa), visto que a inexistência da consciência da *práxis* impede a percepção do exercício pedagógico como uma construção gradual que guarda raízes na concreticidade da vivência da situação de ensino—aprendizagem, tendo em vista que "uma orientação para a práxis, não importa de que tipo, que salta utopicamente por cima da situação atual das coisas, só pode fracassar diante da realidade"[203]. Dessa forma, se somente um processo de abstração é capaz de instaurar a ruptura entre ambas (teoria e prática, ideal e material), torna—se fundamental, no que concerne ao sujeito da *práxis*, a

---

[202] Lukács, 2010, p. 40—41.

[203] Lukács, 2010, p. 254.

questão que envolve a sua concepção de realidade e do significado da relação teórico–prática no processo formativo–educacional, além da noção de exercício pedagógico.

> Na medida em que as pessoas agem na vida, seus pores de fins, os caminhos que seguem para realizá–los só podem ocorrer no quadro das respectivas determinações existentes da objetividade e em vir–a–ser. O caráter elementar da práxis real pressupõe ("sob pena de perecer", como Marx circunscreve a necessidade socialmente ativa) um confronto com as determinações objetivas dadas, um confronto permanentemente prático e por isso consciente, por vezes formulado em pensamento, até teórico em determinadas condições sócio–historicamente dadas.[204]

Se o que se impõe à natureza humana, sob a égide do *homo faber*, é a necessidade envolvendo uma atividade incessante de produção na esfera de uma organização político–social que subtrai os meios e instrumentos do complexo produtivo dos detentores da força de trabalho (os trabalhadores) e os mantêm sob o poder de uma classe que vive à margem do processo produtivo, tal condição, determinada pelo sistema capitalista, longe de possibilitar a

---

[204] Lukács, 2010, p. 268.

concretização desse movimento de autorrealização, converge para obstaculizá-lo à medida que a divisão do trabalho não acarreta senão a alienação. Neste contexto, pois, emerge como paradoxal os fins da relação de ensino—aprendizagem, à medida que, se lhe cabe inelutavelmente atender às necessidades e objetivos da organização capitalista, disponibilizando os recursos científico—técnicos (tecnológicos) correspondentes, engendrando, dessa forma, o seu desenvolvimento, o que se impõe ao trabalho educativo, simultaneamente, é a construção da consciência da superação de uma conjuntura que encerra um pensamento intencional e mistificador que, consciente ou não, detém-se nas fronteiras que justificam um determinado contexto histórico—cultural e econômico—social e que, por essa razão, não alcança a elucidação da realidade, tendo em vista que

> a questão de atribuir ao pensamento humano uma verdade objetiva não é uma questão teórica, mas sim uma questão prática. É na práxis que o homem precisa provar a verdade, isto é, a realidade e a força, a terrenalidade do seu pensamento. A discussão sobre a realidade ou a irrealidade do pensamento -

isolado da práxis – é puramente *escolástica*.[205]

Nessa perspectiva, constituindo-se o pôr teleológico implicado na atividade educacional, a despeito da limitação do imperativo da coação institucional e da proporção do seu exercício, a possibilidade de instituir a correlação envolvendo os fatores que convergem para a transformação da ordem, que não pressupõe senão uma situação revolucionária fundada pela intensificação do antagonismo das classes e pela sua consequência, a autodestruição da estrutura econômica, eis a conclusão que se impõe:

> Esse entrelaçamento mútuo dos fatores puramente subjetivos e de fatores que, a partir dos atos do sujeito, se sintetizam em objetividade social, produz o verdadeiro sentido da fundamental tese geral de Marx de que os seres humanos fazem eles mesmas a sua história (a história do gênero humano), mas jamais em condições por eles mesmos escolhidas.[206]

Correlacionando poder, legitimidade e autoridade, a teoria sociológica da dominação de Weber estabelece uma tipologia envolvendo os modos e as origens da legitimidade

---

[205] Marx In: Marx; Engels, 2002, p. 100.

[206] Lukács, 2010, p. 238–239.

através de uma perspectiva que, conforme mostra o Capítulo 2, atribui relevância as relações de influência recíproca que abrange os tipos de obediência, as formas de organização e o sistema econômico, convergindo para a distinção entre a dominação baseada na legalidade das regras estabelecidas e na legitimidade que implica uma sujeição que guarda correspondência com a lei (dominação racional–legal), a dominação baseada no caráter sagrado dos costumes e na legitimidade que implica uma sujeição que guarda correspondência com a tradição (dominação tradicional), e a dominação baseada nas qualidades excepcionais de uma personalidade e na legitimidade que implica uma sujeição que guarda correspondência com a influência que o seu exercício é capaz de potencializar por meio da ordem assim instaurada (dominação carismática).

Nessa perspectiva, estabelecendo um paralelismo envolvendo o processo de mecanização da indústria e a tendência à sua progressiva burocratização, a teoria weberiana da burocracia, baseada em uma perspectiva histórica, converge para as fronteiras que encerram um modelo organizacional que emerge como ideal, à medida que guarda correspondência com os pressupostos da racionalização que se impõem à coordenação das atividades da administração pública ou privada, convergindo para a instauração de um arcabouço de leis, regras ou disposições de caráter impessoal que, perfazendo as atribuições dos especialistas (funcionários), instituindo relações entre funções, sobrepõe-se às relações de dependência pessoal e à arbitrariedade que se lhes determina, consistindo em um sistema centralizado que possibilita o controle absoluto das operações realizadas e dos procedimentos empregados tendo em vista uma finalidade objetiva determinada.

Longe de se circunscrever à esfera administrativa de uma instituição pública ou privada mas alcançando todos os âmbitos da sociedade, a burocratização envolve um processo que caracteriza-se como um determinado tipo de organização capaz de enfrentar a complexidade que se impõe à modernidade, convergindo para as fronteiras que encerram uma comunicação que pressupõe uma estrutura hierárquica e uma transmissão vertical que tem origem no seu topo e uma conduta cuja especificidade não deixa de implicar um certo arcabouço ideológico, a saber, a ideologia burocrática, que substitui a ética protestante dos fundadores da ordem capitalista.

Ao sistema educacional, nessa perspectiva, cabe estabelecer a normatização científico–técnica da totalidade político–social, investindo na formação dos sujeitos que comporão o quadro de funcionários das empresas e cumprirão as atribuições facultadas pela máquina em uma conjuntura que tende a superar a dependência pessoal pela impessoalidade das relações entre funções e atribuições através de um arcabouço de leis, regras ou disposições administrativas que, contudo, constitui um poder e uma autoridade baseada na habilitação concedida pela posse de títulos e diplomas, haja vista o princípio da competência concernente ao fluxo dos deveres e atividades e a necessidade de conhecimentos técnicos para a ocupação dos cargos que, em última instância, transformam o indivíduo em um agente de uma finalidade objetiva determinada.

> Universidades, escolas superiores técnicas e comerciais, escolas industriais, academias militares, escolas especializadas de todos os tipos imagináveis (escolas de jornalismo): o exame

especializado como pressuposto de todos os cargos compensadores e, sobretudo, "garantidos", privados e públicos, o diploma de exame como fundamento de todas as pretensões de reconhecimento social (conúbio e relações sociais com as "altas rodas"), o salário "adequado ao nível social", seguro e com direito a uma pensão, e, se possível, aumentos e ascensão por anos de serviço — tudo isto já constituía a verdadeira "exigência do dia", apoiada pelo interesse nas matrículas por parte das escolas superiores, conjugado à aspiração de prebendas de seus alunos, tanto nas instituições estatais quanto fora delas. Aqui cabe apenas examinar as consequências para a vida política, pois esta situação objetiva da burocratização oculta–se, na verdade, também atrás daquilo que, com eufemismo, se chama "socialismo do futuro", atrás do *slogan* da "organização", da "economia cooperativista" e, em geral, de todas as expressões semelhantes da atualidade. Sempre significam (mesmo que pretendam exatamente o contrário), no resultado: a criação de burocracia. Certamente, a burocracia não é, de modo algum, a única forma moderna de organização, do mesmo modo que a fábrica não é, nem de longe, a única forma de empresa industrial. Mas ambas são aquelas que imprimem seu timbre na era atual e no futuro previsível. À burocratização pertence o futuro.[207]

Resultando na concessão de títulos e diplomas, se a especialização e a qualificação profissional convergem para o estabelecimento da normatização da sociedade, encerrando a condição de capacitar científico–tecnicamente os sujeitos, se lhes conferindo as habilidades

---

[207] Weber, 1999, p. 540.

necessárias para o exercício das atividades burocráticas que requer a organização social, o processo que envolve a conquista de *status* e privilégios culturais e econômicos que lhe são decorrentes não tende a implicar senão a anulação do indivíduo.

Nessa perspectiva, a burocratização consiste em um processo que, caracterizando a tendência à racionalização da sociedade moderna, converge para a instauração de um sistema educacional capaz de formar especialistas, conferindo aos sujeitos a qualificação que a organização social requer a fim de que preencham as funções e assumam as responsabilidades que competem aos indivíduos na esfera de uma instituição pública ou privada e na sua estrutura hierárquica, o que implica a construção de relações de pertencimento a um determinado grupo baseado nestas prerrogativas, sobrepondo–se ao conceito do processo de formação da civilização helênica, da civilização medieval e da civilização chinesa, que contém um conteúdo incompatível com a noção de utilidade concernente a uma certa especialidade, segundo Weber, que identifica na relação de ensino–aprendizagem baseada na capacitação e no treinamento do indivíduo a sua absoluta sujeição à máquina burocrática e, consequentemente, um movimento que inevitavelmente contempla a progressiva redução do seu ser.

> Como é possível, diante desta tendência irresistível à burocratização, salvar pelo menos alguns resquícios de uma liberdade de ação "individualista" em algum sentido? Pois, afinal de contas, constitui uma autoilusão muito grave a idéia de que sem estas conquistas da época dos "direitos do homem" poderíamos – e isto se aplica também ao mais conservador entre nós – sobreviver em nossos tempos.[208]

À produção do conhecimento de caráter científico e racional o que se impõe, segundo Weber, é a necessidade de autonomia[209] no exercício do trabalho docente que, em face do processo de burocratização, permanece sob a égide

---

[208] Weber, 1999, p. 542.

[209] Alcança relevância, nessa perspectiva, a advertência de Weber: "As universidades não têm, como tarefa sua, transmitir qualquer ponto de vista ou opinião que seja quer 'hostil ao Estado', quer 'favorável ao Estado'. Elas nas são instituições destinadas à inculcação de valores morais absolutos ou fundamentais. Elas examinam os fatos, suas condições, leis e inter–relações; examinam os conceitos, seus pressupostos lógicos e seu verdadeiro significado." (Weber, 1989, p. 69–70)

das autoridades estatais e eclesiásticas, tendo em vista uma organização que, baseada em uma hierarquia de funções, assinala a concentração de poder no topo da administração e a centralização das decisões em um sistema de comando que encerra uma estrutura no qual em todos os escalões as autoridades inferiores são controladas pelas instâncias superiores através de uma fluxo que pressupõe ordens e informações em um movimento que implica descida e subida e que acena com imposição e sujeição, atribuindo ao superior a condição de domínio do geral que ao inferior escapa em função da restrição do seu campo de atuação ao singular e à especificidade do particular. Dessa forma, eis a conclusão de Weber:

> (...) se o Estado concebe a influência de que goza – em consequência da situação econômica das universidades – como um meio de conseguir determinada obediência política no seio dos estudantes universitários, em vez de encará-la como um pressuposto de responsabilidade cultural, então os interesses da ciência e da erudição dentro de tal tipo de "Estado" não estão melhor servidos e, de fato, sob muitos aspectos, estão pior servidos do que em sua anterior situação de dependência da Igreja.[210]

---

[210] Weber, 1989, p. 69.

Nessa perspectiva, a burocratização das instituições universitárias encerra um processo que implica a sua conversão em empresas de caráter capitalista, à medida que o funcionamento de determinados departamentos demanda o investimento de recursos significativos, convergindo para um contexto que, encerrando uma tendência de progressiva racionalização e especialização, assinala a destituição do corpo docente dos instrumentos e ferramentas que possibilitam o exercício da sua atividade, configurando uma situação de desapropriação dos meios de produção que guarda similaridade com a emergência da indústria e o seu desenvolvimento em detrimento do trabalho dos indivíduos que em suas próprias oficinas executavam o seu ofício e a sua ocupação[211], cuja condição Weber denuncia,

---

[211] "Sociologicamente falando, o Estado moderno é uma 'empresa' (*Betrieb*) idêntica a uma fábrica: esta, exatamente, é sua peculiaridade histórica. Aqui como lá, as relações de autoridade têm as mesmas raízes. A relativa independência do artesão, do dono da indústria caseira, do camponês senhorial, do comendatário, do cavaleiro e do vassalo baseava–se em sua *propriedade* das ferramentas, suprimentos, finanças e armas, com os quais exerciam suas funções econômicas, políticas e militares, e se mantinham. Em contraste, a dependência hierárquica do trabalhador assalariado, do funcionário administrativo e técnico, do

assinalando que se o processo formativo—educacional converge para as fronteiras que encerram uma atividade caracterizada pela livre expressão científica e política, a instituição educacional, como *lócus* da construção do conhecimento, não carrega senão a possibilidade de conferir aos agentes sociais envolvidos na situação de ensino—aprendizagem as condições necessárias para a instauração do debate e da crítica[212].

À organização que encerra os campos e o espaço social em um sistema de relações abrangendo estruturas objetivas e estruturas subjetivas baseado no processo de

---

assistente no instituto acadêmico, assim como do servidor público e do soldado, deve—se ao fato de que, em seu caso, *os meios indispensáveis para a consecução da empresa e para o ganho da subsistência estão nas mãos do empresário, ou mandatário político*. (...) Esse fato econômico de extrema importância: a 'separação' entre o trabalhador e o meio material de produção, de destruição, de administração, de pesquisa acadêmica, e de finanças, em geral, é a base comum do Estado moderno, em suas esferas políticas, cultural, militar, e da economia privada capitalista." (Weber, 1997, p. 40, grifos meus)

[212] Conforme sublinha Marianne Weber, que afirma: "Uma universidade como ele [Max Weber] a imaginava não devia ser uma 'igreja' nem uma 'seita' nem uma instituição defensora do estado, mas um *foro de liberdade* e de *luta intelectual*." (Weber, 2003, p. 354, grifos meus)

interiorização da exterioridade e de *exteriorização da interioridade* o que se impõe, como defende o Capítulo 3, é um movimento de reprodução inevitável que, contudo, não converge para o imobilismo e a estaticidade que tendem a reduzi–lo à mera repetição ou imitação mecânica envolvendo as condições sociais objetivas de existência e as relações de poder implicadas, tendo em vista a relativização atribuída pelo dinamismo que caracteriza a teoria *relacional* bourdieusiana que, baseada em uma perspectiva genética e funcionalista, assinala a existência de uma determinada autonomia dos campos no que concerne às transformações histórico–sociais e político–econômicas que se desenvolvem na sociedade.

Baseada em escolhas cuja ordenação guarda correspondência com as condições sociais objetivas de existência, a reprodução da ordem encerra uma construção que se sobrepõe ao conhecimento e à vontade, conforme defende Bourdieu que, detendo–se na ação do sistema escolar, identifica a aplicação de categorias de percepção e de avaliação estruturadas em conformidade com um sistema que funciona através de uma engrenagem que se mantém sob condição de exterioridade em relação aos agentes, aos quais se sobrepõe, perfazendo um processo designado como *máquina infernal*, que se impõe coercitivamente aos sujeitos em um movimento que, comparado a um jogo, demanda dos participantes esforços e sacrifícios que estão para além de suas capacidades e possibilidades em uma conjuntura na qual

> os jogos sociais são jogos que se fazem esquecer como jogos e a *illusio* é essa relação encantada com um jogo que é o produto de uma relação de cumplicidade ontológica entre as estruturas mentais e as estruturas objetivas do espaço social.[213]

Nesta perspectiva, à articulação envolvendo o subjetivo e o objetivo, que propõe a superação da oposição entre objetivismo e subjetivismo, impõe-se uma relação dialética que converge para uma prática que, como produto da conjunção que encerra as disposições estruturadas e as estruturas objetivas, implica um movimento que circunscreve-se a um campo socialmente predeterminado,

---

[213] Bourdieu, 2008, p. 139–140.

tal como o campo escolar, o qual, transcendendo os agentes e as suas interações, emerge como *locus* da luta incessante baseada no antagonismo atrelado às posições sociais e na contradição dos seus interesses em um processo de concorrência que se desenvolve em função da conquista do domínio e da sua legitimidade em um sistema que assinala, em suma, o caráter prefigurado do seu resultado, à medida que as suas possibilidades estão inscritas no princípio da estruturação dos *habitus*.

> O habitus é um operador de racionalidade, mas de uma racionalidade prática, imanente a um sistema histórico de relações sociais e, portanto, transcendente ao indivíduo. As estratégias que "gera" são sistemáticas mas ad hoc, na medida em que elas são "desencadeadas" pelo encontro com um campo particular. O habitus é criativo, inventivo, mas dentro dos limites de suas estruturas.[214]

Correlacionando em condição de imanência uma necessidade e uma lógica, o recurso à imagem do jogo para a evocação das coisas sociais converge para as fronteiras que atribuem à ação social o caráter de uma atividade que, sobrepondo—se a um exercício que resulta da obediência à

---

[214] Bourdieu; Wacquant, 1992, p. 26.

regra, guarda correspondência com certas *regularidades* em um processo no qual o sentido do jogo consiste em uma forma de conhecimento da necessidade e da lógica que o caracterizam em um modelo que não se circunscreve ao horizonte que envolve o mero registro das normas explícitas ou o enunciado das regularidades mas que estabelece a integração de ambas através de princípios de regulação e regularidade das práticas construídos por intermédio de *modos de existência diferentes*, segundo Bourdieu, que confere a capacidade de tal articulação ao *habitus*, "essa disposição regrada para gerar condutas regradas e regulares, à margem de qualquer referência a regras"[215].

Nesta perspectiva, se como um sistema simbólico as significações que perfazem objetivamente uma determinada cultura não trazem como fundamento nenhum princípio universal (físico, biológico ou espiritual) capaz de justificar a sua seleção, à eficácia simbólica da forma, que guarda correspondência com a sua capacidade de racionalização, o que se impõe é a sua atuação no sentido de atribuir

---

[215] Bourdieu, 2004, p. 84.

legitimidade a uma ação ou a um discurso cuja aceitação, reconhecimento, aprovação, permanecem condicionados ao exercício de uma força que converge para a construção de uma aparência de universalidade, o que implica uma violência cujo efeito encerra a transfiguração das relações de dominação e de submissão em um processo que se lhes caracteriza como relações afetivas, à medida que se a instauração da violência simbólica depende da ausência de sua percepção como tal, o seu fundamento não consiste senão nas crenças socialmente inculcadas.

> Como a teoria da magia, a teoria da violência simbólica apoia-se em uma teoria da crença ou, melhor, em uma teoria da produção da crença, do trabalho de socialização necessário para produzir agentes dotados de esquemas de percepção e de avaliação que lhes farão perceber as injunções inscritas em uma situação, ou em um discurso, e obedecê–las.[216]

Configurando–se como um espaço social específico (escolar, cultural, político, agrícola, etc.), o *campo* encerra em sua constituição relações objetivas baseadas em um processo de dominação que guarda correspondência com o

---

[216] Bourdieu, 2008, p. 171.

quantum social e a sua distribuição desigual, cuja condição, determinando as posições sociais, define a estrutura do referido espaço à medida que estabelece a distinção entre dominantes e dominados segundo uma lógica própria a cada área e em consonância com os seus objetivos peculiares e com os princípios de divisão da sua organização em um sistema de estratificação que implica um incessante movimento abrangendo os diferentes universos e as forças e estratégias que lhes são correspondentes e a luta envolvendo os agentes no sentido de manter ou subverter a ordem através da imposição do princípio dominante de dominação, que emerge da "taxa de câmbio" entre os diferentes tipos de capital (capital econômico e capital cultural) e a possibilidade de sua conservação ou transformação[217].

O capital econômico e o capital cultural, além do

---

[217] Tendo em vista que, contrapondo–se à perspectiva que circunscreve a teoria bourdieusiana às fronteiras da reprodução mecânica, Louis Pinto defende que "Pierre Bourdieu jamais comparou um campo a um jogo de forças cegas. Num campo existem reais possibilidades de transformação, mas que são muito diferentes conforme a posição ocupada." (Pinto, 2000, p. 10)

capital simbólico, que consiste na forma que assume os diferentes tipos de capital em sua legitimidade, perfazem poderes sociais fundamentais em um sistema de estratificação que encerra relações entre posições que implica a concorrência em face da apropriação dos bens raros em um processo no qual os agentes tendem a investir na "maximização dos lucros", à medida que a distribuição dos sujeitos no espaço social corresponde ao volume de capital que, sob diferentes espécies, permanece em seu poder, e em conformidade com o peso relativo que, em seu volume total, caracteriza os tipos de capital, convergindo para uma ordem cuja legitimação sobrepõe—se à imposição simbólica e resulta da relação entre as estruturas objetivas do mundo social e as disposições estruturadas e os esquemas de percepção, pensamento e ação que das referidas condições advêm, perfazendo uma construção que tem uma lógica própria, capaz de atribuir às lutas simbólicas, individuais e coletivas, uma autonomia real no que concerne às estruturas nas quais guardam raízes, haja vista que o que cabe à sua instauração é o reconhecimento do capital simbólico através das categorias de percepção e apreciação que impõe em uma conjuntura que, desse modo, traz a tendência de reproduzir nas relações de poder simbólico as relações objetivas de poder[218].

Nessa perspectiva, se converge para uma compatibilidade estrutural a relação envolvendo o *ethos*, que guarda raízes nas fronteiras que encerram a origem e a pertinência dos agentes, e as condições de sua atualização, que implicam estruturas sociais objetivas de existência inscritas na instituição educacional e na estrutura de suas relações com as classes ou grupos dominantes, tal correspondência não pressupõe senão a primazia da estrutura objetiva da correlação entre o sistema de ensino e

---

[218] "O poder simbólico como poder de constituir o dado pela enunciação, de fazer ver e fazer crer, de confirmar ou de transformar a visão do mundo e, deste modo, a ação sobre o mundo, portanto o mundo; poder quase mágico que permite obter o equivalente daquilo que é obtido pela força (física ou econômica), graças ao efeito específico de mobilização, só se exerce se for *reconhecido*, quer dizer, ignorado como arbitrário. Isto significa que o poder simbólico não reside nos 'sistemas simbólicos' em forma de uma 'illocutionary force' mas que se define numa relação determinada – e por meio desta – entre os que exercem o poder e os que lhe estão sujeitos, quer dizer, isto é, na própria estrutura do campo em que se produz e se reproduz a *crença*." (Bourdieu, 1989, p. 14–15, grifos do autor)

as classes dominantes no processo de reprodução social e cultural que desenvolve em uma conjuntura na qual "o sistema de ensino só é um espaço de luta tão importante porque ele tem o monopólio da produção em massa de produtores e de consumidores" [219]. Dessa forma, ao funcionamento da instituição educacional e à estrutura de suas relações com as classes ou grupos dominantes o que se impõe é um processo que guarda correspondência com "o conjunto das condições sociais de produção e de reprodução dos produtores e dos consumidores"[220], a saber, o mercado, à medida que a luta em função de um capital específico (o capital linguístico, por exemplo) não implica senão a questão que envolve a reprodução de uma competência e o domínio dos seus instrumentos em uma relação cujo caráter fundamental permanece atrelado ao monopólio da reprodução do mercado, haja vista o papel que o mercado cumpre no contexto das relações de força

---

[219] Bourdieu In: Ortiz, 1983a, p. 165.

[220] Bourdieu In: Ortiz, 1983a, p. 165.

econômicas e culturais concernente ao processo de atribuição de valor que, não circunscrevendo-se às fronteiras que encerram competências, habilidades, títulos, etc., implica as próprias atividades imbricadas na situação de ensino—aprendizagem[221].

Espaço de relações de força envolvendo os diferentes tipos de capital ou os agentes dotados de uma dessas espécies de capital na proporção requerida para o exercício

---

[221] Nesta perspectiva, para fins de exemplificação, cabe recorrer à observação de Bourdieu acerca das questões fundamentais da sociologia do sistema de ensino, questões estas cuja organização implica a questão última da *delegação*:
"O professor, queira ou não queira, saiba ou não saiba, e muito especialmente quando se crê em ruptura com o seu papel, continua a ser um mandatário, um delegado que não pode redefinir a sua tarefas sem entrar em contradições e sem pôr em contradições também os seus receptores *enquanto não forem transformadas as leis do mercado por referência às quais ele define negativa ou positivamente as leis relativamente autônomas do pequeno mercado que instaura na sua aula*. Por exemplo, um professor que se recusa a dar notas ou se recusa a corrigir a linguagem dos seus alunos tem o direito de o fazer, mas pode, fazendo-o, comprometer as oportunidades dos seus alunos no mercado matrimonial ou no mercado econômico, onde as leis do mercado linguístico continuam a impor-se. O que nem por isso deve conduzir a uma atitude de demissão.
A ideia de produzir um espaço autônomo arrancado às leis do mercado é uma utopia perigosa enquanto não se puser simultaneamente a questão das condições de possibilidade políticas da generalização dessa utopia." (Bourdieu, 2003, p. 111–112, grifos meus)

da dominação, o campo do poder encerra lutas que convergem para a intensificação diante da possibilidade de alteração do valor relativo dos distintos tipos de capital e da tendência de mudança dos equilíbrios que se impõem às instâncias de reprodução do poder, convergindo para as fronteiras que encerram uma estrutura em constante movimento, haja vista que o espaço social global emerge simultaneamente sob a condição que abrange um campo de forças que em função do exercício da sua influência instaura uma ambiência de necessidade e um campo de lutas que implica o confronto entre os agentes em face da sua posição e que, por essa razão, traz como base um conjunto de meios e fins correspondentes ao estado da sua posição na referida estrutura do campo de forças em um sistema cuja dominação, sobrepondo-se ao caráter do efeito de uma relação que pressupõe a manifestação das "classes dominantes" por intermédio dos seus poderes de coerção, consiste, em suma, no

> efeito indireto de um conjunto complexo de ações que se engendram na rede cruzada de limitações que cada um dos dominantes, dominado assim pela estrutura do campo através

do qual se exerce a dominação, sofre de parte de todos os outros.[222]

Nessa perspectiva, se a perspectiva genética e funcionalista distingue a teoria bourdieusiana, que se sobrepõe ao objetivismo sociológico e à teoria da prática que se lhe caracteriza e converge para negligenciar os aspectos que perfazem o sistema de reprodução e envolve a atuação dos sujeitos, à noção de "estrutura estruturada" Bourdieu impõe a concepção de "estrutura estruturante" em uma construção que atribui à realidade social a condição de um processo que guarda correspondência com a ação de fatores "subjetivos" em um movimento de contínua reconstrução baseado na instrumentalidade do *habitus* e que mantém a interação sob a égide de uma relação de poder, que pressupõe um *campo* como espaço social específico e posições sociais predeterminadas como condições objetivas de existência. Dessa forma, se a estrutura do espaço social consiste no produto das correlações envolvendo as *posições sociais*, as *disposições*

---

[222] Bourdieu, 2008, p. 52.

(*habitus*) e as *tomadas de posição* dos agentes sociais, a transformação do campo escolar guarda correspondência com a relação envolvendo a sua estrutura e as alterações externas que influenciam o contexto das relações entre as famílias e as instituições educacionais em um processo que encerra como princípio da estruturação das experiências escolares o *habitus* enquanto conjunto de disposições adquiridas no âmbito familiar, o que implica uma correlação abrangendo a estrutura objetiva e as condições do exercício do *habitus* em uma conjuntura na qual emerge como uma história transformada em natureza que converge para um movimento que encerra uma coação imposta pelas condições sociais objetivas que alcança a interioridade e demanda um "trabalho de reapropriação" que traz como pressuposição a noção de liberdade como uma conquista coletiva e fundamenta—se na capacidade dos agentes de constituírem—se como "sujeitos livres", tendo em vista a concepção que defende que "uma lei ignorada é uma natureza, um destino (é o caso da relação entre o capital cultural herdado e o sucesso escolar); uma lei conhecida aparece como a possibilidade de uma liberdade."[223]

    Ao processo formativo–educacional o que se impõe, segundo a leitura de *Entre os muros da escola*, exposta no Capítulo 4, é a necessidade quanto à superação de conceitos tais como razão, ciência e progresso, os quais emergem do arcabouço da modernidade, não detendo condições, na contemporaneidade, de justificarem os fenômenos e as realidades para cujas fronteiras convergem, o que implica em uma prática didático–pedagógica que se lhes sobreponha, não mais se circunscrevendo à esfera que envolve noções como "saber totalizante", "razão iluminista", "progresso cumulativo", "axiomas inquestionáveis", "sujeito racional, livre e autônomo", que encerram significados transcendentais que reclamam um questionamento capaz de desmistificá–los, expondo a sua gênese histórico–cultural e as imbricações econômico–sociais que guardam o seu processo de construção.

    Se a especificidade sociocultural que se impõe a uma coletividade não traz como reflexo senão principalmente a

---

[223] Bourdieu, 2003, p. 49.

língua, a tensão crescente envolvendo a relação de ensino–aprendizagem no âmbito de uma realidade multicultural, conforme denuncia Cantet na referida produção, converge para a necessidade de superação do paradigma etnocentrista que caracteriza o processo formativo–educacional em questão e que, por essa razão, implica a imposição de valores e práticas, condutas e comportamentos, necessidades e objetivos que objetivam a "civilização" dos sujeitos, os quais, em função dos efeitos do colonialismo (francês, no caso), cabe sobrepor às diferenças que carregam e aos estereótipos que encerram e que trazem como base a etnicidade, uma capacidade de integração ética e lógica (cultural) que se lhes confira aptidão no sentido de torná–las parte do arcabouço que, conjugando um inapreensível jogo de forças políticas, socioeconômicas, histórico–culturais, guarda uma dinamicidade que se manifesta através do modo de pensar, sentir, agir, por meio da maneira de ser e viver, que supõe uma construção que emerge do solo das relações sociais.

Caracterizando–se como uma produção social, ao processo formativo–educacional o que se impõe é um acontecimento que não pode prescindir da concreticidade econômico–social e histórico–cultural que pressupõe a sua experiência, guardando um sentido que, no que tange ao processo de construção do conhecimento, converge para a unidade entre a teoria e a prática, demandando a articulação dos conteúdos conceituais, atitudinais, comportamentais que o perfazem no que concerne às necessidades *reais* da comunidade, à medida que a incapacidade de se lhes corresponder na esfera da organização social compromete o viés identitário de um espaço que, pressupondo o interesse comum como paradigma, deve superar a condição que o circunscreve à mera soma de interesses particulares que contempla o funcionamento de uma estrutura que traz em seu âmago um viés hierárquico que, desde o arcabouço administrativo até a situação de ensino–aprendizagem, assinala um princípio constitutivo de um exercício didático–pedagógico mecanicista que, sob a influência da burocracia[224] estatal,

---

[224] Convém sublinhar que a burocracia se impõe como "um desses universos que, como o do direito, atribui–se a lei de submissão ao

tende a se esgotar na institucionalização de um "conhecimento–ídolo", a saber, circunscrito à estéril formalidade que da estrutura curricular ao paradigma avaliativo se destina a obtenção de um título, a posse de um *status quo* e a condição de adequação ao sistema em vigor, visto que sobrepõe a instituição e a noção abstrata que implica a sua existência aos indivíduos concretos que emergem de contextos socioeconômicos e histórico–culturais díspares, os quais verdadeiramente a forjam como tal e cujas vidas, vivências e vivencializações possibilitam a sua constituição, plasmando a sua "substância" entre os muros da escola.

A situação de ensino–aprendizagem, nesta perspectiva, não emerge senão como um acontecimento que, no tocante à unidade pressuposta no paradigma da cultura do sistema em vigor, implica "a falsa identidade do

---

universal, ao interesse geral, ao serviço público, reconhecível na filosofia da burocracia como classe universal, neutra, acima dos conflitos, a serviço do interesse público, da racionalidade (ou da racionalização)." (Bourdieu, 2008, pp. 155–156).

universal e do particular"[225], sobrepondo–se ao sentido do processo de construção do conhecimento, que converge para autoafirmar–se como um fenômeno histórico–social que emerge da estruturalidade das inter–relações das dimensões políticas, econômicas, culturais, em síntese, encerrando em seu arcabouço forças de caráter ambivalente, à medida que, propondo um horizonte de integracionalidade universal, remete para as fronteiras de um viés identitário que se lhe escapa em face da realidade multicultural que se impõe à concreticidade da prática didático–pedagógica, cujo exercício, baseado no ideal de docência, discência e institucionalidade que carrega o pressuposto do princípio de identidade, abdicando da contradição que se lhe mostra inerente, pois, tende a se tornar contraproducente, visto que ao complexo equilíbrio dos antagonismos que a sua função demanda sobrepõe à homogeneidade simplificadora que pretende reduzir o *modus vivendi* ao âmbito dos conteúdos curriculares, a vida humana e os fenômenos que a implicam ao campo do

---

[225] Adorno; Horkheimer, 2009b, p. 5.

paradigma avaliativo escolar e aos seus resultados.

Ao pluralismo étnico–racial, socioeconômico e histórico–cultural que caracteriza a turma do prof. François, sobrepondo–se à heterogeneidade da comunidade escolar retratada pela produção em questão, o que se impõe à prática didático–pedagógica não é senão a perspectiva monocultural, que atribui, no que tange aos indivíduos concretos que participam do processo formativo–educacional, saberes, necessidades e objetivos que convergem para as fronteiras do princípio de identidade, o que implica na padronização que envolve da estrutura curricular ao paradigma avaliativo em detrimento do arcabouço de símbolos e do legado de valores e práticas, condutas e comportamentos que singularizam e particularizam os homens no âmbito das relações sociais e na construção da realidade, à medida que encerra uma multiplicidade de possibilidades interpretativas, tanto quanto uma infinidade de manifestações.

Castigo, impunidade, regras, normas... Zona de tolerância... Reino da arbitrariedade... Aos conteúdos conceituais em questão, expostos na reunião do corpo docente da instituição escolar francesa, o que se impõe não é senão a aplicação de princípios que perfazem um verdadeiro plano de guerra, convergindo para uma ideologia que se contrapõe ao que ora emerge como uma barbárie, não por acaso consistindo em uma ação cujo alvo é um grupo de indivíduos que traz como base uma realidade plural que reflete a tensão que envolve valores e práticas, condutas e comportamentos, no que concerne às relações étnico—raciais, socioeconômicas e histórico—culturais que a "globalização", desde o colonialismo, em nome do "progresso", instaura, em detrimento dos homens da "realidade concreta" (a saber, que sinonimiza a realidade em ato, regional, local).

Da consciência racional, calculista, quase cínica, que se propõe objetivos como tais, como possíveis, eis o que se impõe ao processo formativo—educacional e à situação de ensino—aprendizagem, convergindo no âmbito da instituição escolar para se sobrepor à relação prática de pré—ocupação que caracteriza o acontecimento em questão e que supõe não menos do que a presença imediata de um por vir inscrito no presente, implicando a necessidade de superação da perspectiva que assinala, no que concerne aos agentes, a posse e o exercício de uma finalidade que, no sentido de objetivo, encerra o termo (fim) de sua trajetória, acarretando, em função disso, a transformação do trajeto em projeto.[226]

Direitos formais, liberdade por e em si mesma, igualdade abstrata, conhecimento em ideia – eis as características que se impõem ao sistema social, convergindo para um contexto sociocultural no qual o processo formativo–educacional, consagrando um "estado puro" da relação de ensino–aprendizagem institucionalizado pelo ideal constitucional de uma nação e corporificado pelos símbolos de uma pátria, procura evitar qualquer tipo de diálogo com uma realidade concreta cuja construção, que não traz como fundamento senão a produção socioeconômica e as relações que implica, carrega desajustes e rupturas, desequilíbrios e fraturas, distúrbios que, enfim, são encarnados pelos próprios protagonistas, aos quais, em razão da sua condição histórico–cultural, escapa o sentido que aos conteúdos cabe, no que concerne à vida

---

[226] Bourdieu, 2008.

propriamente dita na esfera de uma determinada organização social, o homem atribuir, tornando em ato um fenômeno que, de outra forma, ficando relegado à zona da interioridade, não provoca efeitos práticos.

Da inexistência de agentes e veículos de transformação social, eis o que se impõe ao âmbito de um sistema cuja teia da dominação não emerge senão como a teia da própria Razão, encerrando uma ausência que promove o recuo da crítica para um alto nível de abstração, não havendo campo algum capaz de possibilitar a harmonização envolvendo teoria e prática, pensamento e ação, em um contexto que sublinha que, no que concerne às alternativas históricas, a análise empírica, independentemente do grau, até o mais alto, assume a condição de especulação irreal, perfazendo uma questão de preferência pessoal (ou grupal) a sua adesão.[227]

Nessa perspectiva, o que se impõe é a exigência da aceitação dos seus princípios, que se caracterizam como inquestionáveis em virtude da imunidade adquirida na

---

[227] Marcuse, 1967.

esfera de uma estrutura que reclama a sua aplicação sistemática, tendo em vista se constituírem como mecanismos indispensáveis no que tange ao funcionamento de uma instituição cujo paradigma corresponde ao tipo de organização social que a encerra e que tende, em nome da ordem em vigor, se não a reduzir a discussão e a promoção de diretrizes alternativas a autorizá-la, dentro do *status quo*, contudo, tornando-se o não-conformismo socialmente inútil diante de condições histórico-culturais e econômico-sociais que implicam em um padrão de vida crescente que compreende as necessidades e os objetivos dos quais emergem e que guardam correspondência com a lógica da formação-econômico-social que fundamenta o sistema, condicionando-o, independentemente da possibilidade para a qual converge, sobrepondo aos indivíduos concretos que a compõem uma noção de instituição que em face da razão instrumental que a rege, relega a segundo plano o humano do homem.

> A consciência é 'não-livre' no quanto é determinada pelas exigências e pelos interesses da sociedade estabelecida; no

quanto a sociedade estabelecida é irracional, a consciência se torna livre para a mais elevada racionalidade histórica somente na luta *contra* a sociedade estabelecida.[228]

Se a impotência do pensamento diante da realidade concreta no que tange à sua mudança, modificação, transformação, converge para a necessidade que implica na sua transcendência para a prática, tendo em vista que a própria dissociação do âmbito desta última não emerge senão para caracterizá—lo como abstrato e ideológico, sobrepondo—se ao caráter que a encerra em si e por si, o que se impõe ao conhecimento *real* e, consequentemente, à liberdade concreta, não é senão um significado que somente pode implicar a libertação do homem como indivíduo concreto das forças sobre as quais não tem controle eficaz algum e que se lhe escapam, enfim, no âmbito das relações que necessariamente vigoram entre os muros da escola.

À instituição escolar como organização social o que se impõe, conforme assinala o Capítulo 5, é um processo de

---

[228] Marcuse, 1967, p. 207, grifo do autor.

transformação qualitativa, o que implica não somente na distinção entre "consciência verdadeira"[229] e consciência falsa, mas na sua validação, convergindo para a transposição das fronteiras do interesse imediato para o interesse real, correspondendo a uma necessidade que não envolve senão a negação da positividade, em última instância, a mudança do estilo de vida daqueles que, através das relações de produção que a sua existência reclama, a constituem, enfim, perfazendo–a como tal, a cuja possibilidade de recusa o sistema vigente se contrapõe, se lhe reprimindo com a intensidade que caracteriza o funcionamento do mercado, desde a produtividade até o consumo, tendo em vista a perspectiva que encerra a pretensão de aplicar os princípios do domínio científico da natureza no fenômeno que cabe designar sob a égide que assinala a conquista do homem cientificamente, subtraindo, o referido contexto, dos

---

[229] Eis as fronteiras para as quais convergem a concepção de educação, segundo a leitura adorniana que, distinguindo–a do processo que envolve a "modelagem de pessoas", tanto quanto da "mera transmissão de conhecimentos", converge para sublinhar a capacidade que implica a "produção de uma consciência verdadeira". (Adorno, 1995)

agentes e veículos sociais, em face do desenvolvimento técnico–científico e dos benefícios que lhe estão agregados, a sua capacidade crítica, que se esgota em si à medida que não dispõe de fundamento lógico para realizar o movimento de transcendência da sociedade.

A definição de alternativas históricas, pois, no sentido de possibilitar a emancipação dos agentes sociais, se lhes conferindo a capacidade de construção da sua história enquanto indivíduos concretos, eis o que se impõe à reflexão que, detendo–se na correlação envolvendo sociedade e educação em seu *devir*, se caracteriza como essencial para a realização do conteúdo "positivo" do processo formativo–educacional e da situação de ensino–aprendizagem, cuja correlação fundamental converge para a formação social do "sujeito" (agente) que, abrangendo o momento subjetivo do conhecimento e o momento objetivo da subjetividade, implica, em última instância, em uma racionalidade à qual não se impõe senão a experiência formativa dialética.[230]

Se há uma correlação envolvendo sentido e

---

[230] Maar In: Adorno, 1995.

"liberdade", que guarda correspondência com o processo de construção do conhecimento e não demanda senão a transposição das fronteiras que circunscrevem ambos a si mesmos, sob a acepção que os subtrai à concatenação do todo, se lhes atribuindo um caráter estático que, escapando à condição de "realidades" substancialmente variáveis, se lhes encerram como consistências fixas, desde sempre existentes, o que se impõe é a questão que envolve a inconsciência em face das forças da imanência na esfera das relações que se desenvolvem na instauração do processo formativo—educacional e da situação de ensino—aprendizagem, tendo em vista o arcabouço ideológico que se lhe sobrepõe, sublinhando uma leitura de "liberdade" que, existindo em si e por si mesma, independentemente da coletividade, implica um exercício que, trazendo o outro como limite (negatividade), guarda o sentido de transcendência, embora atrelado à sua interioridade, à esfera subjetiva, não a ultrapasse objetivamente, esgotando-se como ideia, em sua abstração, negando o seu caráter rigorosamente histórico.

Nesta perspectiva, se a tendência do processo formativo—

educacional e da situação de ensino—aprendizagem, da instituição escolar, do sistema educacional, em suma, não é senão, circunscrevendo-se ao seu condicionamento social ou histórico—cultural, permanecer relegada à condição de refém do contexto político—social, econômico—social e sociocultural existente, o que se impõe à teoria crítica não é menos do que o desvelamento das raízes não—acidentais do movimento deste fenômeno que consiste na base da existência sócio—histórica do homem e que guarda, simultaneamente, a capacidade de se lhe tornar contraproducente, à medida que converge para a limitação das suas possibilidades reais e, consequentemente, para a alienação, tendo em vista que, incorporando os conteúdos conceituais em termos de um tipo de pensamento (e existência) essencialmente diferente da realidade concreta, da qual se mantém dissociada, em face da ruptura envolvendo o que ora se designa e constitui objeto de elaboração e os sujeitos vivos - agentes, no caso -, o que resulta da separação em questão é o engendramento de um arcabouço imune à contingência empírica, qual seja, sob a acepção de um reino da razão que se lhe está purgado e que, contendo direitos formais, liberdade em si e por si, igualdade abstrata, conhecimento em ideia, entre outros elementos, transforma, conforme assinala a leitura marcusiana, em uma relação abstrata epistemológica (ou ontológica) a relação dialética (concreta) entre a verdade essencial e a verdade aparente[231].

Longe de impor uma noção de humanidade que, perpassando o arcabouço paradigmático de valores e práticas, condutas e comportamentos, necessidades e objetivos, que não guarda correspondência senão com a formação econômico—social da ordem social em vigor, que em sua estruturalidade carrega a injustiça e a desigualdade, além da tendência irreversível de renovar a referida condição, dissimulando a sua superação dessa forma, para além do sonho ou da mistificação que caracteriza a definição daquilo que não se restringe à esfera de um conceito que emerge *a priori* mas demanda a construção dos

---

[231] "Os julgamentos da realidade em questão são substituídos por proposições definindo as formas gerais do pensamento, objetos do pensamento e relações entre pensamento e seus objetos. O sujeito do pensamento se torna a forma pura e universal de subjetividade, da qual são removidos todos os particulares." (Marcuse, 1967, pp. 135–136)

homens entre os homens e nos homens, à medida que implica, em última instância, no reconhecimento dos homens pelos homens, o que cabe ao processo formativo—educacional, não é senão engendrar as condições necessárias para que os agentes sociais, na circunscrição da instituição escolar, possam lançar as bases de fundação de uma nova concepção do significado de humano (ou da humanidade propriamente dita), sobrepondo-se à nominalidade que advém do inegável fato que assinala um percentual significativo dos homens enquanto indivíduos concretos relegados, no âmbito sociopolítico e, consequentemente nas demais dimensões que integram o arcabouço social, a um tipo de existência que encerra uma espécie de vida por procuração, que distingue senhores e escravos, dominantes e dominados, que instaura um regime de violência em todos os aspectos (simbólico e físico) em um contexto no qual o sentido da história se impõe através de uma espécie de lógica da coexistência humana e supõe uma correlação interna que abrange as morais, as interpretações do direito e do mundo, os modos de produção e do trabalho, entre outras atividades que, nesta perspectiva, se exprimem uma à outra, formando, em suma, um sistema.

REFERÊNCIAS BIBLIOGRÁFICAS

ACCARDO, Alain; CORCUFF, Philippe. *La sociologie de Pierre Bourdieu: textes choisis et commentés*. Bordeaux: Le Mascaret, 1986;

ADORNO, Theodor L. W—. Crítica cultural e sociedade. Traduzido por Augustin Wernet e Jorge Mattos Brito de Almeida. In: ADORNO, Theodor L. W—. **Indústria cultural e sociedade**. Seleção de textos: Jorge Mattos Brito de Almeida. Col. Leitura. Tradução de Juba Elisabeth Levy (et al.). 5. ed. São Paulo: Paz e Terra, 2009b, pp. 45–61;

ADORNO, Theodor L. W—. **Dialética negativa**. Tradução de Marco Antônio Casanova. Rio de Janeiro: Jorge Zahar Editora, 2009a;

ADORNO, Theodor L. W—. **Educação e emancipação**. Tradução de Wolfgang Leo Maar. Rio de Janeiro: Paz e Terra, 1995;

ADORNO, Theodor L. W—. **Indústria cultural e sociedade**. Seleção de textos: Jorge Mattos Brito de Almeida. Col. Leitura. Tradução de Juba Elisabeth Levy (et al.). 5. ed. São Paulo: Paz e Terra, 2009b;

ADORNO, Theodor L. W—. **Minima moralia.** Tradução de Artur Morão. Lisboa: Edições 70, 2001;

ADORNO, Theodor L. W—. Teoria da semicultura. Tradução de Newton Ramos—de—Oliveira, Bruno Pucci e Claudia B. Moura de Abreu. In: **Educação & Sociedade: Revista Quadrienal de Ciência da Educação**, ano XVII, n. 56, Campinas: Editora Papirus, dez. 1996, pp. 388–411;

ADORNO, Theodor W—; HORKHEIMER, Max. O iluminismo como mistificação das massas. Tradução de Juba Elisabeth Levy. In: ADORNO, Theodor L. W—. **Indústria cultural e sociedade.** Seleção de textos: Jorge Mattos Brito de Almeida. Col. Leitura. Tradução de Juba Elisabeth Levy (et al.). 5. ed. São Paulo: Paz e Terra, 2009b, pp. 5–44;

ADORNO, Theodor L. W—; HORKHEIMER, Max. **Temas básicos de sociologia.** Tradução de Álvaro Cabral. São Paulo: Cultrix/USP, 1973;

ALTHUSSER, Louis. **Ideologia e Aparelhos Ideológicos de Estado:** notas para uma investigação. Tradução de Joaquim José de Moura Ramos. Lisboa: Editorial Presença, 1970;

ARON, Raymond. **As etapas do pensamento sociológico.** Tradução de Sérgio Bath. 5. ed. São Paulo: Martins Fontes, 1999;

BENDIX, Reinhard. **Max Weber:** um perfil intelectual. Tradução de Elisabeth Hanna e José Viegas Filho. Brasília: UnB, 1986;

BOBBIO, Norberto; MATTEUCCI, Nicola; PASQUINO, Gianfranco. **Dicionário de Política.** Vol. 1. Tradução de Carmen C. Varriale *et al.* 11. ed. Brasília: Ed. Universidade de Brasília, 1998;

BONNEWITZ, Patrice. **Primeiras lições sobre a sociologia de Pierre Bourdieu.** Tradução de Lucy Magalhães. 2. ed. Petrópolis: Vozes, 2005;

BOURDIEU, Pierre. **A distinção:** crítica social do julgamento. Tradução Daniela Kern e Guilherme J. F. Teixeira. São Paulo: Edusp / Porto Alegre: Zouk, 2007a;

BOURDIEU, Pierre. A economia das trocas linguísticas. In: ORTIZ, Renato (Org.). **Pierre Bourdieu:** sociologia. São Paulo: Ática, 1983a, p. 156–183;

BOURDIEU, Pierre. **A economia das trocas simbólicas.**

Tradução de Sergio Miceli. 6. ed. São Paulo: Perspectiva, 2007b;

BOURDIEU, Pierre. **Coisas ditas**. Tradução de Cássia R. da Silveira e Denise Moreno Pegorim. São Paulo: Brasiliense, 2004;

BOURDIEU, Pierre. Esboço de uma teoria da prática. In: ORTIZ, Renato (Org.). **Pierre Bourdieu:** sociologia. São Paulo: Ática, 1983b, p. 46–81;

BOURDIEU, Pierre. O campo científico. In: ORTIZ, Renato (Org.). **Pierre Bourdieu:** sociologia. São Paulo: Ática, 1983c, p. 122–155;

BOURDIEU, Pierre. **O poder simbólico**. Tradução de Fernando Tomaz. Lisboa: Difel / Rio de Janeiro: Bertrand Brasil, 1989;

BOURDIEU, Pierre. **Questões de sociologia**. Tradução de Miguel Serras Pereira. Lisboa: Fim de Século, 2003;

BOURDIEU, Pierre. **Razões práticas**: sobre a teoria da ação. Tradução de Mariza Corrêa. 9. ed. Campinas: Papirus, 2008;

BOURDIEU, Pierre. Trabalhos e projetos. In: ORTIZ, Renato (Org.). **Pierre Bourdieu:** sociologia. São Paulo:

Ática, 1983d, p. 38–45;

BOURDIEU, Pierre; PASSERON, Jean–Claude. **A reprodução:** elementos para uma teoria do ensino. Tradução de Reynaldo Bairão. Rio de Janeiro: Livraria Francisco Alves Editora, 1975;

BOURDIEU, Pierre; WACQUANT, Loïc. *Réponses – pour une anthropologie réflexive*. Paris: Éditions du Seuil, 1992;

CAMPOS, Edmundo (Org.). **Sociologia da burocracia.** Tradução de Edmundo Campos. 4. ed. Rio de Janeiro: Zahar, 1978;

COHN, Gabriel (Org.). **Sociologia:** para ler os clássicos. Rio de Janeiro: Azougue, 2005;

DURKHEIM, Émile. **A ciência social e a ação.** Tradução de Inês Duarte Ferreira. Lisboa: Livraria Bertrand / São Paulo: Difel, 1975;

DURKHEIM, Émile. **A educação moral.** Tradução de Raquel Weiss. Petrópolis/RJ: Vozes, 2008;

DURKHEIM, Émile. **As regras do método sociológico.** Tradução de Paulo Neves. 3. ed. São Paulo: Martins Fontes, 2007;

DURKHEIM, Émile. **Educação e sociologia**. Tradução de Lourenço Filho. 6. ed. São Paulo: Melhoramentos, 1965;

DURKHEIM, Émile. **O dualismo da natureza humana e as suas condições sociais.** In: DURKHEIM, 1975, pp. 289–303;

ENGELS, Friedrich. *Anti—Dühring.* Rio de Janeiro: Paz e Terra, 1976;

ENTRE OS MUROS DA ESCOLA. Direção: Laurent Cantet. Produção: Caroline Benjo e Carole Scotta. Roteiro: Robin Campillo, Laurent Cantet e François Bégaudeau. Elenco: François Bégaudeau, Nassim Amrabt, Laura Baquela, Hallee Blee, Cherif Bounaïdja Rachedi, Juliette Demaille, Dalla Doucoure, Arthur Fogel, Damien Gomes e outros. França: Imovision, 2008. 1 DVD (128 min.), widescreen, sonoro, colorido. Distribuição: Imovision/Sonopress. Baseado no livro homônimo de François Bégadeau (*Entre les murs*, publicado em 2006).

FREUND, Julien. **Sociologia de Max Weber.** Tradução de Luís Claudio de Castro e Costa. 5. ed. Rio de Janeiro: Forense Universitária, 2003;

GERTH, H. H.; MILLS, C. Wright (Orgs.). **Ensaios de sociologia**. Tradução de Waltensir Dutra. 5. ed. Rio de Janeiro: LTC – Livros Técnicos e Científicos Editora, 1982;

GOULDNER, Alvin W. Conflitos na teoria de Weber. In: CAMPOS, Edmundo (Org.). **Sociologia da burocracia**. Tradução de Edmundo Campos. 4. ed. Rio de Janeiro: Zahar, 1978, p. 59–67;

LUKÁCS, György. **Prolegômenos para uma ontologia do ser social:** questões de princípios para uma ontologia hoje tornada possível. Tradução de Lya Luft e Rodnei Nascimento. São Paulo: Boitempo, 2010;

LUKES, Steven. Bases para a interpretação de Durkheim. In: COHN, Gabriel (Org.). **Sociologia:** para ler os clássicos. Rio de Janeiro: Azougue, 2005;

MAAR, Wolfgang L. À Guisa de Introdução: Adorno e a Experiência Formativa. In: ADORNO, Theodor L. W–. **Educação e Emancipação**. Tradução de Wolfgang Leo Maar. Rio de Janeiro: Paz e Terra, 1995, p. 11–28;

MARCUSE, Herbert. **A ideologia da sociedade industrial**. Tradução de Giasone Rebuá. Rio de Janeiro: Zahar

Editores, 1967;

MARCUSE, Herbert. **O fim da utopia**. Tradução de Carlos Nelson Coutinho. Rio de Janeiro: Paz e Terra, 1969;

MARX, Karl. *Grundrisse*. Manuscritos econômicos de 1857–1858: Esboços da crítica da economia política. São Paulo: Boitempo, 2011;

MARX, Karl. **Manuscritos econômico–filosóficos**. Tradução de Jesus Ranieri. São Paulo: Boitempo, 2004;

MARX, Karl. Teses sobre Feuerbach. In: MARX, Karl; ENGELS, Friedrich. **A ideologia alemã**. Tradução de Luis Claudio de Castro e Costa. São Paulo: Martins Fontes, 2002, p. 99–103;

MARX, Karl; ENGELS, Friedrich. **A ideologia alemã**. Tradução de Luis Claudio de Castro e Costa. São Paulo: Martins Fontes, 2002;

MARX, Karl; ENGELS, Friedrich. **Crítica da educação e do ensino**. Introdução e notas de Roger Dangeville. Lisboa: Moraes Editores, 1978;

MERLEAU–PONTY, Maurice. **Humanismo e terror**: ensaio sobre o problema comunista. Tradução de Naume

Ladosky. Rio de Janeiro: Tempo Brasileiro, 1968;

MERTON, Robert King. Estrutura burocrática e personalidade. In: CAMPOS, Edmundo (Org.). **Sociologia da burocracia.** Tradução de Edmundo Campos. 4. ed. Rio de Janeiro: Zahar, 1978, p. 107–124;

MÉSZARÓS, István. **A educação para além do capital.** 2. ed. Tradução de Isa Tavares. São Paulo: Boitempo, 2008;

MÉSZARÓS, István. **Para além do capital:** rumo a uma teoria da transição. Tradução de Paulo Cezar Castanheira e Sérgio Lessa. 1. ed. (revista). São Paulo: Boitempo, 2011;

ORTIZ, Renato (Org.). **Pierre Bourdieu:** sociologia. São Paulo: Ática, 1983;

PINTO, Louis. **Pierre Bourdieu e a teoria do mundo social.** Tradução de Luiz Alberto Monjardim. Rio de Janeiro: FGV, 2000;

PIZZORNO, Alessandro. Uma leitura atual de Durkheim. In: COHN, Gabriel (Org.). **Sociologia:** para ler os clássicos. Rio de Janeiro: Azougue, 2005, pp. 55–104;

QUINIOU, Yvon. Das classes à ideologia: determinismo, materialismo e emancipação na obra de Pierre Bourdieu. **Crítica marxista,** n. 11, pp. 44–61, 2000;

TRAGTENBERG, Maurício (Org.). **Max Weber:** textos selecionados. Tradução de Maurício Tragtenberg *et al.* São Paulo: Nova Cultural, 1997, pp. 21–118;

WEBER, Marianne. **Weber:** uma biografia. Tradução de Alda Porto e Marco Antonio Eufrásio. Niterói: Casa Jorge Editorial, 2003;

WEBER, Max. **A ética protestante e o "espírito" do capitalismo.** Tradução de José Marcos Mariani de Macedo. São Paulo: Companhia das Letras, 2004;

WEBER, Max. A ciência como vocação. In: GERTH, H. H.; MILLS, C. Wright (Orgs.). **Ensaios de sociologia.** Tradução de Waltensir Dutra. 5. ed. Rio de Janeiro: LTC - Livros Técnicos e Científicos Editora, 1982a, pp. 154–183;

WEBER, Max. A psicologia social das religiões mundiais. In: GERTH, H. H.; MILLS, C. Wright (Orgs.). **Ensaios de sociologia.** Tradução de Waltensir Dutra. 5. ed. Rio de Janeiro: LTC - Livros Técnicos e Científicos Editora, 1982b, pp. 309–346;

WEBER, Max. A sociologia da autoridade carismática. In: GERTH, H. H.; MILLS, C. Wright (Orgs.). **Ensaios de**

sociologia. Tradução de Waltensir Dutra. 5. ed. Rio de Janeiro: LTC - Livros Técnicos e Científicos Editora, 1982c, pp. 283–291;

WEBER, Max. As seitas protestantes e o espírito do capitalismo. In: GERTH, H. H.; MILLS, C. Wright (Orgs.). **Ensaios de sociologia.** Tradução de Waltensir Dutra. 5. ed. Rio de Janeiro: LTC - Livros Técnicos e Científicos Editora, 1982d, pp. 347–370;

WEBER, Max. Burocracia. In: GERTH, H. H.; MILLS, C. Wright (Orgs.). **Ensaios de sociologia.** Tradução de Waltensir Dutra. 5. ed. Rio de Janeiro: LTC - Livros Técnicos e Científicos Editora, 1982e, pp. 229–282;

WEBER, Max. **Economia e sociedade:** fundamentos da sociologia compreensiva. Volume 1. Tradução de Regis Barbosa e Karen Elsabe Barbosa. Brasília: UnB, 1999;

WEBER, Max. **Metodologia das ciências sociais.** Tradução de Augustin Wernet. 4. ed. São Paulo: Cortez Editora, 2001;

WEBER, Max. Os fundamentos da organização burocrática: uma construção do tipo ideal. In: CAMPOS, Edmundo (Org.). **Sociologia da burocracia.** Tradução de Edmundo Campos. 4. ed. Rio de Janeiro: Zahar, 1978, p. 15–28;

WEBER, Max. Os letrados chineses. In: GERTH, H. H.; MILLS, C. Wright (Orgs.). **Ensaios de sociologia.** Tradução de Waltensir Dutra. 5. ed. Rio de Janeiro: LTC - Livros Técnicos e Científicos Editora, 1982f, pp. 471–501;

WEBER, Max. Parlamentarismo e governo numa Alemanha reconstruída: uma contribuição à crítica política do funcionalismo e da política partidária. In: TRAGTENBERG, Maurício (Org.). **Max Weber:** textos selecionados. Tradução de Maurício Tragtenberg *et al.* São Paulo: Nova Cultural, 1997, pp. 21–118;

WEBER, Max. **Sobre a universidade:** o poder do Estado e a dignidade da profissão acadêmica. Tradução de Lólio Lourenço de Oliveira. São Paulo: Cortez, 1989.

BIBLIOGRAFIA DO AUTOR

[Ordem cronológica]

Livros

MARIANO DA ROSA, L. C. A transformação do sujeito em si mesmo e a fé em Kierkegaard: Abraão, "Pai da Fé" e "Amigo de Deus", como protótipo de um novo ser e de um novo modo de existência. 1. ed. Beau Bassin, Mauritius: Novas Edições Acadêmicas (OmniScriptum Publishing Group), 2018, v. 1, 105 p.

MARIANO DA ROSA, L. C. Da propriedade como fundamento ético-jurídico e econômico-político em Locke à vontade geral e o sistema autogestionário em Rousseau. 1. ed. São Paulo: Politikón Zôon Publicações, 2018, v. 1. 214 p.

MARIANO DA ROSA, L. C. Os Direitos da Razão e a sua Autoprodução entre o Sistema de Conhecimento de Descartes, o Projeto Crítico de Kant e o Idealismo Absoluto de Hegel. 1. ed. São Paulo: Politikón Zôon Publicações, 2018, v. 1. 198 p.

MARIANO DA ROSA, L. C. **Hobbes, Locke e Rousseau: Do direito natural burguês e a instituição da soberania estatal à vontade geral e o exercício da soberania popular.** 1. ed. São Paulo: Politikón Zôon Publicações, 2017, v. 1. 188 p.

MARIANO DA ROSA, L. C. **O direito de ser homem: liberdade e igualdade em Rousseau.** 1. ed. Saarbrücken, Alemanha: Novas Edições Acadêmicas (), 2017. v. 1. 96 p.

MARIANO DA ROSA, L. C. **Determinismo e liberdade: a condição humana entre os muros da escola.** 1. ed. São Paulo: Politikón Zôon Publicações, 2016. v. 1. 390 p.

MARIANO DA ROSA, L. C. **O direito de ser homem: da alienação da desigualdade social à autonomia da sociedade igualitária na teoria política de Jean—Jacques Rousseau.** 1. ed. São Paulo: Politikón Zôon Publicações, 2015. v. 1. 150 p.

MARIANO DA ROSA, L. C. **Mito e filosofia: do *homo poeticus*.** 1. ed. São Paulo: Politikón Zôon Publicações, 2014. v. 1. 293 p.

MARIANO DA ROSA, L. C. **Quase sagrado.** 1. ed. São Paulo: Politikón Zôon Publicações, 2014. v. 1. 123 p.

MARIANO DA ROSA, L. C. **O todo essencial**. 1. ed. Lisboa: Universitária Editora, 2005. v. 1. 167 p.

Artigos

MARIANO DA ROSA, L. C. Kierkegaard e a transformação do sujeito em si mesmo entre a vertigem da liberdade e o paradoxo absoluto da fé. **Revista Filosofia Capital – RFC [Brasília, DF]**, v. 13, n. 20, p. 30-46, dez. 2018.

MARIANO DA ROSA, L. C. Kierkegaard e a transformação do sujeito em si mesmo entre a vertigem da liberdade e o paradoxo absoluto da fé. **Saberes: Revista Interdisciplinar de Filosofia e Educação – UFRN [Natal, RN]**, v. 19, n. 2, p. 26-47, ago. 2018.

MARIANO DA ROSA, L. C. Kierkegaard e a transformação do sujeito em si mesmo entre a vertigem da liberdade e o paradoxo absoluto da fé. **Correlatio – UMESP [São Paulo, SP]**, v. 17, n. 1, p. 5-31, ago. 2018.

MARIANO DA ROSA, L. C. Kierkegaard e a transformação do sujeito em si mesmo entre a vertigem da liberdade e o paradoxo absoluto da fé. **Cadernos Zygmunt Bauman - UFMA [São Luís, MA]**, v. 8, n. 17, ago. 2018.

MARIANO DA ROSA, L. C. A oração entre as práticas mágico-religiosas do politeísmo e o *relacionamento pactual* do monoteísmo: da superação do *determinismo da história* em Mircea Eliade à *presença do mistério do ser* em Paul Tillich. **Revista Teológica Doxia – FABRA [PUC-RJ]**, v. 3, n. 3, p. 46-75, jun. 2018.

MARIANO DA ROSA, L. C. Abraão como protótipo de uma nova existência em Mircea Eliade e a fé como movimento envolvendo o finito e o infinito em Kierkegaard. **Revista Diversidade Religiosa – UFPB [João Pessoa, PB]**, v. 8, n. 1, p. 140-166, jun. 2018.

MARIANO DA ROSA, L. C. Abraão, "Pai da Fé" e "Amigo de Deus", como protótipo de um *novo modo de existência* em Mircea Eliade e a fé como *relação absoluta com o absoluto* em Kierkegaard. **Revista Litterarius – Faculdade Palotina [Santa Maria, RS]**, v. 17, n. 1, p. 1-25, jun. 2018.

MARIANO DA ROSA, L. C. O sistema escolar entre o espaço social e o *habitus* segundo o estruturalismo construtivista de Bourdieu. **Revista Interfaces da Educação - UEMS [Paranaíba-MS]**, v. 9, n. 25, p. 273-303, jun. 2018.

DA ROSA, L. C. M. Kierkegaard e a transformação do sujeito em si mesmo entre a vertigem da liberdade e o paradoxo absoluto da fé. **Revista Eletrônica Espaço Teológico / REVELETEO [PUC-SP]** v. 12, n. 21, p. 68-86, jan./jun. 2018.

MARIANO DA ROSA, L. C. A vontade geral e o sistema autogestionário: necessidade, possibilidade e desafios. **Revista Ensaios – UFF [Niterói, RJ]**, v. 11, n. 2, p. 114-139, jul./dez. 2017.

ROSA, L. C. M. O sistema escolar entre o espaço social e o *habitus* segundo o estruturalismo construtivista de Bourdieu. **Revista Eletrônica de Educação da Faculdade Araguaia – RENEFARA [Goiânia, GO]**, v. 11, n. 1, jun. 2017.

ROSA, L. C. M. O processo formativo–educacional entre a integração durkheimiana e a alienação marxiana. **Cadernos Zygmunt Bauman / UFMA [São Luís, MA]**, v. 6, n. 12, p. 51–85, 2016 [*O legado de Bauman*].

MARIANO DA ROSA, L. C. A vontade geral como processo ético–jurídico de deliberação coletiva e movimento econômico–político de institucionalização do poder. **Revista Direito em Debate – Revista do Departamento de Ciências Jurídicas e Sociais da UNIJUI** [Ijuí, RS], Ano XXV, n. 46, p. 94–120, jul./dez. 2016.

MARIANO DA ROSA, L. C. A soberania entre a renúncia dos direitos ilimitados do contrato hobbesiano e a "*alienação* verdadeira" do pacto rousseauniano. **Revista Filosofia Capital – RFC [Brasília, DF]**, v. 11, n. 18, pp. 43–61, jan./dez. 2016 [*Discussões filosóficas acerca dos fenômenos da existência humana*].

MARIANO DA ROSA, L. C. O sistema educacional e a racionalização burocrática entre a tipologia das ações humanas e a teoria da dominação de Weber. **Saberes, Revista Interdisciplinar de Filosofia e Educação / UFRN** [Natal, RN], v. 1, n. 14, pp. 81–107, out. 2016.

MARIANO DA ROSA, L. C. A propriedade como fundamento ético–jurídico e econômico–político em Locke. **Revista Húmus / UFMA [São Luís, MA]**, v. 6, n. 17, pp. 80–102, ago. 2016 [*Política, amizade e liberdade na modernidade*].

MARIANO DA ROSA, L. C. A soberania entre a renúncia dos direitos ilimitados do contrato hobbesiano e a "alienação verdadeira" do pacto rousseauniano. **Revista de Ciências Humanas — Educação e Desenvolvimento Humano / UNITAU [Taubaté, SP]**, v. 9, n. 1, ed. 16, pp. 115 – 130, jun. 2016 [*Políticas Educacionais*].

ROSA, L. C. M. A lei natural, o direito de propriedade e a coexistência das liberdades: individualismo moderno e liberalismo político no contratualismo de Locke. **Revista Opinião Filosófica [Porto Alegre, RS]**, v. 7, n. 1, pp. 303–332, jun. 2016 ["*Dead Dogs Never Die: Hegel and Marx*"].

ROSA, L. C. M. da. A soberania entre a renúncia dos direitos ilimitados do contrato hobbesiano e a "alienação verdadeira" do pacto rousseauniano. **Akrópolis - Revista de Ciências Humanas da UNIPAR [Umuarama, PR]**, v. 24, n. 1, p. 71–84, jan./jun. 2016.

MARIANO DA ROSA, L. C. A lei natural, o direito de propriedade e a coexistência das liberdades: individualismo moderno e liberalismo político no contratualismo de Locke. **Filosofando: Revista Eletrônica de Filosofia da UESB** [Vitória da Conquista, BA], v. 3, n. 2, pp. 54–75, jul./dez. 2015.

ROSA, L. C. M. da. Do projeto crítico kantiano: os direitos da razão entre a *lógica da verdade* e a *lógica da aparência*. **Revista Cadernos do PET Filosofia / UFPI** [Teresina, PI], v. 6, n. 12, pp. 76–91, jul./dez. 2015.

ROSA, L. C. M. da. Determinismo e liberdade no processo de construção do conhecimento: da condição humana entre os muros da escola. **Revista da Faculdade de Educação da UNEMAT** [Cáceres, MT], v. 23, n. 1, ano 13, pp. 75–97, jan./jun. 2015.

MARIANO DA ROSA, L.C. Do sistema educacional e o desafio da fundação de um novo homem entre a organização científico–técnica e a formação econômico–social. **Cadernos Zygmunt Bauman / UFMA** [São Luís, MA], v. 5, n. 10, pp. 19–41, 2015 [*O ciberpajé e a tecnociência*].

MARIANO DA ROSA, L. C. Da vontade geral como condição para o exercício da soberania popular em Jean—Jacques Rousseau. **Problemata: Revista Internacional de Filosofia [International Journal of Philosophy] / UFPB [João Pessoa, PB]**, v. 6, n. 2, pp. 151–177, 2015.

MARIANO DA ROSA, L. C. Do sistema de conhecimento de Descartes: o "eu" como "coisa em si" e a "consciência da consciência". **Revista Filosofia Capital - RFC [Brasília, DF]**, v. 10, n. 17, pp. 39–58, jan./dez. 2015 [*Ética e Noética da Transcendência: fenômenos da consciência, da vida, da morte e do espírito!*].

ROSA, L. C. M. Da vontade geral como condição para o exercício da soberania popular em Jean—Jacques Rousseau. **Revista Latitude da UNIFAL [Maceió, AL]**, v. 9, n. 1, pp. 99–130, 2015.

MARIANO DA ROSA, L. C. Do sistema de conhecimento de Descartes: o "eu" como "coisa em si" e a "consciência da consciência". **Revista Húmus / UFMA [São Luís, MA]**, v. 5, pp. 2–31, 2015.

ROSA, L. C. M. Do projeto crítico kantiano: os direitos da razão entre a *lógica da verdade* e a *lógica da aparência*. **Studia Kantiana [Natal, RN]**, n. 17, pp. 5–26, dez. 2014.

MARIANO DA ROSA, L. C. Do direito de ser homem: da alienação da desigualdade social à autonomia da sociedade igualitária na teoria política de Jean–Jacques Rousseau. **PRACS: Revista Eletrônica de Humanidades do Curso de Ciências Sociais da UNIFAP [Macapá, AP]**, v. 7, n. 2, pp. 109–133, jul./dez. 2014 [*Temas e Debates das Humanidades Contemporâneas*].

MARIANO DA ROSA, L. C. Do projeto crítico kantiano: os direitos da razão entre a *lógica da verdade* e a *lógica da aparência*. **Revista Opinião Filosófica [Porto Alegre, RS]**, v. 5, n. 2, pp. 85–109, 2014 [*Filosofia & Interdisciplinaridade*].

MARIANO DA ROSA, L. C. Da vontade geral como condição para o exercício da soberania popular em Jean–Jacques Rousseau. **Revista de Ciências Humanas – Educação e Desenvolvimento Humano / UNITAU [Taubaté, SP]**, v. 7, n. 2, pp. 205–232, jul./dez. 2014 [*Multiplicidade, Contextos e Interdisciplinaridade*].

MARIANO DA ROSA, L. C. Schopenhauer e Nietzsche: do dualismo metafísico ao princípio da unidade—múltipla. **Revista Húmus / UFMA [São Luís, MA]**, v. 4, n. 12, pp. 59—76, 2014 [*Pluralidade e Diferença*].

MARIANO DA ROSA, L. C. Mito e filosofia: do *homo poeticus*. **Saberes: Revista Interdisciplinar de Filosofia e Educação / UFRN [Natal, RN]**, v. 1, n. 10, pp. 36—65, nov. 2014.

MARIANO DA ROSA, L. C. Schopenhauer e Nietzsche: do dualismo metafísico ao princípio da unidade—múltipla. **Revista Filosofia Capital — RFC [Brasília, DF]**, vol. 9, pp. 85—98, 2014 [*Edição Especial: Concepções acerca da Verdade: Subjetividade, Educação e Multidimensionalidade*].

MARIANO DA ROSA, L. C. Do bem comum da visão platônico—aristotélica à lógica hobbesiana do contrato social (da ordem mecânica da matéria à ordem final da vontade). **Revista Filosofia Capital — RFC [Brasília, DF]**, vol. 9, n. 16, pp. 58—75, jan./dez. 2014 [*A Razão Refletida: Modernidade na Ciência, na Ação, no Direito Natural e seus reflexos na Cultura Contemporânea*].

MARIANO DA ROSA, L. C. Da autoprodução da razão (do absoluto), a chave do devir e a condição humana. **Cognitio—Estudos: Revista Eletrônica de Filosofia —** *Philosophy Eletronic Journal* / **Centro de Estudos de Pragmatismo / PUC—SP [São Paulo, SP]**, v. 11, n. 1, pp. 68–85, 2014.

MARIANO DA ROSA, L. C. O direito de ser homem: da alienação da desigualdade social à autonomia da sociedade igualitária na teoria política de Jean—Jacques Rousseau segundo a perspectiva do materialismo histórico e dialético. **Revista Portuguesa de Ciência Política —** *Portuguese Journal of Political Science* / **Observatório Político — Associação de Investigação em Estudos Políticos [Lisboa, Portugal]**, n. 3, pp. 11–24, 2013 [*I. Do Humanismo*].

MARIANO DA ROSA, L. C. Da educação inclusiva: das diferenças como possibilidades (da teoria à prática). **Revista Zero—a—Seis / UFSC [Florianópolis, SC]**, v. 15, n. 28, pp. 12–33, jul./dez. 2013.

ROSA, L. C. M. Maquiavel e Weber: a lógica do poder e a ética da ação — o "príncipe—centauro" e o "homem autêntico". **Revista de Ciências Humanas / UNITAU [Taubaté, SP]**, v. 6, n. 1, pp. 120–143, 2013.

MARIANO DA ROSA, L. C. Da autoprodução da razão (do absoluto), a chave do devir e a condição humana. **Revista Tecer / Centro Universitário Metodista Izabela Hendrix [Belo Horizonte, MG]**, v. 6, n. 10, pp. 31–50, mai. 2013.

DA ROSA, L. C. M. Do bem comum da visão platônico–aristotélica à lógica hobbesiana do contrato social (da ordem mecânica da matéria à ordem final da vontade). **Revista Opinião Filosófica [Porto Alegre, RS]**, v. 4, n. 1, pp. 267–298, 2013 [*Normativismo e Naturalismo*].

MARIANO DA ROSA, L. C. Maquiavel e Weber: a lógica do poder e a ética da ação – O "príncipe–centauro" e o "homem autêntico". **Opsis – Revista da Unidade Acadêmica Especial História e Ciências Sociais / UFG / Regional Catalão [Catalão, GO]**, v. 13, n. 1, pp. 180–199, 2013 [*Dossiê Linguagens, Tecnologias da Informação e Ensino de História*].

ROSA, L. C. M. Educação inclusiva: diferenças como possibilidades (da teoria à prática). **Poiésis — Revista do Programa de Pós—Graduação em Educação / UNISUL [Tubarão, SC]**, v. 7, n. 12, pp. 324–346, 2013.

ROSA, L. C. M. Do bem comum da visão platônico-aristotélica à lógica hobbesiana do contrato social (da ordem mecânica da matéria à ordem final da vontade). **Revista Aurora / UNESP [Marília, SP)**, v. 7, pp. 81–102, 2013 [*Edição Especial / Dossiê: Filosofia*].

MARIANO DA ROSA, L. C. Literatura e religião: entre o tudo—dizer e o nada—dizer [do poder—ser]. **Revista Tecer / Centro Universitário Metodista Izabela Hendrix [Belo Horizonte, MG]**, v. 5, n. 8, pp. 48–60, 2012.

MARIANO DA ROSA, L. C. Literatura e religião: entre o tudo—dizer e o nada—dizer (do poder—ser). **Revista Ciências da Religião - História e Sociedade / Programa de Pós—Graduação em Ciências da Religião do Centro de Educação, Filosofia e Teologia (CEFT) da Universidade Presbiteriana Mackenzie [São Paulo, SP]**, v. 10, n. 1, pp. 163–184, 2012.

MARIANO DA ROSA, L. C. Da educação inclusiva: das diferenças como possibilidades (da teoria à prática). **Revista Lentes Pedagógicas / Faculdade Católica de Uberlândia** [Uberlândia, MG], v. 2, n. 1, pp. 2–20, 2012 [*Dossiê infância, fundamentos e práticas pedagógicas: inclusão e superação*].

MARIANO DA ROSA, L. C. Da educação inclusiva: das diferenças como possibilidades (da teoria à prática). **Revista Lugares de Educação / UFPB** [Bananeiras, PB], v. 2, n. 3, pp. 78–97, 2012 [*Multitemático*].

ROSA, L. C. M. Maquiavel e Weber: a lógica do poder e a ética da ação – o "príncipe–centauro" e o "homem autêntico". **Revista da Católica: Ensino – Pesquisa – Extensão / Faculdade Católica de Uberlândia** [Uberlândia, MG], v. 4, n. 8, pp. 3–23, 2012 [*Filosofia*].

ROSA, L. C. M. Da autoprodução da razão (do absoluto), a chave do devir e a condição humana. **Revista Semina: Ciências Sociais e Humanas / UEL** [Londrina, PR], v. 33, n. 2, pp. 147–162, 2012.

MARIANO DA ROSA, L. C. Os ídolos da caverna e a sociedade contemporânea: do narcisismo biopsicocultural. **Revista Filosofia Capital — RFC [Brasília–DF]**, v. 6, n. 13, pp. 77–85, 2011 [*Miscelânea Filosófica em um Contexto Existencial*].

MARIANO DA ROSA, L. C. Da "revolução copernicana" (do verdadeiro "idealismo transcendental"). **Revista Intuitio / Programa de Pós–Graduação em Filosofia da PUC–RS [Porto Alegre, RS]**, v. 4, n. 1, pp. 117–133, 2011.

MARIANO DA ROSA, L. C. Da "revolução copernicana" (do verdadeiro "idealismo transcendental"). **Revista Opinião Filosófica [Porto Alegre, RS]**, v. 2, n. 2, pp. 34–51, 2011 [*Kant: Política e Epistemologia*].

MARIANO DA ROSA, L. C. A vela e o caminho (da construção coletiva do saber). **Revista Teias / Programa de Pós–Graduação em Educação - ProPEd / UERJ [Rio de Janeiro, RJ]**, v. 12, n. 25, pp. 238–258, mai./ago. 2011 [*Ética, Saberes & Escola*].

MARIANO DA ROSA, L. C. Popper e a objetividade do conhecimento científico: a ciência provisória e a verdade temporária. **Cognitio—Estudos: Revista Eletrônica de Filosofia — Philosophy Eletronic Journal / Centro de Estudos de Pragmatismo / PUC—SP [São Paulo, SP]**, v. 8, n. 1, pp. 17–28, jan./jun. 2011.

MARIANO DA ROSA, L. C. Do mistério do ser — entre o pensador e o poeta [do *da–sein*]. **Poros - Revista de Filosofia / Faculdade Católica de Uberlândia [Uberlândia, MG]**, v. 3, n. 5, pp. 1–21, 2011.

ROSA, L. C. M. Do mistério do ser — entre o pensador e o poeta [do *da–sein*]. **Revista Filosófica São Boaventura / Fae - Centro Universitário / Instituto de Filosofia São Boaventura [Curitiba, PR]** v. 4, n. 2, pp. 77–100, jul./dez. 2011.

MARIANO DA ROSA, L. C. Da educação: do jogo sociocultural e a inter—relação envolvendo *modus vivendi* e *modus essendi*. **Acta Scientiarum. Education / UEM [Maringá, PR]**, v. 33, n. 2, pp. 211–218, July–Dec./2011 [História da Educação].

MARIANO DA ROSA, L. C. Da educação: do jogo sociocultural e a inter—relação envolvendo *modus vivendi* e *modus essendi*. **Múltiplas Leituras / Faculdade de Humanidades e Direito — UMESP [São Paulo, SP]**, v. 4, n. 2, pp. 9—23, 2011 [*Dossiê: Violência e Educação*].

ROSA, L. C. M. A teoria analítica da ciência e a dialética aristotélica. **Revista Seara Filosófica / UFPel [Pelotas, RS]**, v. 4, pp. 91—119, 2011.

MARIANO DA ROSA, L. C. Do "vir—a—ser" nietzschiano [Do "instinto natural filosófico"]. **Revista Partes [São Paulo, SP]**, v. 11, p. 1, 2011 [*Cultura*].

DA ROSA, L. C. M. Os ídolos da caverna e a sociedade contemporânea: do narcisismo biopsicocultural. **Cadernos Zygmunt Bauman / UFMA [São Luís, MA]**, v. 1, n. 2, pp. 71—80, Jul. 2011 [*Ética, moral e pós—modernidade*].

DA ROSA, L. C. M. Da essencialização da realidade. **Revista Filosofia Capital — RFC [Brasília—DF]**, v. 4, n. 8, pp. 46—57, 2009 [*A Condição Humana em Processo de Mutação*].

DA ROSA, L. C. M. Niilismo pós—orgíaco. **Revista Filosofia Capital — RFC [Brasília—DF]**, v. 4, pp. 59—76, 2009 [*Edição Especial: A Vida é Inevitavelmente Agora!*].

DA ROSA, L. C. M. Autoformação (do "homem completo"). **Revista Filosofia Capital — RFC [Brasília—DF]**, v. 4, n. 9, pp. 20–35, 2009 [A *Presença da Filosofia no Fazer Humano!*].

MARIANO DA ROSA, L. C. Autoformação (do "homem completo"). **Revista Entreideias: educação, cultura e sociedade / FACED - UFBA [Salvador, BA]**, v. 14, pp. 87–103, 2008.

WEBSITES & SOCIAL LINKS DO AUTOR

CNPq [Luiz Carlos Mariano da Rosa]:

http://lattes.cnpq.br/0084141477309738

ORCID [Luiz Carlos Mariano Da Rosa]:

http://orcid.org/0000-0001-7649-2804

ResearchGate [Luiz Carlos Mariano Da Rosa]:

http://www.researchgate.net/profile/Mariano_Luiz_Carlos

Semantic Scholar/Profile 1 [Luiz Carlos Mariano da Rosa]:

https://www.semanticscholar.org/author/Luiz-Carlos-Mariano-da-Rosa/145051332?sort=influence&fbclid=IwAR2B2G-5PtDDY-iO4_WxRjgzKonySDta7YZ75M3QILBdarhUXDDIIGuYf9I

Semantic Scholar/Profile 2 [Luiz Carlos Mariano da Rosa]:

https://www.semanticscholar.org/author/Luiz-Carlos-Mariano-da-Rosa/134330005?sort=influence&fbclid=IwAR07268G-nB8AXcSzOWA7Q3I6lOkoOvlsJYZBAJU5F5UxTR3S2SxQO9f-Kc

Publons [Luiz Carlos Mariano da Rosa]:

https://publons.com/researcher/1911395/luiz-carlos-mariano-da-rosa/

PhilPapers [Luiz Carlos Mariano da Rosa]:

https://philpeople.org/profiles/luiz-carlos-mariano-da-rosa

REDIB - Red Iberoamericana de Innovación y Conocimiento Científico [Luiz Carlos Mariano da Rosa]:

https://redib.org/Search/Results?type=Author&lookfor=%22luiz+carlos+mariano+da+rosa%22&limit=20

Acta Académica [Luiz Carlos Mariano Da Rosa]:

https://www.aacademica.org/marianodarosa.luizcarlos

Academia.edu [Mariano Da Rosa (Luiz Carlos)]:

http://ucam-br.academia.edu/MarianoDaRosaLuizCarlos

Google Acadêmico/Google Scholar [Luiz Carlos Mariano da Rosa]:

https://scholar.google.com/citations?hl=pt-PT&user=IwvxyawAAAAJ

WorldCat [Luiz Carlos Mariano da Rosa]:

https://www.worldcat.org/search?q=luiz+carlos+mariano+da+rosa&fq=ap%3A%22mariano+da+rosa+luiz+carlos%22&dblist=638&start=1&qt=page_number_link

Globethics.net [Luiz Carlos Mariano da Rosa]:

https://repository.globethics.net/discover?scope=%2F&query=%22luiz+carlos+mariano+da+rosa%22&submit=&rpp=10&view=list

Google Books [Luiz Carlos Mariano Da Rosa]:

https://www.google.com.br/search?q=inauthor:%22Luiz+Carlos+Mariano+Da+Rosa%22&hl=pt-BR&tbm=bks&sxsrf=ALeKk026VWNSO-SmmG2pwoYFLRt1ohsbAw:1615235446539&ei=dolGYLO7IOOy5OUPuNqNoAI&start=0&sa=N&ved=0ahUKEwizzpP4xKHvAhVjGbkGHThtAyQ4ChDy0wMIRw&biw=1536&bih=775&dpr=1.25

Escritores.org [Luiz Carlos Mariano da Rosa]:

http://www.escritores.org/libros/index.php/item/luiz-carlos-mariano-da-rosa

Blog Prof. Mariano Da Rosa Educação, Filosofia e Teologia [Mariano Da Rosa, Luiz Carlos]:

https://professormarianodarosa.blogspot.com/

Determinismo e Liberdade   Luiz Carlos Mariano da Rosa

www.ingramcontent.com/pod-product-compliance
Lightning Source LLC
Chambersburg PA
CBHW071435300426
44114CB00013B/1440